LE LIVRE
DES CENT-ET-UN.

TOME TREIZIÈME.

TYPOGRAPHIE DE FIRMIN DIDOT FRÈRES,
RUE JACOB, N° 24.

PARIS,

ou

LE LIVRE
DES CENT-ET-UN.

TOME TREIZIÈME.

A PARIS,

CHEZ LADVOCAT, LIBRAIRE
DE S. A. R. LE DUC D'ORLÉANS,
RUE DE CHABANNAIS, N° 2.

M DCCC XXXIII.

CHATEAU

DE

BUSCHTIÉRAD

OCCUPÉ PAR CHARLES X.

Aout 1833.

PARIS,
ou
LE LIVRE
DES CENT-ET-UN.

VOYAGE A BUSCHTIÉRAD.
(août 1833.)

Un mois après ma sortie de Sainte-Pélagie, des affaires de famille me conduisirent en Calabre, et un vieux sentiment d'attachement et de respect au pouvoir, même alors qu'il est déchu, m'inspira d'entreprendre un pèlerinage à Buschtiérad. Mon intention était de renfermer dans mon cœur tous les sentiments qui l'ont agité pendant la dernière partie de mon voyage; mais je lis, chaque jour, tant de faits dénaturés, que je prends mon parti d'en parler, afin de rendre hommage à la vérité. Je n'ai pu d'ailleurs me refuser aux pressantes sollicitations de l'éditeur des *Cent-et-Un*, qui m'a demandé cet article pour le prochain volume de son intéressant recueil. Je dirai sur chacun mon opinion avec l'indépendance de mon caractère; et quant à ma politique, je la publierai hautement, défiant tout tribunal impartial d'y trouver matière à l'ombre même d'un reproche.

Je ne parlerai point de l'Italie, pays si connu, et jugé souvent d'une manière superficielle : des souvenirs et des ruines, voilà tout ce que vous y rencontrez, et cette patrie des arts est devenue la patrie des regrets. Tout y est au passé; le présent est mort, et l'avenir est éteint avant de naître : tel est le fruit des révolutions qui éclatent ou se préparent; elles resserrent les chaînes qu'elles voudraient briser.

On a tant parlé de l'Allemagne, que je craindrais en en parlant de ne rien apprendre à personne; d'ailleurs, c'est à Buschtiérad que je voulais arriver : aussi traversai-je rapidement ces contrées que j'aurais desiré connaître. On parlait du renvoi de M. de Barande, sous-gouverneur du duc de Bordeaux, du départ de cet élève distingué de l'École polytechnique, qui réunissait le suffrage général, et de son remplacement par des jésuites. Ces nouvelles me firent sentir l'importance que ces événements pouvaient donner à mon voyage, et je hâtai ma marche, décidé à ne jamais reculer devant la pensée d'un devoir. Cependant, blâmer est si facile! je voulais voir et entendre avant de juger. Je dirai tout, et si je lasse la patience du lecteur, je lui demande excuse d'avance.

Je trouvai à Vienne un des hommes les plus honorables et les plus justement estimés, M. de Montbel : son nom placé à la suite des fatales ordonnances de juillet lui interdit de rentrer dans sa patrie. Il les combattit; mais sa loyauté l'empêcha de se retirer au moment du danger. Si le gouvernement, au lieu de prendre l'offensive, eût laissé la chambre lui refuser l'impôt sur une question de prérogative royale, il aurait eu tout le pays pour lui.

Nous parlâmes de la cour exilée, et nous fûmes sur tous les points parfaitement d'accord. Il devait me précéder à Buschtiérad. Quelques affaires me retinrent, malgré moi, un demi-jour à Prague. Je regrettai d'y trouver, retiré dans un quartier éloigné, avec sa femme et ses enfants, un homme, le duc de Guiche, dont la franchise peut quelquefois déplaire, mais dont le dévouement au dauphin peut presque passer en proverbe.

Nous traversâmes, pour quitter Prague, les cours d'un immense château, le Hradschin, espèce de ville que la famille royale de France habita quelque temps, et où elle doit retourner cet hiver. C'est au château de Hradschin que réside l'empereur d'Autriche dans ses voyages de Bohême; ce souverain, ses sujets l'aiment comme un père, le respectent comme prince, et viennent le consulter comme le plus habile légiste de ses états. François II a compris qu'un roi devait aimer à se montrer l'égal de ses sujets et à condescendre à tous leurs besoins. « Cette affaire « regarde tel chef de division, » disait un jour l'empereur à l'un de ses nombreux consultants; « c'est un brave homme, allez le trouver. — « Mais, sire, je ne sais pas son adresse. » L'empereur sonna, et la lui fit donner. — « Mais, sire, « je ne sais pas écrire. » L'empereur l'écrivit. — « Mais, sire, sans recommandation je serai mal « accueilli. » L'empereur le recommanda... Si l'empereur va au Prater, admirable promenade située en dehors des faubourgs de Vienne, S. M. ne permet pas que sa voiture dépasse le plus modeste équipage. Cet exemple de justice et de paternité sera-t-il inutilement placé tant de fois sous les yeux de notre Henri ? C'est en entrant ainsi dans tous les intérêts sociaux et en les respectant, que les rois se font considérer et chérir.

Buschtiérad est un vieux château situé à cinq lieues de Prague et à cent lieues de Vienne. Vous traversez, avant d'y arriver, d'immenses plaines, où rien ne repose la vue, et où tout, au contraire, dispose l'âme à la tristesse. Un temps affreux imprimait à nos pensées une teinte plus mélancolique encore. A un mille environ, une longue avenue de pommiers vous avertit de quitter la route, et vous entrez, presque sans vous en douter, dans une espèce de cour arrangée en jardin. Rien de remarquable dans l'aspect de cette vieille et laide maison, que l'on est convenu d'appeler château. Les arcades forment en bas une espèce de cloître qui règne sur toute la façade et aux deux ailes : l'aile de droite touche à une porte qui sert d'entrée; l'aile de gauche a une grande et belle ferme contiguë au château, et qui en est une riche dépendance. Quelques allées et nombre de vieux arbres forment un petit jardin du côté opposé à la cour.

Cette habitation, cédée à Charles X par le grand-duc de Toscane, domine un joli vallon en forme de cratère. Des maisons isolées, entourées de feuillage, une belle végétation, et au fond du vallon un petit étang dans de jolies proportions, environné de beaux arbres, vous donnent l'idée de ce séjour qui renferme à la fois tant de grandeur et d'infortune, de ce coin de terre aussi modeste qu'isolé, qui fixe les yeux de l'Europe, en inspirant aux uns des pensées de crainte, et aux autres d'espoir; de ce lieu enfin dont la garde est au ciel, mais où cependant toutes les précautions sont prises de manière à ne laisser aucune crainte. Vingt hommes, qui se renouvellent toutes les vingt-quatre heures, y font constamment un service d'honneur.

O qu'il était pénible pour un cœur français de voir ainsi le roi légitime de France sous la garde de l'étranger!

Ce château est la demeure d'un prince grand par la dignité avec laquelle il supporte les revers de sa fortune; rien n'a pu le changer ou l'abattre. Charles X n'a compris ni son pays, ni l'époque à laquelle il vivait. Ses idées sont restées immuables, le siècle avait marché; aussi y eut-il entre le pays et le souverain un divorce terrible, un grand malentendu dont les conséquences devinrent funestes à tous. Mais, quant à la politique étrangère, disons avec la même franchise que le roi la dirigeait avec une noble et généreuse indépendance, et que, grâce à lui, la France commençait à reprendre la position qui lui convient. Alger et la Grèce donnent un démenti formel à ceux qui voudraient soutenir une allégation contraire. Son goût pour les arts lui fit élever des monuments durables que l'histoire célébrera. Elle attestera aussi les regrets des artistes qui méconnurent un moment sa munificence.

Au reste, l'impossibilité de revenir jamais sur l'abdication qu'il a signée lui est démontrée comme à nous.

Le cœur me battait en descendant de voiture, et je m'élançai chez le duc de Blacas, dont l'abord glacial m'eût entièrement découragé, si je n'avais été décidé à ne point m'en apercevoir. Aussi chercha-t-il à m'en dédommager plus tard par ses soins et par son obligeance.

M. de Blacas est, on doit le dire, un vrai modèle de dévouement. C'est lui qui maintient l'ordre dans la maison, et qui est chargé de tous les détails; c'est lui qui présente au roi toutes les personnes qui viennent faire leur cour à la famille royale. Quand le navigateur aperçoit l'hirondelle après une longue traversée, il crie : Terre! ne serait-il pas permis d'espérer, en voyant le nombre des visiteurs s'accroître chaque jour, et venir saluer Henri V, que nous approchons du port après la tempête. M. de Blacas écoute ce qu'on lui dit, et met sous les yeux du roi ce qu'on lui écrit; mais il ne parlerait point d'un objet qui ne serait pas dans ses attributions; il entend les affaires mieux que beaucoup de ceux qui le blâment, et parle naturellement de l'impopularité qui s'attache à son nom. Aussi ne m'a-t-il paru nourrir aucune pensée d'ambition. Il est une vingtaine de noms impossibles à présenter à la France ; et personne n'a la pensée de faire de ces médailles vivantes de la cour passée l'entourage d'Henri V. Ils eurent leur mérite sans doute, mais chaque siècle a ses nécessités comme ses répugnances.

Je priai le duc de Blacas de descendre chez le roi, afin de prévenir Sa Majesté de mon arrivée. Déjà il l'avait fait en apercevant ma voiture; et il m'introduisit aussitôt, non dans le cabinet particulier de Charles X, mais dans un premier salon où ce prince reçoit habituellement.

Si j'avais suivi mon premier mouvement, je me serais jeté dans les bras du roi; mais il me reçut à Buschtiérad comme dans son cabinet des Tuileries : il me tendit avec bonté la main, et je m'inclinai profondément.

J'avais avec moi mon neveu, le comte Dhinnisdal, jeune homme plein de réserve, de résolution et de dévouement. Le roi l'accueillit avec une bonté toute particulière. M. le duc de Blacas restait présent à l'entrevue. Après quelques paroles échangées, le roi me dit : « Le duc de « Blacas a dû vous prévenir qu'il m'était impos- « sible de vous loger, je n'ai pas une chambre;

« vous n'en trouverez pas une seule dans le
« village : je pense que vous allez repartir pour
« Prague; j'ai aujourd'hui quatre personnes à
« dîner, et je ne puis vous retenir, mais vous
« reviendrez demain. »

— « Sire, j'ai passé dix-huit nuits pour avoir
quelques jours à ma disposition, et fallût-il rester
dans ma voiture, je ne quitterai pas Buschtiérad avant sept jours, ne songeant qu'au bonheur
de revoir le roi, et fort peu occupé de mon lit
ou de mon dîner. » — « Comment ferez-vous? »
dit le roi. — « Je l'ignore, sire, mais ma résolution est invariable. » — « Vous viendrez dîner
demain et les jours suivants. » Je ne prolongeai
pas cette entrevue, et demandai au roi de le voir
en particulier. Sa majesté m'indiqua le lendemain
à trois heures.

En sortant, j'allai offrir mes hommages à madame la dauphine, à qui je demandai une audience particulière, et à M. le dauphin, qui
loge au même étage, dans un long corridor qui
va d'un bout à l'autre du château au premier et
au second étage, et que vient interrompre au
premier une immense pièce qui sert de salle à
manger. Je montai ensuite chez M. le duc de Bordeaux et chez Mademoiselle, qui sont à l'étage supérieur; c'était aller d'émotions en émotions :
j'en rendrai compte plus tard. Il était six heures

quand j'eus terminé mes visites, et la pluie qui tombait par torrents me rendait assez difficile la recherche d'un logement; les chevaux de poste qui m'avaient amené étaient encore à ma voiture.

Je rencontrai un valet de chambre parlant assez mal la langue du pays, qui est un mauvais allemand, et le priai de me servir d'interprète.

Je ne savais trop où porter mes pas, lorsque, attiré par une fumée épaisse qui sortait d'une chaumière voisine, j'entrai chez le forgeron de la maison, bonne et excellente famille qui me reçut d'abord avec cette immobilité allemande dont rien ne peut donner l'idée, ne répondant à ma pantomime pressante que par un flegme désespérant. Le traité se conclut enfin à ma grande satisfaction, et le désintéressement de ces braves gens égala leur obligeance. Ils me cédèrent une petite chambre à deux lits, et finirent par me prendre en affection. Ce fut de chez mon forgeron que je me dirigeai tous les jours vers la demeure des rois.

L'habitude du pays, assez maussade pour ceux qui n'y sont pas faits, est de coucher sans draps, et nous nous disposions, avec quelques regrets, à céder à cet usage fort peu commode, quand madame de Gontaut, avec une obligeance qui nous pénétra, devinant notre embarras, voulut bien y suppléer. Mademoiselle ayant entendu dire que nous étions fort mal établis, avait la bonté de nous envoyer, tous les matins, un pain de son déjeuner.

Ne pouvant m'étendre dans un lit plus court que moi, couché sur la plume, absorbé dans mes pensées, je ne fermai pas l'œil de la nuit. Je me disposais à mon audience du lendemain, décidé à une franchise presque dure, que j'ai toujours puisée dans mon dévouement. J'avouerai cependant que je me sentais bien plus de respect pour Charles X dans l'exil, que pour le roi sur son trône.

Ce prince mène à Buschtiérad la vie la plus simple, et ses manières sont toujours pleines de grâce et de dignité : sa santé est bonne, et il n'a pas vieilli d'un jour depuis trois ans, soit au moral, soit au physique. Un frac bleu sans aucun ordre, un pantalon de drap, et un gilet blanc, telle est sa mise. Tous les jours il se promène deux ou trois heures, absolument seul, dans la campagne; il ne monte presque jamais à cheval, et chasse fort rarement; l'écurie est réduite au plus strict nécessaire.

Jamais Charles X n'a été plus respecté, on pourrait dire plus craint dans son intérieur. C'est lui qui fait les frais de l'établissement; les gens sont mis simplement en frac, et servent avec zèle et attachement : leur nombre est limité à ce qu'exige le service ; rien ne manque, mais rien n'est superflu.

On a parlé des conseillers de Charles X · ils n'existent réellement point ; et ceux d'ailleurs dont on voulait parler gémissent avec la France des mesures prises pour l'éducation du duc de Bordeaux. Le roi a une volonté qu'il puise dans ses propres réflexions, et à laquelle il tient quelquefois trop fortement. Le cardinal de Latil ne voit jamais le roi en particulier, et s'est hautement expliqué sur cette mesure. Une vieille habitude de fidélité, une entière sécurité sur le sort de son diocèse confié à des mains habiles, le retiennent au séjour de l'infortune. Plus d'une fois il a songé à s'en éloigner ; et sans doute il est permis de regretter que son hésitation, qui se prolonge, donne lieu à des bruits sans fondement, mais non pas sans inconvénients.

A l'extrémité de la salle à manger, près de trois fenêtres qui donnent sur la campagne, est dressée une table qui sert de pendant à un billard placé à l'extrémité opposée.

A dix heures précises, la famille royale se rassemble pour déjeuner, et à six on dîne. Les princes, sans exception de Mademoiselle et du duc de Bordeaux, offrent avec une extrême politesse des plats qui sont devant eux ; trois ou quatre étrangers sont presque toujours admis : il règne une grande aisance, et il n'y a nulle sévérité d'étiquette. La chère est simple, mais bonne; le roi dit en général un mot d'obligeance à chacun, et donne l'exemple aux convives en mangeant d'un très-bon appétit. Madame la dauphine est à sa droite, Mademoiselle à sa gauche, le duc de Bordeaux à côté de Madame, monsieur le dauphin à côté de Mademoiselle, la duchesse de Gontaut auprès de M. le dauphin; le duc de Blacas est en face du roi; à sa droite le cardinal, et à sa gauche la vicomtesse d'Agoust, dont toutes les pensées, tous les soupirs sont pour Madame. MM. O'Hëgerthy père et fils, écuyers, l'un du roi, l'autre de madame la dauphine, dînent avec le roi. Une heure après le déjeuner, la famille royale se sépare, et reçoit en particulier les personnes que leur fidélité conduit à Buschtiérad; vers deux heures, le dauphin et la dauphine vont promener tête-à-tête en calèche, ou bien le dauphin suit, au pas de son cheval, madame la dauphine, qui a besoin d'un grand exercice, et monte rarement à cheval.

Vers une heure et demie, je me rendis chez le duc de Blacas, et je causai long-temps avec lui, heureux et satisfait de ses dispositions. M. de Montbel était à Buschtiérad depuis deux jours, et le roi ne lui avait encore rien dit d'une affaire qui occupait et la France et l'Europe. Il attendait lui-même pour en parler; mais son opinion n'était point douteuse.

A trois heures, le duc de Blacas me conduisit chez le roi, et il me laissa seul avec lui : dans les autres entretiens que j'eus avec S. M., ce fut le valet de chambre de service qui m'annonça. Quand j'entrai, le roi paraissait prévenu contre ce que j'allais dire; mais, suivant une habitude ancienne, précieuse chez un roi, il m'engagea à parler, promettant de m'écouter. Je retrouvai en présence de Charles X cette indépendance que donne le véritable dévouement; mais je parlai avec une si grande mesure, que le roi daigna le remarquer. Il ne se prononça point; mais j'espérai avoir fait quelque impression sur son esprit et surtout sur son âme, en rappelant les besoins de la France, ce qu'elle demandait et attendait. Je parlai avec chaleur de madame la dauphine et du duc de Bordeaux. Le roi parut ému. Il marchait avec moi, et s'assit plusieurs fois pendant une première conversation qui dura plus d'une heure et demie. « Madame a cédé ses droits, lui dis-je, à la reine Marie-Thérèse, et la pensée de ses vertus a pu la décider à un aussi grand sacrifice que celui de publier son mariage. Mais quel reproche la France et Madame ne seraient-elles pas en droit d'adresser à madame la dauphine, si cette princesse laissait ainsi compromettre le précieux dépôt qui lui est confié ! si tout à coup Madame paraissait dans le salon du roi, qu'aurait-il à lui dire ? » « Je ne pense pas « qu'elle y vienne de si tôt, » me dit le roi d'un ton qui me fit penser que Sa Majesté avait des motifs pour ne pas l'y attendre. « Puisse un jour « cette princesse venir s'associer, avec son titre « de mère et l'énergie de son caractère, à toutes « les nobles pensées de la reine Marie-Thérèse ! » Frappé de plusieurs choses générales que je disais, le roi m'engagea à en conférer avec le duc de Blacas, ajoutant : « Il est inutile de parler « de l'éducation du duc de Bordeaux, car cette « affaire ne le regarde pas. » On voit à quel point est peu fondée cette supposition d'influence; aucune personne n'ose prendre la parole sur un sujet, quand le roi ne la lui a pas donnée. Charles X, revenant à plusieurs reprises sur le passé, me dit ces paroles remarquables :

« J'aurais cru manquer à moi, comme aux Fran« çais, en prenant, pour la promulgation des or« donnances, des précautions que je regardais « comme inutiles; rien ne m'a plus étonné que « cette opposition formidable; et je ne pouvais « me persuader qu'elle durât. Aujourd'hui même « je ne me reproche qu'une seule chose, c'est « ma trop grande confiance; une conspiration

« existait, et ceux qui s'en sont vantés ne pour-
« raient le nier : je voulais sauver la France et
« le trône, et plus tard les Français auraient été
« forcés de reconnaître que je n'avais jamais eu
« l'intention de renverser la charte que j'avais
« jurée. » Charles X est de bonne foi avec lui-
même. M. de Lafayette ne l'est-il pas aussi? tous
deux, dans un genre bien opposé, rêvent une
utopie impossible.

En sortant de chez le roi, je me rendis chez
madame la dauphine ; mais comme ma conversation avait duré plus long-temps que je ne l'a-
vais cru, je vis avec regret qu'il ne me restait que
vingt minutes avant l'heure à laquelle Madame
se rend chez le roi; aussi demandai-je la permission de ne dire que quelques généralités,
et de revenir le lendemain. Ma demande fut
accueillie avec bonté ; je remets à parler de
mon entrevue. Madame me demanda si j'avais
sollicité une audience du dauphin; je gardai un
moment le silence. « Je la demanderai ce soir, »
dis-je à son Altesse Royale, et je me retirai.

J'ai nommé le dauphin, et j'avouerai sans dé-
tour que je suis arrivé à Buschtiérad avec de telles
préventions, que je redoutais de voir ce prince
en particulier. Je dirai avec la même simplicité que je l'ai trouvé tout autre que je ne m'y
attendais. J'ignore si tout le monde me compren-

dra, mais du moins ne pourra-t-on refuser d'ajouter foi à un langage aussi franc. Sa conversation est aussi sage que modérée; sa volonté formelle est de ne se mêler de rien; ses soins de fils, son respect, sa douceur sont admirables; sa résignation est entière, bien qu'il ne se fasse aucune illusion : pas un mot d'aigreur ne lui échappe sur le compte de qui que ce soit; il n'a oublié personne, et m'a remis de sa main, une liste de quelques serviteurs, me demandant de chercher à leur être utile. Notre siècle n'est plus à la hauteur des martyrs; il ne les comprendrait pas. Ce prince a regardé l'obéissance passive comme le premier de tous les devoirs; il n'est pas plus possible de le juger sévèrement que de blâmer un saint qui a le courage de tout sacrifier à la pensée de l'autre vie; il a senti avec amertume sa position, mais sa conscience n'a point reculé devant ce qu'il a regardé comme une obligation sacrée, et après avoir donné quelques conseils qui furent repoussés, il se renferma dans une entière abnégation de lui-même : permis de le plaindre, permis de ne pas se sentir le courage de l'imitation, permis de juger autrement, comme il le dit lui-même, mais impossible de l'accuser. Ses idées sont loin d'être baissées, comme on s'est plu à le répandre; elles ont même semblé se retremper dans le calme et dans la solitude. Mon neveu, M. Dhinnisdal, qui ne connaissait ce prince qu'à travers ses préventions, a été tellement frappé de le trouver si contraire à ce qu'il pensait, qu'il a conçu pour le dauphin, peu connu et fort calomnié, autant d'estime que d'attachement. Je voudrais pouvoir répéter chaque parole de ce prince, elles feraient revenir bien des Français de l'erreur où j'étais moi-même. Du reste, entièrement en dehors de la politique, il témoigne le plus tendre et le plus touchant attachement au duc de Bordeaux et à Mademoiselle, et approuve tout ce que font le roi et madame la dauphine. « Je vois ce qu'il faut à la France, disait un jour le dauphin à quelqu'un qui me l'a répété, c'est mon neveu conduit par ma femme. »

Mademoiselle, âgée de 14 ans, en a 18 pour la raison, comme pour les sentiments et la grace : elle est adroite à tout ce qu'elle fait, sait le dessin, la musique, et plusieurs langues: habituellement en blanc, sa mise est élégante et simple, sa conversation est aimable et spirituelle. Comme elle parle de la France ! comme elle verse sur son exil et sur celui de sa famille des larmes qui en arracheraient à ses ennemis mêmes, ou plutôt à ceux de sa famille ! — « Nous aimons tant la « France ! » nous dit-elle plus tard, lorsque nous lui fîmes nos tristes adieux ; « nous aimons tant

« les Français ! ils nous ont bannis, mais tous mes « vœux sont pour eux et pour la France; parlez « quelquefois de nous, qu'on ne nous oublie pas « dans l'exil : hélas ! combien durera-t-il ce pé- « nible exil ! ».... Disons-le franchement : jamais éducation ne fit plus honneur aux personnes auxquelles on l'a confiée. Non, non, princesse, la France ne vous a point bannis ; la France ne fut pas consultée : un divorce terrible s'était, il est vrai, déclaré entre Charles X et elle; mais là se bornaient les idées de la France, et l'histoire en dira plus que ma plume.

En face de la petite porte du château est un étroit jardin où Mademoiselle passe une partie de ses récréations ; une petite maison grotesquement construite en fait la décoration. Tout est simple autour des jeunes princes, et ils se ressentent eux-mêmes de la bonté de la famille, ils sont chéris de tous ceux qui les approchent.

Le duc de Bordeaux, Henri V, cet enfant d'avenir, qui sera traité en roi à sa majorité, cette étoile qui rayonne dans les ténèbres, ce principe vivant qui sera chargé de nous réunir tous un jour, est plus avancé que ne le comporte son âge. Instruit, il est adroit à tous les exercices du corps, il monte à cheval à merveille, et tous les jours pendant deux ou trois heures; bravant la douleur, il ne comprenait pas qu'on le plaignît d'un coup de pied que lui avait donné le cheval de son gouverneur; il fait bien des armes; il casse à trente pas au pistolet une tête de poupée; il est raisonnable et enfant tout à la fois; adoré des siens, il les chérit; il est spirituel, pénétrant, réfléchi, vif, plein d'énergie et de résolution; il se soumet, mais on voit qu'il saura commander; il examine, écoute et sait entendre; il n'est pas grand pour son âge, mais fort, et a beaucoup de l'air et des manières du duc de Berry. « Comment trouvez-vous le duc de Bordeaux ? » me demanda un soir la dauphine dans le salon (c'était le troisième jour depuis mon arrivée). « Il me serait assez difficile, « Madame, de pouvoir en juger, car je n'ai pas « encore adressé deux mots en particulier à son « Altesse Royale; je comprends la surveillance, « mais il me semble qu'il pourrait y avoir quel- « ques exceptions. » Le lendemain, en allant dîner, le duc de Blacas m'invita à me placer auprès du jeune prince; je me trouvais ordinairement entre MM. d'Agoust et O'Hëgerthy fils.

Je crois ne pouvoir mieux faire juger ce jeune prince, qu'en rapportant à peu près la conversation que j'eus avec S. A. R. « Je pense, Mon- « seigneur, que l'on répète souvent à V. A. R. « que tous les Français la chérissent, la dési- « rent. Eh bien! il n'en est rien encore; Dieu

« fasse que cette heureuse fiction se réalise un
« jour! Une couronne est un pesant fardeau, et
« un prince doit se rendre digne de la porter, par
« ses vertus comme par ses lumières; il faut que
« chacun sache que Monseigneur vaut mieux
« que lui, et qu'il est plus éclairé, plus instruit :
« alors on désirera Monseigneur pour lui-même,
« tandis qu'il n'est encore que la représentation
« d'un principe qui ne sera invoqué par la
« France que quand elle y verra son bonheur et
« son salut. Ce sentiment, moins flatteur que l'a-
« mour sans doute, est plus durable : j'ai foi à la
« légitimité, Monseigneur, mais ma confiance sera
« bien plus grande, si V. A. R. se rend digne de
« l'avenir qui lui est réservé. » Le prince m'écoutait
avec une sérieuse attention, et il semblait ne
pas perdre un mot. Madame la dauphine souriait en ayant l'air d'approuver; elle regardait
son royal neveu avec l'intérêt et la tendresse d'une
mère. « Je parle à Monseigneur un langage bien sévère, et je crains de l'ennuyer. — Pas du tout,
me dit S. A. R., j'écoute avec attention tout ce
qu'on me dit, et je n'oublie rien. » Le dîner
allait finir, on sortit de table et nous restâmes
dans le salon; je me sentis pris par derrière,
c'était le jeune prince; il me saisit les deux mains.
« Allons dans l'embrasure de cette fenêtre, me
dit-il, achevons notre conversation, car je suis

assuré que vous avez encore bien des choses à me dire; et puis vous me parlerez de votre prison. Nous en avons été bien occupés... » On vint proposer à Monseigneur une partie de billard (c'est l'habitude de tous les jours apres le dîner), il la refusa : on revint au bout d'un quart d'heure. « Je croyais vous avoir dit, ajouta-t-il d'un ton ferme, que je ne voulais pas y jouer aujourd'hui. »

A huit heures, le jeune prince rentre chez lui, et à huit heures et demie Mademoiselle quitte le salon. La mise du prince est une petite veste ronde, ordinairement de couleur verte, un gilet blanc, un pantalon large, plus ordinairement blanc. « Mais vous êtes encore mouillé, lui dit un jour la dauphine en venant dîner... — Ma seconde veste n'est pas encore terminée, répondit simplement le prince, d'ailleurs cela ne me fait rien. » Il sort par tous les temps, accompagné d'O'Hëgerthy père, de son gouverneur, et d'un domestique. On pense généralement que l'éducation du prince a été fort bien dirigée jusqu'à présent par M. de Barande, que l'on regrette, et l'on conviendra que pendant le court intervalle qui s'est écoulé depuis son départ, une influence plus impolitique que réellement dangereuse n'aura pu être bien funeste, ni nuire aux pensées d'avenir, que les uns redoutent, que les autres chérissent, et auxquelles, au fond de l'âme, tous ajoutent plus ou moins foi. La retraite du gouverneur commande le silence, et il est impossible de ne pas plaindre un homme d'honneur de s'être trouvé dans une semblable position, forcé de reconnaître que son dévouement avait été plus funeste qu'utile.

Je n'ai encore dit que peu de mots sur madame la dauphine. Princesse admirable, femme vraiment héroïque! qui dira vos malheurs comme vos vertus, vos infortunes comme votre courage? qui peindra l'amour de cette princesse pour la France, son occupation constante, ses sentiments si français? Qui verrait sans déchirement et sans reconnaissance couler ses larmes sur nos calamités? Elle a tout pardonné, pas un reproche ne lui échappe; elle n'a de haine pour personne, elle a tout oublié, pas assez cependant pour ne pas s'être éclairée par l'expérience. Marie-Thérèse permet qu'on lui parle de tout; elle repousse les éloges; elle écoute le blâme sans s'irriter, et sa bonté encourage la franchise. Elle sent qu'elle a vécu trop isolée de tous les intérêts français; mais un principe d'obéissance, plus ou moins bien entendu, la tenait en dehors de tout, sans lui permettre aucune exception. S. A. R. sent aujourd'hui l'importance du rôle de mère qui lui est confié; elle en comprend les obligations, décidée à les remplir. Oh! que ne puis-je retra-

cer ici un entretien qui dura plus d'une heure !
On apprendrait à la connaître. Elle comprend
maintenant la France, elle entre dans ses idées,
dans ses sentiments; elle veut tout pour la
France, et rien que par la France. « O jamais !
« jamais ! s'est-elle écriée devant moi, non ja-
« mais ni guerre civile, ni guerre étrangère,
« ni émeute; ce n'est pas par une conspiration
« que nous voulons revenir en France; nous ne
« voulons pas lui être imposés, il faut qu'elle
« nous désire. Hélas ! qui peut aujourd'hui envier
« une couronne ? une couronne est un terrible
« poids à supporter. On m'a dit ambitieuse :
« toute mon ambition eût été le bonheur et la
« gloire de la France. M. de La Rochefoucauld,
« ajouta-t-elle avec un accent pénétrant, un journal
« a osé dire que je n'étais pas Française; c'est
« le seul reproche que je me rappelle; il m'a dé-
« chiré l'âme; quelle cruelle injustice ! c'est la
« seule injure qui m'ait véritablement blessée. Oh !
« croyez et répétez que je suis Française, unique-
« ment Française, Française avant tout; tous mes
« sentiments sont français, toutes mes pensées,
« tous mes vœux sont pour la France. Nous
« élevons le duc de Bordeaux pour la France;
« mais c'est la France seule qui peut et doit le
« réclamer; c'est à elle seule que nous le ren-
« drons si elle le croit utile ou nécessaire à son

« bonheur comme à son repos; nous voulons
« qu'il soit digne un jour du rôle qu'il doit rem-
« plir, si le ciel le lui destine. Croyez que rien ne
« pourra jamais m'arrêter pour faire ou obtenir
« tout ce qui sera utile aux intérêts de la France.
« Je ne suis pas aussi maîtresse que quelque-
« fois on semble le supposer, mais du moins je
« n'aurai rien à me reprocher; fiez-vous à mes
« paroles. » Paroles précieuses, qui ont été suivies
d'un succès tant désiré! Deux choix pour gouverneur du jeune prince semblaient réunir tous
les suffrages, et nos ennemis même les redou-
taient : c'étaient MM. de Chateaubriand et Oudi-
not; mais on ne peut qu'approuver ceux qui ont
été faits, et les noms des élus sont une garantie
pour la France. Du reste, n'exagérons rien et
soyons justes pour tous : je désapprouvai le choix
des jésuites, je le dis hautement, mais je respecte
leur ordre; et quand il y a des associations qui
cherchent à détruire, il est tout simple qu'il y en
ait qui veuillent conserver; d'ailleurs je pense
qu'un ordre, capable de commettre une pareille
faute en soulevant contre lui autant et de si justes
récriminations, est sans danger. Il est vrai qu'un
professeur jésuite a, pendant deux mois, donné
des leçons au royal enfant; mais les jésuites ne
s'étaient point emparés de la maison, comme on
s'est plu à le répéter; ils ne conduisaient rien,

ne se mêlaient de rien que d'une leçon, et la leçon terminée, il n'était pas plus question d'eux que s'ils n'existaient point.

Ceux qui supposent qu'il serait facile de faire tomber le duc de Bordeaux dans des exagérations dont personne ne veut, certes ne l'ont ni vu ni entendu : il est obéissant sans doute, mais il a dans l'esprit une énergie et une pénétration qu'il ne serait pas facile d'égarer à ce point.... Que la France se rassure donc, et qu'elle voue un éternel hommage de reconnaissance à une princesse qui a compris ses vœux comme ses besoins, et qui ne laissera pas son ouvrage incomplet. Elle n'a rien fait pour s'emparer du rôle que le ciel lui impose au nom de la religion, de l'honneur, de la morale et de la politique; elle verse des larmes de regret en songeant aux circonstances malheureuses qui l'ont placée si haut; mais elle en comprend toutes les conditions, tous les devoirs, et saura les remplir. Disons-le hardiment : jamais on ne pourra penser à quel point la reine Marie-Thérèse a grandi dans l'infortune, et combien elle s'est éclairée sur les idées et sur la situation réelle de la France, comme sur les nécessités du moment : chacun s'éclaire, la nation s'éclaire aussi, et le temps fera justice de tout; le temps est un grand maître, mais il faut savoir l'atten-

dre. — « Que les royalistes ne précipitent rien,
« me disait encore Marie-Thérèse, et qu'ils s'ar-
« ment de patience ; c'est à la France que je m'en
« remets, à la France seule que je me fie ; je
« veux tout devoir à elle seule, j'ai foi en elle
« et à l'expérience qu'elle acquiert tous les jours,
« pour comprendre et sentir quels sont ses véri-
« tables intérêts. Jamais vous ne pourrez croire
« quelle est ma tendresse pour le duc de Bor-
« deaux ; ma vie tout entière est à lui et à la
« France ; puisse mon existence devenir utile à
« l'un comme à l'autre ! »

Une semblable confiance, une confiance si honorable ne sera point trompée : la France comprendra tout ce qu'elle doit à cette confiance, comme tout ce qu'elle se doit à elle-même. Laissons le pouvoir livré à ses erreurs, à son fatal principe et à ses fautes ; laissons-le s'isoler de tous les intérêts de l'avenir, par cette centralisation qui écrase le pays et le révolte tout à la fois ; laissons au despotisme forcé du gouvernement le temps de froisser et d'irriter tous les amours-propres, qu'il a d'abord si soigneusement caressés. Tout paraît lui avoir réussi jusqu'à présent, toutes les circonstances avoir tourné en sa faveur, et, cependant, il glisse sur le sol, mais il n'y pénètre pas. Profitons du temps qu'il nous donne pour éclairer les esprits, et prouver à tous que la légitimité seule peut détruire cette centralisation que chacun déteste.

La France veut l'ordre, et si elle redoute tout changement, c'est surtout parce qu'elle ne veut à aucun prix d'une nouvelle révolution : aussi la France a-t-elle ôté toutes les chances de succès à une république qui, pour arriver à donner des libertés, serait forcée de créer le pouvoir le plus despotique, de lever d'énormes impôts, et qui allumerait au sein de la France la plus horrible guerre civile, et à l'étranger, une guerre générale. Il suffit d'avoir parcouru l'Europe pour frémir de tous les désordres et de tous les crimes par lesquels on cherche à établir cette république.

Honneur et malheur tout à la fois à ces républicains de bonne foi qui, rêvant une utopie, veulent la république, aux conditions d'ordre, de grandeur et de liberté pour le pays ! Espérons qu'ils s'éclaireront, et qu'ils préféreront une monarchie tempérée, avec des libertés, à tous les désordres réunis et à tous les malheurs suspendus à la fois sur nos têtes. Il en sera de même de quelques royalistes qui rêvent encore l'ancien régime, ou la charte octroyée de 1814.

Sous une monarchie légitime, la France n'aurait rien à redouter de l'Europe entière; mais une république, qui nous diviserait, en aurait tout à redouter; un pouvoir usurpateur ne peut lui inspirer aucune confiance.

J'étais arrivé à Buschtiérad un dimanche : c'était le dimanche suivant que j'allais m'arracher à ce lieu si cher ; j'avais passé la journée du lundi presque entière avec la famille royale, et le lendemain après le déjeuner, je devais aller en particulier prendre ses ordres, et déposer à ses pieds mon amour et mes vœux. Je rentrai chez mon forgeron le samedi soir, le cœur rempli des incidents de la veille, du jour et surtout du lendemain : je ne pus fermer l'œil.

La légitimité est un principe social, me disais-je, qui consacre un droit dans l'intérêt de la société; c'est le lien comme le défenseur de tous les intérêts sociaux ; un principe qui les représente et les défend, qui se retrouve partout, dans la famille isolée comme dans la grande famille, dans la propriété d'un seul, comme dans la propriété de tous; c'est la vie de tous, le moteur universel, l'image de Dieu sur la terre, car c'est la vérité. Ce n'est pas comme droit divin que je l'invoque, mais comme une propriété de l'homme, comme un droit créé par lui dans son intérêt, et qu'il a eu la sagesse de rendre inaliénable, afin de se lier lui-même les mains, et de s'épargner des alarmes, des révolutions et des troubles sans cesse renaissants.

Un pouvoir usurpé n'est point compétent pour défendre les droits de chacun; un pouvoir n'est bien établi que quand il se fonde sur le raisonnement, sur le droit et sur la loi.

Personne ne veut la guerre, me dit dans mon voyage un diplomate étranger, ni les Puissances, ni la France; mais enfin, si par une suite imprévue des événements de l'Europe, la guerre éclatait jamais, que feraient les légitimistes? « Ils mar« cheraient tous contre l'étranger à la défense des « frontières, ai-je répondu aussitôt, pour main« tenir l'intégrité du territoire; la légitimité « s'est perdue pour avoir été exploitée par un « parti au profit de ses doctrines, pour être restée « seule au milieu du pays, et isolée de ses intérêts: « cette fois nous voulons l'implanter dans le sol, « afin qu'elle en devienne inséparable; et que le « pays reconnaisse quels sont les véritables dé« fenseurs de ses droits, comme de ses intérêts. »

Plein de ces réflexions, je me levai avec le jour, étourdi par le bruit du marteau, et par le cri aigu d'un coq enfermé près de mon lit. Je pris ma plume et j'écrivis quelques lignes pour les présenter à madame la dauphine. A dix heures, j'allai entendre la même messe que la famille royale, et je me rendis au son de la cloche dans une chapelle attenante au château. Dans la tribune de droite étaient Charles X, le dauphin et le duc de Bordeaux; dans celle de gauche madame la dauphine, Mademoiselle, madame de Gontaut, madame d'Agoust; dans une troisième, le gouverneur, MM. Montbel et Blacas, et en bas les personnes de la maison. Je me plaçai parmi ces dernières; et en pensant aux vœux ardents qui s'élevaient vers le ciel de ce coin de terre isolé, je me sentis moi-même un sentiment de foi exalté. Je priai pour la France et pour Henri.

Je revins faire mes adieux à mon hôte et à sa famille, dont les larmes m'annoncèrent les regrets. A midi, je me rendis auprès de Charles X, qui me reçut avec une bonté toute particulière : ce prince sait connaître le dévouement véritable, et lui pardonner sa franchise. J'osai le presser pour savoir ce que je dirais à mon retour à Paris sur l'éducation de M. le duc de Bordeaux, voulant reporter ses paroles textuelles. « Dites que je veux me donner le temps de réflé- « chir mûrement à de si graves intérêts, et que « j'espère que les choses s'arrangeront de manière « à satisfaire ceux dont je dois compter l'opinion.» Je pris congé du roi.

Je montai chez le duc de Bordeaux, qui fut charmant dans ses adieux, et nous témoigna les plus touchants regrets, en nous recommandant de parler de lui à tous ceux qui ne l'avaient point oublié.

Mademoiselle nous pénétra par sa sensibilité, comme par son expression bienveillante, par ses regrets et son amour pour la France.

Le dauphin nous reçut en capote, sans compliments comme sans cérémonie, et il confirma le jugement impartial que nous avions porté pendant notre séjour. Son Altesse Royale nous ouvrit elle-même avec bonté la porte de communication qui conduit de son appartement chez madame la dauphine. — « Vous sortez de chez le dauphin? » nous dit cette princesse. — « Oui, Madame, et, pénétrés de ce que nous avons vu et entendu, nous répéterons hautement, à notre retour en France, le cri intime de notre conscience... » Il faudrait avoir vu l'expression qui se peignit sur la physionomie de Madame, pour la comprendre et essayer de la rendre.

Je répétai en peu de mots, mais avec énergie, tout ce que je pensais, tout ce que je sentais, tout ce qui me paraissait indispensable. Je parlai de la France avec le sentiment qui anime un cœur français quand il parle de la patrie. Les larmes de Madame coulèrent, et elle nous promit solennellement de faire tout ce qui dépendrait d'elle pour soutenir et défendre les intérêts et les droits

de la France. « Ce n'est pas assez, dis-je à S. A. R.,
« de plaider en faveur d'une cause aussi belle,
« aussi juste et aussi sacrée, il faut triompher à
« tout prix. — Fiez-vous à ma parole, » furent les
derniers mots de la reine, et nous nous arrachâmes de sa présence. Une fois sortis, notre émotion, à M. Dhinnisdal, témoin de cette dernière entrevue, et à moi, était telle que nous restâmes quelques moments à la porte, incapables de faire un pas de plus. Je montai ensuite faire mes adieux à madame d'Agoust, au cardinal, à M. de Blacas, et à M. de Montbel. Je partis plein d'espoir, voyant que chacun avait la même pensée sur le sujet qui m'occupait, et que nous marchions enfin vers le même but.

Je hâtai mon départ, convaincu qu'il ne serait pas agréable à Charles X de prendre une décision devant celui qui l'avait si vivement sollicité.

Je laissai à Buschtiérad M. de Calvimont, dont les sentiments sont aussi généreux que le dévouement courageux et bien entendu. Nous partîmes pour Prague, où j'avais quelques affaires; mais notre émotion était telle, que nous ne pûmes dire un mot pendant le trajet.

Le lendemain, 5 août, nous reprîmes la route de France par Carlsbad, Nuremberg et Strasbourg. Nous devions passer encore cette fois au bout de l'allée de pommiers qui conduit au château de Buschtiérad. La poste est à quelque distance : nous attendions dans la cour mon valet de chambre qui s'était perdu en partant de Prague. Quel fut notre étonnement en entendant le pas de quelques chevaux, et en reconnaissant le duc de Bordeaux, qui vint à nous avec une grâce charmante. « Ah! vous voilà, messieurs; je suis enchanté de vous revoir encore une fois. » Il me tendit la main, nous quitta, et en piquant des deux il partit au galop, comme une personne qui brusque de pénibles adieux.

Nos yeux se remplirent de larmes. « Veuillez encore, Monseigneur, porter au château de Buschtiérad tous nos regrets et tous nos vœux : » ce furent nos dernières paroles. Le prince avait disparu, nous ne le revîmes plus; et bientôt nous continuâmes notre route, le 5 août 1833, presque incommodés par le froid.

Nous nous arrêtâmes peu jusqu'à Paris ; on devinera ce que nous éprouvâmes en apercevant les Tuileries.

Espérons tout du temps et de la France!

Le vicomte de LA ROCHEFOUCAULD.

UN PARISIEN A SAINTE-HÉLÈNE.

Le pilote crie : Terre ! Nous montons sur la dunette, et nous voyons l'île; ses premières lignes se dessinent avec force dans quelques vapeurs légères....

.... Voilà le rocher sur lequel mourut, il y a douze ans, l'homme le plus grand des temps modernes, l'ennemi des monopoles anglais, celui qui les chassa des rivages du continent, et inféoda ceux-ci à sa puissance, à son système, comme pour enfermer les mers d'Europe dans son empire!... Il expira, pauvre prisonnier! à qui le fort s'était parjuré, sur ce rocher lugubre et pelé, que nous regardons avec un intérêt triste....

. . . .
. . . . Nous approchons. . . . Le télescope nous montre des plateaux nus et noirs, des pics scoriés, et dentelés par les morsures du feu et des pluies. . . .

Nous allons descendre dans l'île. Je veux y examiner les effets matériels du climat, et m'assurer s'il est vrai que la pensée des Castelreagh, des Bathurst, des Wellington, a été, dès l'origine, en *désignant ce lieu pour prison, une sentence de mort ;* — les vraisemblances sont pour cette opinion, car les accusés tiennent leurs principes des hommes d'état italiens du moyen âge. — Si vous les leur reprochez haut, puissamment, ils s'excusent par la raison sans entrailles, « l'a-
« mour de la patrie anglaise est chez eux la haine
« des autres nations! »

— L'île est devant nous, — la nuit est venue; le ciel est semé d'étoiles scintillantes qui se jouent sur les flots apaisés; on n'entend guère que le roulis du vaisseau — et le bruit des ailes d'oiseaux de nuit partis du rocher et y retournant silencieusement. . . .

3 avril.

Nous jetons l'ancre dans la rade ; il est neuf heures du matin. —

A la pointe du jour, notre vaisseau s'est approché de la terre, sous la côte nord de l'île. — La vue de ces rochers nus et brûlés présente je ne sais quoi de sombre et même de terrible qui émeut vivement; il semble que nous abordions quelque Vésuve éteint. Les effets physiques sont les mêmes. Ajoutez à cette impression celle qui résulte aussi des *défenses*, en tout semblables à nos vieilles prisons d'état, de ces fortifications suspendues dans les airs, de ces postes de signaux qui, au temps de Napoléon, se répondaient les uns aux autres de demi-heure en demi-heure, et se communiquaient par des chemins qui ressemblaient tantôt à des escaliers, et plus souvent à des échelles. — Au temps du prisonnier, de fins voiliers se croisaient, sans interruption, au pied de ces *défenses*, de ces rocs armés et si rudes à la montée.... Le drapeau anglais se déploie toujours avec orgueil sur ces hauteurs de Sainte-Hélène ; mais il a beau flotter puissant dans ce ciel, il y a reçu pour jamais la tache indélébile de l'assassinat !

— Les montagnes de Sainte-Hélène sont formées de couches superposées, jointes un peu obliquement.—Si je voulais me livrer à des conjectures, l'imagination me dirait comment, selon elle, les laves ont pu paraître sur ces crêtes, aujourd'hui si enfumées, sur ces plates-formes coupées et brisées, sur ces flancs où la lave, un peu refroidie, a dû descendre et s'attacher à la surface; —mais cela serait parfaitement stérile pour vous, mon ami, qui m'avez demandé un peu de géographie et d'histoire... J'attacherai davantage votre esprit en vous retraçant, dans un moment, l'impression générale que communique l'aspect des lieux. — Je visiterai l'île ensuite, et vous raconterai, dans un autre *fragment*, les résultats de quelques recherches bien rapides sur le grand drame qui fut six ans à s'y jouer au bruit des flots et des tempêtes de l'Océan. L'empereur Napoléon, cet autre volcan, vint s'y éteindre; ses dépouilles sont déjà mêlées aux scories éparses sur les plateaux de ces montagnes noires...

Fragment écrit deux heures après le précédent.

En arrivant au mouillage, il y a une heure, j'ai aperçu le premier les signes qui nous étaient adressés du dernier poste; on les écrivait sur un grand tableau noir. Ces *signaux* nous donnaient l'ordre d'envoyer un bateau à terre : — il est parti sur-le-champ. Quelques moments après, nous avons reçu le *signal d'entrée*, et nous sommes allés nous placer au milieu de trois beaux navires de la *Compagnie des Indes;* puis nous nous sommes tous rendus à terre.

Le débarquement s'est fait sur une cale, inégalement assise sur les rochers, longeant la pointe gauche de la baie, la seule partie de la côte où la mer ne soit ni tourmentée, ni pleine de pointes de rochers; le flot y est bleu et un peu dormeur. — Cette cale est bordée de *magasins* assez médiocres. En nous approchant de la ville, nous avons trouvé les *fortifications*, qui défendent la baie dans toutes ses parties; ensuite, nous sommes entrés dans la ville par une porte si basse, qu'en passant dessous j'ai été tenté de baisser la tête. —

J'ai arrangé sur-le-champ, avec l'ami D**, un projet d'excursion à travers l'île pour demain...

Deuxième fragment.

.....Je décrirai d'abord la ville.

L'esplanade, ou place d'armes, se trouve à l'entrée de la ville. A Sainte-Hélène, les Anglais appellent *la ville* deux rangs de maisons assises entre deux montagnes escarpées. Ces rangs se prolongent dans les sinuosités d'un ravin, au milieu duquel coule un ruisseau, qui se gonfle dans la crue d'eau. Cette crue est fréquente; elle a sa cause dans les pluies battantes qui stérilisent l'île. — La place d'armes, presque carrée, présente une superficie de cent pas dans tous les sens ; l'hôtel du gouvernement est bâti à gauche, en entrant : il fait face à la mer. Derrière cette demeure, sur le flanc de la montagne, on a planté un joli jardin qui récrée la vue ; le lieu est très-aride ; — sur la droite, j'ai remarqué plusieurs maisons d'une assez belle apparence, et l'une d'elles est nommée la taverne de *London*.

L'église se trouve en face de la porte d'entrée, un peu à droite ; sa construction a de la simplicité et quelque chose d'élégant ; les murs intérieurs sont décorés par plusieurs tables de marbre noir et blanc, qui portent le nom de personnes d'un haut rang mortes à Sainte-Hélène.

Dans le haut, l'esplanade se sépare en deux rues montantes et sans alignement. Les maisons sont petites, bien tenues ; mais leur intérieur ne révèle pas l'opulence. Après avoir marché environ deux cents pas dans chacune de ces rues, on rencontre des bicoques bâties en pierres sèches, recouvertes de terre, se touchant les unes les autres dans tous les sens. Elles m'ont rappelé ces *tanières* des monts du Caucase, où les Tcherkesses s'abritent pêle-mêle. C'est la population noire de Sainte-Hélène, formée des Chinois malais et métis, libre et peu nombreuse, qui les occupe. En vérité, les Anglais devraient faire davantage pour des hommes !...

J'ai trouvé un peu plus loin la *caserne* (ce bâtiment peut loger un régiment), et, toujours en montant, de jolies maisons jointes à de petits jardins très-frais, très-riants, qui s'étendent dans le ravin jusqu'à environ un mille des bords de la mer. — Ces habitations très-agréables sont en petit nombre, et le fond du terrain qui les porte se rétrécit tellement tous les jours, qu'il n'y a plus de place que pour une seule maison sur la largeur; les jardins, remarquables par la vigueur et l'éclat de la végétation, sont très resserrés : la distribution et l'aspect gracieux de ces petits enclos intéressent extrêmement sur les flancs noirs et hideux de la montagne.

Cette partie haute de la ville mérite d'être appelée la *campagne de l'île*, car, sur cette terre dévorée par le feu, c'est le seul lieu qui semble lui avoir échappé. Les bords de la mer sont secs, pierreux et uniformes; on n'y trouve que le petit jardin du gouvernement et quelques arbres plantés çà et là en dehors des murs d'enceinte. — Ces arbres ressemblent au tremble; leurs feuilles sont à peu près comme celles du poirier.

Tout à l'heure je vais tâcher de retrouver

quelques-unes des traces laissées dans l'île par le grand homme....

Troisième fragment. — *Récit écrit, le 10 août, en mer.*

En allant au bureau du gouvernement demander la permission de parcourir l'île, nous aperçûmes, en traversant la place, un officier anglais ; nous marchâmes à lui. Il nous comprit après quelques paroles, et nous dit sans hésiter et en secouant la tête, qu'*il nous serait assez difficile de voir la demeure de Napoléonné Bonipate ;* — que pourtant il allait transmettre notre demande au gouverneur : c'était son secrétaire. — Nous joignîmes les plus vives prières à cette requête.... Le gouverneur était en course dans l'île ; la demande lui fut adressée par le télégraphe. L'officier nous prévint qu'il n'aurait pas la réponse avant deux heures après midi, et nous invita à revenir à cette heure-là.

A onze heures, nous entrâmes déjeuner dans une jolie taverne de la ville. Malgré sa détestable réputation, j'ai trouvé la cuisine de Sainte-Hélène très-bonne et très-habilement faite ; mais les viandes n'y sont pas d'une excellente qualité. — On nous servit à *l'anglaise* et bien. Les vins sont très-variés, et sortent des meilleurs crus du globe.

La promenade suivit ce repas; mais nous fûmes exacts à l'heure dite. La permission était accordée, et l'officier nous attendait. Il nous la remit avec une politesse toute particulière, après y avoir écrit nos noms. — Voici quelques expressions de cette pièce; elle était en français :
« Permission est accordée à ces gentilshommes
« de visiter le tombeau et la maison du mort
« Empereur; un d'Angleterre, officier, les ac-
« compagnera.

« *Sainte-Hélène*, etc. »

Après cela, cet officier nous dit que, pour arriver au *tombeau* et à *Long-wood*, nous avions à gravir plusieurs rochers très-rapides et très-élevés, par des chemins presque impraticables; — le *tombeau*, ajouta-t-il, est à trois milles et demi du port, et la *maison de Long-wood*, à six.—Voyez, l'état du temps menace de toutes parts!—Je vous conseille de remettre la course à deux ou trois jours, et de ne l'entreprendre qu'à cheval. Ces raisons nous parurent bien faibles, et vinrent échouer contre notre piété napoléonienne et notre impatience française; nous lui dîmes que nous partirions le lendemain matin et à pied [1].

Le lendemain, nous ne manquâmes pas à

---

[1] J'écris en mer, trois jours après cette course.

notre bonne fortune; mais le pronostic de mauvais temps s'était réalisé; il pleuvait, et, suivant toute apparence, cette pluie n'était pas près de finir. Un lieutenant du gouverneur nous ouvrit la marche; il montait un bon cheval. Comme il nous parut très-contrarié de sa corvée, nous lui offrîmes franchement, à peu de distance de la ville, lorsque nous vîmes sa tête s'enfoncer sous son chapeau, et s'abaisser incessamment sous la force et la rapidité des ondées, nous lui offrîmes, dis-je, de nous laisser seuls continuer le voyage, et de s'épargner des peines qui n'étaient légères que pour nous, *Français*. Cette offre lui fut faite en anglais. A peine en eut-il saisi le sens, qu'il tourna la bride de son jeune cheval, nous regarda, et nous dit, les yeux étincelants, inquiets, et presque en se signant à *l'idée d'abandonner la garde du vieil ennemi* : « Mais vous « vous trompez, messieurs; j'exerce auprès de « vous une surveillance! » —Et il poussa de nouveau en avant son cheval.— Sa figure rappelait pittoresquement les peurs profondes de l'Angleterre au temps du camp de Boulogne. Ce fut plaisant d'abord, puis bien triste, je vous jure, lorsque nous songeâmes à tout ce que l'empereur avait dû endurer de cette peur incessante, infatigable.

—La pluie nous cinglait impétueusement au

visage. L'Anglais étant à cheval nous devançait d'assez loin, mais il pliait par moments avec une amusante colère sous les torrents d'eau qui sillonnaient ses habits.

A mon avis, la première montée dans ces rochers offre environ deux milles de longueur; le chemin est bordé par un mur d'appui en pierres sèches, et est suffisamment entretenu ; il est rapide, mais inégal ; les voitures légères traînées par des bœufs peuvent y passer; la route suit la montagne de gauche, en tournant le dos à la mer. De là, on domine entièrement la ville ; elle s'y présente même sous un aspect très-agréable. Ce long boyau est rempli par une foule d'habitations séparées embellies par des plantations d'arbustes dont les pieds s'enfoncent entre les deux montagnes, lesquelles sont hautes et sèches. Les *sommités* de la montagne à droite sont *couronnées par des fortifications* établies du vivant de notre empereur, et contre lui ! — contre lui, pauvre malade usé, abandonné ! et s'éteignant auprès de quelques amis, au milieu de quelques études ! —

Ces *sommités* ne le cèdent en élévation (selon quelques géographes) à aucune montagne du globe. La jonction des deux montagnes a lieu par une coupée qui forme muraille, ayant pour horizon la mer, l'immense mer des Indes. — Les eaux courent sur cette muraille et se perdent bientôt en une cascade qui s'élance à grand bruit de plusieurs centaines de pieds dans la mer. Les lieux où nous sommes parvenus ont la plus grande magnificence de destruction. Voyez! — ces monts qui nous entourent ont été brûlés, calcinés, ouverts par les feux du ciel qui les labourent presque tous les jours; ces brisements profonds et vastes de rochers signalent une force que nous ne connaissions pas, — mais que serait-ce là, si je pouvais vous montrer les lieux autrement que par des images! Ces bris descendent rattacher leurs dernières fissures au lit même de l'océan. Cette destruction est partout hideuse avec sa face brûlée, mais elle est douée partout d'une puissance-inextinguible : c'est là sa beauté. La main seule de Dieu a pu séparer et recoudre ainsi ces grands rochers.

Presque au haut de cette *première montée*, nous trouvâmes un petit plateau assez uni, occupé par un établissement, ayant *maison*, *pavillon* à droite, quelques dépendances et un jardin bien cultivé. J'ai remarqué aussi à son extrémité, en tirant vers la mer, une jolie petite prairie entourée de saules et de quelques bouquets d'arbres. C'est un gracieux souvenir des plaines d'Europe que la nature a semé sur ces rochers funèbres. — L'officier nous attendait à l'habitation. Il nous apprit qu'elle s'appelait *Briars*, et que l'empereur l'avait habitée en arrivant dans l'île, deux mois avant d'aller à Long-wood; qu'il y avait été logé dans le *pavillon* bâti sur une légère élévation, à gauche de l'établissement, et en face de la mer. La vue de cette modeste demeure, le premier objet empreint du souvenir de l'empereur que nous eussions rencontré sur notre route, nous toucha jusqu'aux larmes. Nous y prîmes quelque repos; nous nous rafraîchîmes, questionnâmes les hôtes, et notre jeune officier, qui s'apprivoisait sensiblement; puis continuant la montée, en suivant plusieurs chemins en zig-zag, nous parvînmes à l'un des plateaux les plus élevés. Par un temps clair, nous y eussions joui d'un des points de vue remarquables de l'île. Ce plateau est abrité vers l'ouest par un petit piton; on l'a cultivé avec soin, et j'y ai vu une riche végétation. Des prairies artificielles s'y partagent la *bonne terre* et y sont entourées par de fortes haies vives et des bouquets d'arbres très-verts. Ces clos gracieux sont rencontrés avec un plaisir infini près des crêtes de ces montagnes ravagées.

Je m'écartai plusieurs fois de la route pour examiner divers plateaux qui la longent, mais nous ne pûmes pas facilement nous en retirer, et souvent la terre céda sous nos pas.—La partie supérieure de ces montagnes, soumise constamment aux effets d'un soleil dévorant et de pluies battantes, est dans l'état de décomposition qui est le principe de la terre végétale. En plusieurs endroits nos pieds s'enfoncèrent assez avant dans une *marne* pareille à celle qui se forme sur quelques grèves.

En tournant cette partie friable du sommet de la montagne, nous découvrîmes une vallée étroite et profonde animée par plusieurs jolies habitations, par des arbres et des prairies; cette vue est subite aussi, et d'après la nature des lieux elle n'est pas attendue du voyageur. — L'officier, qui nous précédait toujours de quelques centaines de pas, s'y était arrêté. Quand il nous aperçut, il nous cria de nous presser, et nous montra, dès que nous l'eûmes rejoint, une maison bien bâtie et un joli jardin en *terrasse* qui descendait dans un vallon; et plus bas, beaucoup plus bas, au bout d'un nouveau chemin en zigzag, une touffe de saules pleureurs. « *Ces arbres*, nous dit-il, *entourent le tombeau de votre empereur : descendons.* » Sur une autre indication qu'il ajouta, nous prîmes avec une vive émotion le sentier bien marqué qui y mène. Notre émotion parut attendrir le jeune officier; mais il n'y sympathisa pas avec la parole, baissa seulement les yeux sur le cou bai de son cheval et reprit les devants. — Lorsque deux minutes après nous pûmes toucher à la dernière demeure du grand homme, nos yeux se remplirent de larmes! — Il nous sembla que quelque chose de sublime et de formidable allait nous apparaître!...

Un sergent anglais, gardien du tombeau, nous attendait à la porte de la grille; sur l'ordre de l'officier, elle nous fut ouverte. Nous nous découvrîmes tous avec respect en passant dans l'enceinte funèbre, et nos impressions, bien qu'à des degrés divers, furent très-vives. Il parut démontré à ces deux étrangers que nous connaissions bien la grande existence qui était venue aboutir à « cet écueil » perdu dans d'affreux rochers. — Mais laissons de côté nos impressions, pour continuer l'esquisse des lieux. Il y a à cela d'autant plus de raisons que nous sommes arrivés en présence des « localités historiques. » Décrivons.

La *tombe* est unie et n'a pas d'inscription. Elle a 9 à 10 pieds de long, sur 6 à 7 de large. Trois pierres en tuf venant d'Angleterre en ont fourni les matériaux. L'ancien gouverneur les a fait enlever de la cuisine de la maison neuve de Long-wood, où on les avait employées dans le carrelage.

Sur une petite maçonnerie élevée de quelques

pouces, et à un pied de distance de la pierre, on a établi circulairement un grillage en fer composé de flèches vigoureusement scellées et jointes ensemble. Ne voyant pas de fleurs autour du monument, je demandai au gardien si le gouverneur n'en avait pas fait semer; sa réponse fut affirmative; — mais les grandes pluies les avaient fait périr. On en semait à chaque printemps de nouvelles qui périssaient comme les précédentes. Quatre saules pleureurs couvrent la pierre funéraire. Un seul est planté à la tête, et son tronc couché vers les pieds porte ainsi sa masse de verdure droit au-dessus du monument. — Un crêpe noir était attaché à l'une des flèches de fer. Ce tribut de respect paraissait très-récent. Nous demandâmes au gardien de qui il était. « C'est celui du marquis d'Hastings, venu ici avant-hier avec sa suite. » Cette circonstance nous charma. Milord *marquis* a l'esprit élevé et dispose d'un suffrage qui compte parmi les plus honorables de la Grande-Bretagne.

La première enceinte est circulaire et peut avoir environ 60 pieds de diamètre; elle est fermée par une barrière de bois peinte en vert et haute de quatre pieds; des plantes des montagnes et des graminées s'y confondent et s'y lèvent avec force. On distinguait parmi ces dernières la *sonze* des îles de France et de Bourbon.

J'ai coupé plusieurs touffes d'herbes qui avaient poussé à la tête même du monument, entre la grille et la pierre; j'y ai joint des branches du « saule penché sur le corps de l'empereur, » et j'ai rapporté ces reliques, si pauvres aux yeux du monde de nos jours, pour les unir à quelques autres tiges sèches arrachées, il y a dix ans, sur la fosse oubliée d'un jeune officier que la Restauration fit fusiller. —

Nous ne quittâmes cette grave solitude qu'avec des pensées très-tristes, car nous ne pûmes nous défendre de songer que ces dépouilles si éminemment françaises restaient sous la garde de la foi et de la piété anglaises!!!

Près de l'enceinte, en *face de la tête* du tombeau, nous trouvâmes cette source d'eau délicieuse où l'empereur aimait à se rafraîchir. L'eau s'y conserve dans un bassin de deux pieds carrés, fermé à demi par une pierre plate. Une jeune et jolie fille du vieux soldat nous y attendait pour nous offrir de la goûter : nous en prîmes deux verres de ses mains que nous bûmes à la mémoire du héros. Cette eau pure et brillante comme la lumière a effectivement un goût délicieux. Nous vîmes plus loin, en *traversant le vallon*, deux petites maisons à côté l'une de l'autre, où l'on a logé le gardien et sa famille; elles sont en bois, bâties solidement et proprement; on les a peintes en noir. Notre officier nous annonça qu'un nouveau *monument* était attendu de Londres, et qu'il remplacerait celui que nous venions de voir, qui était trop simple. — « Mais pourquoi un beau monument ? la mémoire de l'*homme* n'en a pas besoin ! écrivez seulement son *nom* sur la pierre, afin qu'on le salue en passant. » — Le temps était plus tourmenté qu'avant ; une pluie battante, qui était voilée par une brume épaisse, nous empêchait de distinguer les objets devant nous à plus de cinquante pas ; nous avions encore trois *milles* à faire pour arriver à Long-wood. Sans doute ce n'étaient pas là des obstacles. L'officier avait pris lui-même son parti : il s'élança en avant au galop ; nous le rejoignîmes sur la *grande route*, en traversant une longue suite de flaques d'eau marine, de gros nuages, de bouffées de pluie fines et serrées, des restes de vent d'orage.

Du tombeau à Long-wood les chemins sont larges et bien entretenus. Notre Anglais nous dit que l'empereur s'était promené habituellement sur cette route. Vous savez qu'il était toujours suivi, à distance, par des officiers anglais, ce qui lui donnait un vif chagrin. — Ici commence un nouveau désert sur l'une des plus hautes parties de l'île. Nous y atteignîmes par une gorge ayant quelques fleurs et de pauvres herbes suspendues à ses parois jaunes, et qui commande à la *vallée du tombeau*. Cela fait, nous ne trouvâmes plus ni montées ni descentes. — A droite ou à gauche du chemin, on marche continuellement sur les bords des gouffres. Nous suivîmes ce chemin d'une horrible uniformité ; et dans le peu d'intervalles où la pluie moins vive et moins battante nous laissait voir les sites noirs de ce chemin où le moindre herbage de mer n'a jamais pu se nourrir, nous voulûmes calculer des yeux quelques-unes de ces cavités ; tâche impossible, et qui ne nous laissa qu'un sentiment de terreur, au lieu de notions nouvelles intéressantes ! — Notre jeune officier nous apprit que l'empereur avait aussi voulu sonder par la contemplation ces abîmes, à hautes murailles crevassées par la longue morsure du feu, et pleins de cette inexprimable horreur qu'un incendie de quelques siècles doit laisser après lui ! — Moi, mon ami, je n'ai point de paroles assez expressives pour vous retracer cela ; l'horreur du modèle m'accable. —

De ce côté, nous marchâmes long-temps sans rencontrer aucun signe de culture ; mais, deux milles environ plus loin, la verdure et plusieurs habitations sont venues finir ce désert brûlé, et dans ce moment inondé de pluie. Tout à coup, comme par enchantement, la tempête s'affaiblit, l'eau tomba par gouttes et moins pressée, et le vent abaissé la roula avec moins de rapidité dans l'air; quelques minutes après, il cessa même de souffler avec violence; enfin nous touchâmes à un poste de soldats. L'officier qui nous y attendait fit quelques pas vers nous, et nous dit : « *Messieurs,* « *vous êtes sur les terres de Long-wood.* » Nous passâmes le poste et entrâmes dans une plaine du plus beau vert, où s'élèvent clair-semés des bouquets de bois au tronc grêle, aux branches d'un noir sale, chargées de mousses et très-peu garnies de feuilles, seulement aux extrémités; ces feuilles ressemblent à celles de l'olivier pour la forme et la couleur. Ces arbres, dont l'aspect n'offre qu'une aride monotonie, sont le seul ornement de cette plaine. — Ils paraissent moins rebutants qu'ils ne le sont effectivement, parce que tout plaît quand on sort des terres cendreuses dont j'ai cherché à donner quelque idée, il y a un moment. —

A trois cents pas de la porte d'entrée, nous vîmes la *nouvelle maison* de *Long-wood.*

J'avoue que cette demeure m'a semblé jolie; les amis de l'empereur en ont fait une peinture injuste. Sa façade présente à peu près *soixante-dix pieds*, est tournée vers le nord, et a vue sur la mer. Le jardin a des allées sinueuses, bien alignées et soignées; il est d'un dessin gracieux;

les arbres, les arbrisseaux, les plantes agréables ne manquent pas. La belle verdure se trouve sur ce point de l'île, ainsi que les charmantes fleurs de nos jardins de France.

Avant d'arriver à la mer, les regards se reposent, à gauche et à droite, sur deux coteaux d'une pente douce : une végétation vigoureuse s'y lève sans culture; les troupeaux y montent pâturer. En approchant de *Long-wood*, nous avons rencontré soudain quelque chose de cette vie, de ce mouvement qui entourent les habitations en Europe.

Les deux ailes de l'habitation, et un corps de logis qui lui fait face, et en est séparé pour donner passage de chaque côté, composent une cour carrée. Une galerie intérieure, couverte par le prolongement du toit, soutenue par des colonnes, en décrit le tour.

Cette maison n'a qu'un rez-de-chaussée et des mansardes; celles-ci étaient destinées aux domestiques. Les appartements ont encore des parties de leur primitive élégance; presque toutes les chambres sont tapissées avec des papiers, autrefois très-beaux, de diverses couleurs, relevés par une bordure formée de deux baguettes dorées et noires. Cette bordure était tout à la fois simple et riche. Les parquets sont faits avec de beaux sapins de Russie. Les cheminées de l'habitation (car cette région élevée et constamment humide nécessite l'usage journalier du feu, bien que l'on soit dans un pays chaud, à 16 degrés de l'équateur); les cheminées, dis-je, sont toutes du plus beau marbre; le travail en est exquis; les montures dorées sont faites avec une grande habileté de dessin et de main-d'œuvre.

Le bâtiment qui regarde le corps de logis principal était destiné à loger l'*aumônier*, le *médecin* et quelques autres personnes de la suite de Napoléon. L'empereur n'a jamais voulu habiter cette demeure belle et commode, qui coûta, nous a-t-on assuré, plus de *cent mille piastres*, et qui fut achevée un an avant sa mort. Il voulut rester dans sa première maison, qui est à environ cent cinquante pas de là. « Il y « avait souffert, disait-il, et il voulait y mourir. » Cette première habitation n'est qu'une bicoque comparée à la neuve; mais le jardin, étant assez bien boisé, avait plus de charmes pour Napoléon; il n'y était pas sans cesse en vue; aussi l'y trouvait-on tous les jours occupé à méditer. Il me tardait de voir en détail cette demeure même de l'empereur; notre guide nous y conduisit.

La position en est plus élevée que celle de la *nouvelle maison;* la vue y est plus vaste; mais les appartements y sont petits, mal construits et mal distribués. Les tapisseries, à présent très dégradées, doivent avoir été très communes; celles de la salle à manger sont de pièces et de morceaux grimaçants collés seulement pour boucher les *trous*. —

Nous nous sommes arrêtés long-temps dans la *chambre à coucher*, la chambre où est mort Napoléon !..... Elle peut avoir de quatorze à quinze pieds de large. Sa tapisserie est de couleur de paille et parsemée de patères blancs, ombrés de brun. Le fond de la bordure ressemble à la tapisserie; l'encadrement en est vert foncé; la guirlande a la même couleur, avec de petites ombres noires. — Je donne peut-être trop de détail dans ce récit; mais la grandeur du personnage relève leur faiblesse: il est si grand! et je ne fais pas de l'histoire, mais une simple peinture de localités....... Je finirai donc, comme j'ai commencé, par des détails.

En examinant la salle de billard, dont une des fenêtres regarde la mer, on nous a fait voir un trou, qui a été percé avec un couteau, dans le contrevent, par Napoléon lui-même. Le trou n'est pas tout-à-fait rond, et est hachotté comme un ouvrage exécuté par une personne sans expérience et très-impatiente. L'empereur y braquait tous les jours sa longue-vue. Que de fois, promenant ses tristes regards sur l'océan, il a dû souffrir en voyant passer des vaisseaux français! Peut-être aussi que l'espérance de s'échapper de cet enfer lui a souri parfois, en revenant de la lunette à son fauteuil; mais c'est par un accablement de plus en plus profond que ses rêves finissaient à Sainte-Hélène, où l'horizon de mer ne les appuyait jamais longtemps.

Dans son *cabinet de travail*, la place où il écrivait (ce qui lui arrivait souvent, bien qu'il aimât mieux dicter, et que le travail par la parole improvisée lui fût plus facile) est marquée par une quantité de gouttes d'encre qu'il rejetait de sa plume.

Là, il a consacré les cinq années et quelques mois de sa captivité a écrire la *Relation des vingt années de sa vie publique*, à jeter les lumières de son immense esprit sur les questions intéressantes pour notre époque, en politique, en législation, en matière de guerre, et à juger les hommes qu'il avait connus ou commandés, et les événements passés. Ses *Commentaires* sont devenus l'école des hommes d'état et des officiers généraux. Pourtant la pensée du grand homme n'a pu les achever; mais les fragments et les aperçus isolés qu'ils renferment vivront autant que notre nation et notre langue. Ces *écrits* sont, avec les *articles* que Napoléon, consul et empereur, fit imprimer durant quatre ans dans le *Moniteur*, les écrits les plus profonds, les plus nets, les plus larges de manière et les plus hauts de pensées que le commencement de ce siècle ait vu paraître.

Les *articles* du *Moniteur* jettent de grandes lumières sur les vues qui préoccupaient le *Consulat* et le *commencement de l'Empire*, sur les questions *maritimes* qui furent tant agitées à ces époques,— *droits des neutres, libre navigation*, etc.

Quand le premier consul improvisa le premier de ces articles, il venait de battre, une seconde fois, l'Autriche à Marengo ; il avait imposé silence à la presse des clubs, et exerçait lui-même sa faculté de *réponse soudaine*, pour repousser les accusations de l'Angleterre et des factions intérieures. Napoléon, *au nom des idées sagement libérales*[1], faisait trembler les aristocraties de Londres et du continent, répondait à M. Pitt, « démasquait ses implacables vieilleries » en lui opposant «ses grandes et judicieuses nouveautés.» On a raconté déja de quelle manière cette lutte l'animait dans son cabinet, de 1801 à 1805. Levé dès quatre heures du matin, il préparait ses *projets* avec ses secrétaires, puis passait au travail du portefeuille de ses ministres,

---

[1] Lucien Bonaparte, ministre de l'intérieur. — Anniversaire du 14 juillet 1801.

discutait, signait. Il recevait, vers neuf heures, les intimes et les officiers les plus aimés. Un conseiller d'état arrivait dans ce moment avec la traduction des *feuilles anglaises*; il était rare que la lecture de cette traduction ne le fît pas bondir et marcher quelques instants très-agité; on l'a vu même[1] écraser avec ses bottes, toujours très-fines et à retroussis jaunes, les tisons brûlants du foyer de son cabinet; — puis, se calmant, avec effort, en quelques minutes, son esprit cherchait des objections, qu'il dictait rapidement, en élevant de temps en temps la voix; — rédigées, ces objections passaient au *Moniteur*, qui les publiait le lendemain par toute l'Europe.

Lorsque Napoléon voulait écrire, à Sainte-Hélène, la relation d'un fait mémorable, il faisait faire des recherches par ses généraux; et, lorsque tous les matériaux étaient sous ses yeux, il les parcourait, les étudiait, puis méditait, et dictait d'improvisation. Ensuite Napoléon relisait ce travail, et le corrigeait de sa *propre main*. Souvent, mécontent de son premier jet, il le dictait de nouveau; souvent encore il récrivait *toute une page* dans la marge. Les manuscrits de ses *dictées* sont couverts de ses ratures.

Il avait demandé qu'on lui fît venir de France tous les ouvrages nouveaux; quelques-uns lui parvinrent. Il les lut avec avidité, et surtout

[1] 1804.

ceux qui avaient été écrits contre lui. Les injures n'obtinrent qu'un peu de colère, et une fois pour toutes; mais, lorsqu'il rencontrait dans des ouvrages remarquables, des passages où sa politique avait été mal comprise ou mal interprétée, il se récriait avec une grande vivacité, relisait haut et plusieurs fois ces *passages;* puis, croisant les bras et se promenant avec rapidité, il dictait sa *réponse.* Emporté par la force de son instruction et de sa logique, il arrivait presque toujours qu'au bout de quelques lignes il oubliait l'auteur et le livre, et traitait lui-même la question.

Je me suis fait confirmer, en Europe, l'exactitude de ces traditions, vivantes sur les lieux dans la mémoire de quelques personnes instruites.

Revenons à Long-wood.

Le jardin de la maison où vécut Napoléon est petit, mais garni de beaucoup d'arbustes, qui y donnaient, de son temps, de jolis réduits de verdure, où il venait s'asseoir et méditer. Plusieurs filets d'eau coulent, avec un doux murmure, sous ses buissons assez élevés et assez touffus. J'ai cueilli des branches d'un myrte que l'empereur a planté, et qu'il affectionnait.—J'ai coupé un fragment du pont chinois sur lequel il venait rêver longuement, et ouïr les bruits ou des eaux légères du jardin ou du grand océan.

Notre course approchait de sa fin, et la journée aussi. Nous avions besoin de quelques instants de repos et surtout de quelques aliments. Nous demandâmes donc un repas au gardien; mais il n'y a plus de cuisine à Long-wood! Sa complaisance ne put nous procurer que le fond de la sienne, c'est-à-dire du pain, du *fromage de Chester* et deux bouteilles de vin, l'une de Porto et l'autre de Madère. Nous dévorâmes le peu de choses qu'il put nous offrir, et cela dans la salle à manger du *grand prisonnier*. Le lieu, il est vrai, donnait de la magnificence à ce léger régal, et la fortune nous traitait selon nos cœurs.

—La nuit s'annonçait; nous nous remîmes donc en route, après avoir remercié le soldat hospitalier qui garde Long-wood.— Le temps, changé tout à coup, était devenu beau, et notre retour à la ville fut facile....

Je quittai, deux jours après, la rade de Sainte-Hélène.

FRÉDÉRIC FAYOT ET LE CAPITAINE D**.

LA PETITE PROVENCE.

A CHARLET.

Cet hommage offert à une de nos illustrations modernes est, selon moi, un devoir pour tout artiste ou écrivain qui veut peindre les mœurs.

Je ne connais de Charlet que ses délicieuses compositions. Et puisque j'ose réclamer son patronage pour ce croquis littéraire, je lui demande, en grace, de l'accueillir, non comme une flatterie, à quoi bon flatter l'homme de génie? mais seulement comme le salut que chacun doit à son maître.

G. D'OUTREPONT.

> Ho, mon petit-fils, disoit-il, mon peton, que tu es joly, et tant que je suis tenu à Dieu, de ce qu'il m'ha donné ung si beau fils, tant joyeulx, tant riant, tant joly! ho, ho, ho, ho, que je suis aise.
>
> RABELAIS, *Faits et dicts héroïques du bon Pantagruel*, liv. II, chap. 3.

> Nous cherchons si les récitateurs et recueilleurs sont louables eux-mêmes.
>
> *Essais de Montaigne*, liv. III.

Qui n'a pas vu Séville n'a rien vu, disent les Espagnols. Ce vieux proverbe ferait à lui seul l'éloge d'une nation; il y a là quelque chose qui annonce la conscience de ce qu'on vaut; et, quand un Espagnol vous dit avec complaisance : *Qui n'a pas vu Séville n'a rien vu*, on se rappelle malgré soi que celui qui vous parle a droit de s'exprimer avec fierté et la tête haute, car ses ancêtres vivaient sous Charles-Quint.

Ce proverbe, que bien des gens s'appliquent, peut aussi devenir la devise de bien des choses; mais, comme je ne veux pas me jeter dans une mer de noms et de faits, où je pourrais fort bien me noyer, j'entre en matière, et je vous dirai d'abord tout bonnement, en paraphrasant le dicton de nos voisins des Pyrénées : « Qui n'a pas « vu la petite Provence, ne connaît pas les Tui- « leries; » et par *vu*, j'entends examiné, scruté, et même deviné les mille nuances qui s'y trouvent, et dénotent des caractères; caractères vrais au moins, car les acteurs ne sont pas guindés dans leurs mouvements et prisonniers des modes du langage.

Peu de personnes prennent la peine de venir étudier des vieillards et des enfants. On aime mieux arpenter trente fois de suite la grande allée poudreuse, que de rêver devant le passé et l'avenir mis en présence. Le passé, grande figure blanchie, sublime quelquefois, mais toujours sinistre, car elle traîne avec elle une idée de mort; l'avenir, jolie image d'enfant souriant à tout le monde, d'enfant avec des cheveux blonds et des fossettes aux joues.

Je conçois que, pour celui qui ne veut que vivre des impressions du moment, et qui croit tourner tant de jolies têtes de femme par une démarche ridicule et des mines à mourir de rire, le présent est bien préférable, car il s'offre sous les formes les plus riantes; là, au pied des orangers, il y a des femmes jeunes et brillantes, en toilettes aériennes, groupées avec tant de grâce qu'on les croirait sorties du crayon de Devéria. Là on cherche des regards, quelquefois même on en rencontre, et le jardin s'embellit encore; car je ne connais rien de plus propre à faire trouver tout charmant qu'un regard de femme.

Dans ma petite Provence, au contraire, il y a seulement de la vieillesse et de l'enfance; mais là, vos idées, si tant il est vrai que vous en ayez, pourront s'agrandir par la réflexion : les sujets ne manquent pas.

Mais je vois que le courage vous quitte; vous ne pouvez aller seul vous ennuyer? Eh bien! je veux être votre *cicerone*, et peut-être m'aurez-vous l'obligation de savoir quelque chose de plus. Je vous arrache à votre brillante promenade; et, sans m'occuper des regards de regret que vous jetez en arrière, je ne veux plus vous parler de votre allée que vous savez par cœur. —Attention! Nous tournons le coin de la terrasse, le spectacle change, tout s'anime, tout est neuf; nous entrons dans la petite Provence.

C'est chez nous une frénésie, il faut à tout prix que notre Paris renferme un peu de tout : comme si ce n'était pas assez d'être Paris, Paris la grande ville !

Nous avons vu un Trocadéro perché au bout du Champ-de-Mars; une nouvelle Athènes perdue entre un corps de garde et un bureau de l'octroi ; vingt nouveaux quartiers, dont le plus mince est pourtant appelé ville, au grand étonnement des passants, qui trouvent l'expression aussi hasardée que ces titres de noblesse forgés à grand'peine par des mendiants d'aristocratie, et qu'on voit salis quelquefois par les noms auxquels ils sont joints. Nous avons aussi une petite Provence ; selon une expression aussi connue que pittoresque, ces mots semblent hurler de se trouver ensemble ; une Provence petite ! J'aime autant voir un soleil en bois doré, ou les grandes pages de Michel-Ange copiées à la miniature !

C'est un si beau nom que la Provence ! Et d'abord ne croyez pas que je veux vous faire une description bien pompeuse et bien fleurie, où je dirais que c'est un vaste jardin, un paradis terrestre, avec des millions d'orangers, secouant *leur chevelure embaumée sur des campagnes dentelées par des ruisselets transparents à l'œil comme de longs serpents d'argent.* Tant de gens en ont parlé ! Cela m'ennuierait et vous aussi ; ensuite je ne connais pas la Provence. Il est vrai que depuis Buffon, qui *par ambassadeur courtisa la nature*, on est devenu de moins en moins scrupuleux sur cet article, et avec des livres, une carte fidèle, et la dose d'effronterie que je tiens du ciel, je pourrais, tout comme un autre, venir à bout d'une description, que beaucoup de gens auraient la bonté de trouver exacte.

Si je parlais de Pétrarque et de Laure, des bords de la Durance, et des troubadours et ménestrels, je me ferais peut-être une réputation d'érudition : elle coûte si peu maintenant! Mais à quoi bon tout cela? Vous savez bien l'origine de notre littérature nationale, ou si vous l'ignorez, allez à l'école d'un autre; je ne veux pas vous instruire, je ne suis ni académicien, ni professeur classique du classique collége de France; allez, allez ailleurs, vous dormirez tout aussi bien.

Je vous parlerai seulement de la petite Provence : enfant, j'y ai joué; homme, j'y ai réfléchi, et vieillard, j'irai peut-être y chercher des souvenirs. Cette Provence-là, je la connais; j'y suis, pour ainsi dire, né.

La petite Provence, située dans un des coins du jardin, est beaucoup plus longue que large; sans doute, en traçant cette partie, Le Nôtre ne pensait pas à l'importance qu'elle aurait un jour. Elle est bornée : au nord, par un grand mur grisâtre, soutenant la terrasse des Lions, couvert çà et là d'une épaisse charmille poudreuse, et qui la protége contre toute bourrasque venant des glaciers du nord, aussi bien que la grande muraille de Thsin-chi-houang-ti protége les Chinois sur les confins de la Mongolie; au midi, par un grand parterre de forme irrégulière; à l'ouest, par la cabane aux journaux et le grand massif, forteresse impénétrable aux rayons du soleil, où ne s'aventurent qu'en tremblant les gens à douleurs qui la comparent, avec emphase, à une forêt druidique; enfin à l'est, dans la contrée la plus éloignée de la petite Provence, vous trouverez un grand monticule de sable, où vingt fois vous avez fait la culbute, et moi aussi. Cette énorme montagne sablonneuse est prise comme dans un entonnoir, par la rampe tournante qui conduit sur la terrasse, d'où l'on voit la place Louis XV, de la Concorde, de la Révolution, de Louis XVI, etc., avec son piédestal inachevé; et, dans le fond, l'arc de l'Étoile, que je vous prie de bien examiner, et si vous le voyez terminé, de m'en faire part. Enfin, dans cet horizon sablonneux, le grand bassin ne figure pas mal une autre Méditerranée.

Cette Provence, bien petite, comme vous voyez, possède plusieurs bancs, beaucoup de chaises, et, en été, beaucoup de caisses vernies, où verdissent, tant bien que mal, de pauvres orangers souffreteux; mais enfin, dans cet endroit privilégié, il y a du soleil presque en tout temps; et le soleil est si bon! Les bancs sont exposés à la chaleur du midi, et la grande muraille garantit du vent.

Tel pays brille par ses lumières, tel autre par sa gloire, quelques-uns, en petit nombre, par leurs mœurs; eh bien! la petite Provence réunit à elle seule tout cet assemblage d'illustrations disséminées sur la surface du globe.

C'est une nation, une nation vierge, c'est toute une civilisation dans une autre, avec ses mœurs, ses célébrités et ses lois. Vous y trouvez des enfants et des vieillards, de l'espoir et des souvenirs, de la gaîté et de la tristesse, des babils enfantins et des babils vieillis; des ruines vivantes! de belles gloires au chef branlant, et des gloires futures marchant avec des lisières; au milieu de tout cela, quelques hommes qui viennent étudier, et qui tous, autant que dans notre monde, forment la puissance morale de la nation. — C'est donc un peuple tout entier; peuple complet, auquel il ne manque pas de femmes, comme aux premiers Romains.

Appuyé contre la double rampe du grand escalier de pierre, voyez déja quel tableau frais! Qu'elle est jolie cette petite fille en robe rose, qui saute joyeusement au milieu d'une corde que deux bonnes tournent d'un air maussade, comme si elles n'étaient pas à leur place! car, en thèse générale, jamais une bonne ne se croit faite pour l'être : c'est comme certains employés, certains guerriers.

Rien au monde n'est plus attrayant que des jeux d'enfants, et surtout de petites filles! elles rient de si bon cœur, avec tout l'abandon de leur âme enfantine!

Hélas! il n'en sera pas toujours ainsi! Encore quelques années, et elles rougiront devant un petit garçon, jusqu'à ce qu'elles apprennent à ne plus rougir du tout. Mais maintenant elles jouent pour jouer et pour être heureuses; car, pour elles, le bonheur est si léger! Autour du cercle vide, où va et revient sans cesse la corde tournoyante, il y a de nombreux spectateurs, riant des efforts des plus petites, gourmandées par les plus grandes à cause de leur maladresse. — Tous sont heureux, le sourire et la franchise sont à l'ordre du jour; ce n'est pas comme ailleurs!

Puis, des milliers d'enfants se croisent dans tous les sens; et ce sont de véritables enfants, trop petits pour avoir la prétention de passer pour des hommes. C'est pour cela qu'ils sont si jolis à voir, si amusants à étudier. Leur existence est aussi frêle que leurs jeux sont animés. Ils s'attellent les uns les autres; ils s'enchaînent tour à tour : c'est comme dans un état civilisé. Regardez derrière vous; et celui que vous venez de voir cheminer sous des liens a relevé une tête fière, et châtie de son fouet celui qui, l'instant d'avant, le menait comme une bête de somme.

C'est là que vous verrez de petits garçons se pavanant dans leur première culotte, et montrant à tous les passants qu'ils ont des poches; ils sont fiers de leurs petits habits si joliment faits, et pourtant ils sont gênés; mais qu'importe! comme tant d'autres, ils aiment leur chaîne, parce qu'elle est dorée.

Les plus petits enfants jouent ensemble; rien n'est plus beau que l'égalité (avis au public). Ils jouent dans le sable; car leurs jambes sont encore si faibles, qu'ils sont forcés de rester assis; et si, dans un *grand* accès de colère, ils se lèvent pour se donner de *grands* coups de pieds, les bonnes, coquettes et pincées, interrompent leurs caquets pour rétablir la paix, et cela sans protocoles.

Vous en verrez aussi qui cherchent à escalader la limite sud du pays, c'est-à-dire la grille du grand parterre; il s'agit de ramasser une balle ou un cerceau : mais aussi que de soins pour ne pas être vu du *grand homme galonné* chargé de la police du jardin.

Comme ils sont bafoués, ces pauvres gens! la plupart, anciens et braves militaires décorés, que les enfants appellent *gafres*, et que nous avons tous trouvés si méchants, quand ils voulaient nous priver du plaisir de pêcher à la ligne les poissons rouges dans les bassins.

Ces petits hommes guettent le moment où le gafre ne les regarde pas ; n'étant pas assez forts pour agir ouvertement, ils emploient la ruse, et apprennent déja entre eux à éluder une autorité qui les blesse. C'est un commencement qui promet, et, malheureusement pour les gouvernements, les enfants, de nos jours, tiennent ce qu'ils promettent.

Ce n'est pas seulement à des enfants que se borne la population de la petite Provence; outre l'armée de chasseurs, de laquais, de bonnes, etc., qui promènent ceux qui, quelques années plus tard, donneront la mode, et parleront avec mépris de cet endroit qu'ils révèrent maintenant, il y a plus loin, sur les bancs, sur les chaises, le long des grillages, partout enfin, il y a la masse imposante des vieillards, vieillards de toute espèce, tous renfermés dans leurs souvenirs, tous heureux d'avoir de la mémoire.

Ils rient de si bon cœur, aux efforts des petits enfants pour marcher, et à leurs premiers mots bégayés, qu'ils font plaisir à voir ! On ne peut qu'être pénétré de respect en voyant ces vieux débris d'un siècle passé, qu'une pensée triste accompagne, eux qui ont aussi marché la taille droite et dégagée, sourire aux premiers pas et aux premières pensées de l'enfance, quand bientôt leurs jambes seront sans force, et leurs voix éteintes : les vieillards aiment tant les enfants ! Mais aussi les enfants n'iront pas, ainsi qu'on le voit chaque jour, mépriser une imagination vieillie; ils ne verront qu'un homme qui les aime, et ils aiment, ils sourient au vieillard, et vous peut-être, vous ne le regardez pas ; c'est un corps sans ame, le volcan s'est éteint, et vous ne vous occupez plus du cratère; cependant vos pas curieux iront chercher des villes détruites, en je ne sais quel lieu, et pour je ne sais quelle cause, vous admirerez leurs restes bien plus que nos villes modernes; mais une ruine d'homme ! si on osait, on lui tournerait le dos. Quand une de ces têtes blanchies rassemble ses souvenirs si piquants et si neufs pour nous autres jeunes gens, on ne se donne pas seulement la peine d'écouter; mais après avoir regardé celui qui a brillé dans un temps qui valait bien le nôtre, on se retourne pour lorgner à droite et à gauche : c'est un radoteur, dit-on, et on passe.

Cependant n'y a-t-il pas un bien grand spectacle moral dans les souvenirs que le temps laisse sur une tête, et qu'il y amoncelle ?

Les vieillards de la petite Provence se répètent, dira-t-on. Ah ! qu'ils sont ennuyeux ! Et que voulez-vous qu'ils fassent, ils sont trop vieux pour agir, ils se souviennent seulement, il faut bien qu'ils répètent les mêmes pensées. Vous faites bien tous les jours les mêmes choses, eux racontent, voilà toute la différence. Vous vivez, et ils ont vécu; c'est le passé qui les soutient. Ah! par humanité ne les repoussez pas, ils n'ont plus que cette vie de mémoire, vous les tueriez.

Les doyens de la petite Provence conservent, sous leurs cheveux blancs, une sorte d'élégance qui dénote la classe aisée à laquelle ils appartiennent.

Au Marais vous trouverez, sur les bancs de la Place-Royale, de vieux et minces rentiers boutonnés dans une redingote café au lait ou noisette, avec des bas chinés et des boucles d'argent, des breloques d'argent, prenant du tabac dans une tabatière d'argent, avec une canne à pomme d'argent, ou un parapluie rayé, vulgairement appelé *riflard;* un chapeau de paille à tuyaux, ou le classique lampion à trois cornes, placé horizontalement, et d'où s'échappe une pauvre petite queue honteuse et des ailes de pigeon bien râpées. Ceux-là je vous les abandonne, eux et leurs fidèles barbets. Je les respecte comme vieillards, mais ils sont fort ennuyeux, et je ne me soucie nullement d'entendre leurs réflexions historiques, scientifiques et artistes sur le Louis XIII, pas plus que la lecture nasillarde d'une vénérable gazette qu'ils prennent à sept ou huit ; chacun la paie à son tour, et, de cette manière, ils peuvent pleurer tout à leur aise, avec un sou de dépense par semaine. L'économie est sans doute une belle chose, mais ils devraient la porter dans leurs réflexions, encore plus assommantes que le journal lui-même, et qui arrivent si bêtement dans une conversation saupoudrée de termes d'épicerie, de bonneterie et de quincaillerie, car tous sont des marchands retirés, honorables commerçants, je n'en doute pas, j'en jurerais même, citoyens recommandables, amis de l'ordre et du juste-milieu, qui n'ont jamais troublé le repos de la ville pendant la nuit, car, dès l'assemblée des notables, ils se couchaient à huit heures et demie ; mais tous gens qui, après un ample examen, vous arrachent l'exclamation : ce monsieur m'a l'air d'un bien brave homme !

Au Luxembourg c'est mieux que cela, les boucles de souliers sont en or, ainsi que la pomme de la canne et les breloques. Là, vous entendrez une conversation plus savante sinon plus amusante ; chacun lit son journal. Cette gérontocratie-là tient le milieu entre les Tuileries et le Marais ; il y a des magistrats intègres ; il y a de vieux officiers qui promènent modestement le peu de membres qu'ils ont rapportés des capitales étrangères, et pour ceux-là il faut, à l'aspect de leur ruban rouge et de leurs mutilations, il faut, dis-je, il faut s'écrier comme don Ruy Gomez :

> Il prit trois cents drapeaux, gagna trente batailles,
> Et mourut pauvre. Altesse, saluez !

On y rencontre aussi beaucoup de rentiers ; il y en a partout, sans compter les pensionnés, les uns sur la liste civile, et d'autres par les cours étrangères, pour services rendus à la France en 1815, 1816 et suivantes.

Aux Tuileries, au contraire, les vieillards gardent un air de jeunesse ; leur toilette, sans être élégante, est plus riche ; ils sont tous en quelque sorte à la mode, car ils l'ont suivie longtemps, et s'ils se sont laissé devancer par elle, ils ont au moins conservé une habitude de coquetterie qui ne nous quitte jamais, quand une fois elle a été notre occupation.

Vous pourrez écouter de graves discours sur la politique transcendante ; quelques-uns peuvent en parler, mais tous en parlent, quelquefois l'un après l'autre, souvent tous ensemble. L'essentiel est de passer la journée sans ennui ; on y arrive après avoir défait et reconstruit vingt fois tout l'édifice politique de l'Europe. Mais qu'importe, ce qu'on a fait et ce qu'on a dit est bien fait et bien dit, puisque le but proposé a été rempli, et que le soir et les douces causeries d'intérieur arrivent sans peine et sans fatigue.

A voir quelques-uns de ceux qui portent encore les cheveux frisés avec soin, et la cravate blanche et fine à coins brodés, à les voir, dis-je, s'acheminer avec un petit air gaillard vers le faubourg Saint-Honoré, on pense à Béranger, car ces ci-devant jeunes hommes-là ont encore dans les yeux tout le feu et tout l'esprit du vieux célibataire; on croit de loin les entendre fredonner avec un petit rire railleur et capable :

> Allons, Babet, un peu de complaisance,
> Un lait de poule et mon bonnet de nuit.

La cabane aux journaux, dont il a été parlé lors de la description géographique de la petite Provence, est le bienheureux endroit où se rencontrent tous les habitués. Chacun a son journal de prédilection, et celui qui vient demander *la Tribune,* toise avec dédain celui qui réclame une *Gazette;* l'un a été républicain et le sera toujours, l'autre est au moins juste-milieu, s'il n'est pis que cela; il ne faut pas s'étonner des regards courroucés qu'ils échangent.

La politique, qui trouble la tête des jeunes gens, peut bien aussi remplir les restes de la vie de ceux qui ont plus ou moins participé aux grands événements dont, chaque jour encore, le récit vient réchauffer notre enthousiasme, à nous autres. Aussi avec quel orgueil j'ai vu ces vétérans de tous les partis rappeler leurs titres ! Tenez, regardez vous-même ! Il y a sur le second banc, à votre droite, un vieux politique, à coup sûr, car sa tête est chauve, et son œil vif. Approchons, le voilà qui vient de reprendre sa canne, sur laquelle un enfant courait à cheval, il la frappe avec force contre terre, puis, appuyant son menton sur ses mains, il s'écrie avec une confiance intime de son importance :—Moi, monsieur, j'étais aux Cinq-Cents !

Mais voilà qu'un antagoniste se présente ; au bout du même banc, voyez cet homme qui porte un ruban rouge avec une rosette, il traçait des lignes sur le sable, et, pour balancer l'importance de l'ancien représentant du peuple, il se retourne avec feu, relève ses lunettes sur son front, et regardant son adversaire en face, il lui dit de la voix, du geste et du regard :—Moi, monsieur, j'étais à Quiberon.

— Et peut-être à Gand, répond l'autre.
— Oui, monsieur, j'y étais ; j'étais....
— Eh ! parbleu, vous êtes émigré !
— J'ai eu cet honneur, monsieur !
— Aristocrate !
— Jacobin !
— Aristocrate !
— Jacobin !

Et ces épithètes, répétées à plusieurs reprises, terminent la conversation par un bruit sourd, comme la fin d'un orage.

Plus loin, des récits de batailles occupent un auditoire attentif et la bouche béante; les vieux soldats racontent non seulement ce qu'ils ont vu, mais aussi ce qu'ils ont éprouvé, et leurs fatigues si pénibles et si glorieuses. Alors vous pourrez frissonner devant les glaciers de la Néva, le froid vous prendra aux cheveux en suivant le vétéran sur la dernière planche d'un pont qui va s'écrouler avec fracas dans un gouffre appelé la Moscowa; écoutez-le bien le vieux soldat, et vous croirez voir la Russie toute blanche de neige et toute rouge de sang, car il raconte sa dernière campagne, celle après laquelle il a dû dire : C'est assez! Sa halte forcée n'a pas été faite dans la boue; aussi en parle-t-il avec délices; tous ses souvenirs affluent avec impétuosité; il se rappelle ses vieux compagnons; beaucoup sont morts, morts là-bas, loin de la patrie, et lui qui l'a revue, il pleure les absents. « Où sont leurs corps? » se dit-il quelquefois. Hélas! le premier printemps a tout emporté à la fonte des glaces; la débâcle pour les morts a suivi celle pour les vivants! Il pleure, le vieux, en disant cela, et les petits garçons, qui ont suspendu leur course pour l'écouter, regardent avec curiosité ses pieds dans de larges chaussons, et se disent entre eux : *Vois-tu, pauvre homme! il a eu les pieds gelés!*

Puis, quand le soleil a changé de place, ou plutôt quand notre terre en a changé, le vieil officier prend sa canne, et va s'asseoir sur un autre banc où le soleil donne encore; il fait ainsi le tour de la petite Provence, humant la chaleur, lui qui en a été privé si long-temps.

Des siéges, des batailles, des attaques, des retraites font le sujet des conversations de la plupart des vieux militaires qui sont là; ceux de l'armée du Rhin racontent à ceux de l'armée d'Italie, et ceux-ci à leur tour parlent de la Toscane et du Saint-Père. Oh! vous pouvez aller écouter aussi, il est probable que vous apprendrez quelque chose des deux côtés, car la démonstration suit toujours la parole, et toute leur citadelle avec ses bastions, ses courtines et ses demi-lunes, est tracée sur le sable; chaque corps d'armée occupe sa position, toujours exacte, car ils ne parlent que de ce qu'ils ont vu (avis au public), et si tout le dessin n'est pas effacé par un enfant qui passe au grand galop de son cerceau, en moins d'une heure vous aurez toute l'attaque et la défense de Saint-Sébastien et de tant d'autres places, au nombre desquelles il ne faut pas compter la défense de Paris en 1815, et cela pour causes trop connues.

Chaque saison voit varier les heures de réunions à la petite Provence, et ce n'est que dans les deux ou trois mois les plus chauds de l'année que vous y verrez grande foule le matin et le soir ; dans les autres temps, c'est en plein jour, au moment où la chaleur est forte, qu'on y trouve les habitués, tant vieux que bambins.

Sitôt que le soleil baisse, dès qu'il n'y a plus qu'un rideau rouge au-dessus des arbres des Champs-Élysées, chacun s'achemine lentement et comme à regret vers sa demeure, en se promettant bien de se revoir le lendemain à heure fixe, car un des grands besoins du pays est d'avoir toujours sa montre parfaitement à l'heure ; on voit même quelquefois des discussions sur quelques minutes, discussions qui durent un temps beaucoup plus long que le sujet ne semblerait le comporter.

Cette parole qu'on se donne pour le lendemain, chaque fois qu'on se quitte, est gardée avec une religion d'autant plus grande, que tous ne peuvent qu'y gagner en santé, en bonheur et en gaîté. C'est un malheur peut-être chez nous, mais il faut convenir que Figaro est un homme bien profond, quand, pour garant de sa fidélité, il donne, comme s'il avait deviné l'aventure de nos jours, non une parole vaine, non des protestations auxquelles il faudrait être fou pour y croire, mais un mobile bien plus grand, bien plus sûr, son intérêt personnel! Quel mot! il est à toute la hauteur du siècle gigantesquement mesquin où nous vivons.

Mais tout n'est pas joie et bonheur; il se rencontre aussi des jours de deuil, et d'un deuil vrai, car il porte au cœur. Quand un des habitués manque, on s'informe de lui, ses amis les plus intimes sont interrogés; quelquefois le vieux garçon a fait une fin, il s'est marié, et l'on sourit; mais souvent, trop souvent, hélas! une maladie fâcheuse le retient chez lui solitaire et triste; alors on récapitule tous les noms de ceux qui ont cessé de venir pendant l'année, on craint pour le malade, et quand il reparaît, encore pâle et souffrant, il est entouré de prévenances qui lui font oublier le faux pas qu'il a fait au bord de la tombe. Mais aussi quelquefois la maladie empire, on se demande alors son adresse, et ceux qui ne le connaissaient même que de vue, quittent le jardin un quart d'heure plus tôt que de coutume, pour aller s'informer de sa santé. Puis, quand on apprend sa mort, la consternation est générale, et sa place favorite reste inoccupée plusieurs jours, comme si on l'attendait encore.

Un tel événement ne peut que frapper tous ces gens si près eux-mêmes de leur fin; aussi réfléchissent-ils intérieurement; ils demandent au juste l'âge du défunt, et, s'ils sont plus âgés, cette nouvelle les effraie; s'ils sont plus jeunes, ils calculent la différence d'âge; c'est comme un deuil public, et celui-là n'est pas commandé. Aussi ces jours-là les bancs sont presque silencieux, on échange gravement une prise de tabac, sans même se dire où il a été acheté. Le vieux marin jure à peine, et ne rit même pas quand des enfants lui jettent du sable sur ses souliers; c'est qu'une fois arrivé à un âge avancé, à chaque nouvelle mort qu'on apprend on se voit de plus en plus isolé, et on tremble pour soi; c'est comme un homme suspendu au sommet d'un édifice, et qui sent se détacher une à une les pierres qui le soutiennent, il compte celles qui restent, et ferme les yeux à la dernière.

Les Lovelaces du siècle dernier ont conservé leurs habitudes de sourire, et minaudent encore auprès des jolies petites femmes de chambre, mais ceux-là déparent le tableau au lieu de l'animer de couleurs vivaces, ils font ombre; heureusement ils sont en petit nombre, car je ne connais rien de plus fâcheux que d'être obligé de trouver ridicule un homme à figure vénérable. Il n'y a qu'une œuvre satanique qui puisse pousser un homme à prostituer ses cheveux blancs. Il faut plaindre ceux-là.

Les bonnes si jolies, si fraîches avec leurs toilettes soignées, leurs robes blanches ou roses, et leurs cheveux bouclés, font, l'été, le plus charmant contraste avec les habits sévères, les cheveux blancs ou les larges perruques des vieillards; et leur tournure pincée semble encore mieux montrer toute la pétulance des petits étourdis qu'elles dirigent avec une gravité vraiment doctorale.

Tout cet ensemble est pittoresque comme une mascarade d'artistes, c'est une féerie!

Allez donc à la petite Provence, les habitants n'en sont pas à dédaigner : les enfants vous amuseront et parviendront peut-être à dérider votre front soucieux, le plus souvent sans sujet, avec leurs mines, leurs essais de force ou leurs naïvetés; et pour les vieillards, pensez bien qu'eux aussi ont été jeunes, et jeunes dans un temps où le siècle l'était aussi, dans un temps où la nation bondit à plusieurs reprises dans sa cage, et finit par la briser en éparpillant les barreaux sur les peuples et sur les rois. Cette époque des saturnales de la liberté, tous l'ont traversée, et beaucoup d'entre eux, la tête haute et le cœur aussi, avec une bonne lame à la main, ou cuirassés d'un courage d'airain à la tribune; ces hommes-là en valent bien d'autres, car lorsqu'on a su vivre avec honneur dans un temps tout neuf d'institutions et de pensées vigoureuses, l'âme, qui ne vieillit pas, en conserve toujours de sublimes restes; c'est comme les vieux glaives trouvés dans les fouilles, le fourreau tombe en lambeaux, mais la lame pourrait au besoin trancher une tête.

Enfin, des pensées généreuses germent à la petite Provence, plus peut-être que partout ailleurs, et au moins celles-là sont vraiment belles, car ceux qui les enfantent sont en dehors de la vie publique, et par conséquent aucune arrière-pensée ne peut salir un mot noble ou désintéressé. C'est peut-être le seul endroit de notre France où l'on puisse savoir au juste l'opinion d'un homme. Ainsi, vous, qui voulez entendre prononcer ces beaux mots de patrie et de liberté, et cela sans intérêt personnel et sans espoir de gratification, mais seulement pour l'amour de l'une et de l'autre; vous, dis-je, qui voulez entendre prononcer dignement ces beaux mots, allez à la petite Provence.

Et si tout ceci ne suffit pas pour vous peindre les habitants de ce pays perdu dans une atmosphère de modes et de poussière, alors adressez-vous à Charlet.

Quoi! toujours renvoyer à Charlet, quand on

LA PETITE PROVENCE. 87

ne sait que dire? s'écriera-t-on. Oui, messieurs, oui, toujours à Charlet, car il est seul aujourd'hui pour la philosophie des mœurs simples et naïves.

<small>GUSTAVE</small> D'OUTREPONT.

DE LA POLITESSE
EN M DCCC XXXII.

J'ai parlé de la barbarie de ce temps, puis des barbus d'autrefois et d'aujourd'hui; il ne me reste plus que quelques mots à dire sur la politesse en 1832 et en 1833.

Il y a un peu plus de deux mille ans qu'il a été reconnu que de la morale dérive la politique. C'est une vérité qui a fait peu de progrès dans ses applications, quoiqu'il reste démontré que le but de cette dernière science, la politique, soit de combattre l'égoïsme naturel à l'homme, et de transformer tous les intérêts divers en un seul commun, utile et favorable à la société. On sait donc que la politique a pour objet de civiliser les hommes.

Quant à la politesse, c'est le moyen intermédiaire et pratique avec lequel les nations se débarrassent, se purgent peu à peu de l'égoïsme ou de la barbarie, deux maladies qui se ressemblent tant, que je suis tenté de les confondre.

La politesse s'associe à l'exercice de toutes nos facultés. Elle est mise au rang des devoirs religieux; elle aide les grands de la terre à tempérer les actes de leur pouvoir; les inférieurs y trouvent des ressources pour faire valoir leurs droits et exposer la vérité. Quant aux discussions politiques, littéraires, et aux conversations privées, elles ne sauraient devenir profondes, entièrement franches, et par conséquent profitables, sans l'onction de la politesse, qui lubrifie et rend possible le mouvement des innombrables rouages de la machine sociale; enfin le savoir-vivre en réglant jusqu'à nos gestes, protége le bien-être extérieur de chacun.

La politesse du cœur, de l'esprit et des manières, tels sont donc les degrés par lesquels passe l'homme qui se civilise, pour renoncer à l'égoïsme, et atteindre à la perfection : le respect et l'amour du prochain.

On est loin de cette perfection. Cependant, et malgré les interruptions fréquentes des progrès de la politesse, interruptions dont notre temps offre un exemple que je veux signaler aujourd'hui, la société en France est en progrès.

Chose digne de remarque et encourageante tout à la fois ! le progrès se manifeste dans les masses, dans les classes dites inférieures; tandis que l'interruption a lieu dans ce qui devrait être l'élite de la société. Les bourgeois, les marchands, les artisans, les ouvriers, les gens de peine même dans les rues de Paris, ont aujourd'hui des habitudes de politesse, une certaine recherche dans les manières, et des attentions qui étaient entièrement inconnues aux personnes de ces professions il y a vingt et trente ans. Au contraire, il n'est pas rare de rencontrer une certaine brusquerie parmi les gens qui manient les affaires, et chez les fonctionnaires publics. Cette brusquerie est parfois choquante à la chambre de nos députés, et elle descend jusqu'à l'impolitesse dans la génération des hommes de seize à trente ans, dont la fortune à venir repose sur le développement futur de leur esprit et de leurs talents. On peut les comparer à ces gens isolément engagés dans une foule, donnant des coups de coude à droite et à gauche pour se frayer un passage, sans s'embarrasser des groupes de familles qu'ils froissent et divisent; sans respect pour cette foule à qui l'instinct de sa conservation fait user d'égards et de politesse envers elle-même.

D'un côté est l'esprit de famille; de l'autre, l'esprit de célibataire, qui pousse l'homme dans la société, comme le marteau enfonce un clou dans le bois qu'il déchire. Rien ne rend plus impoli et impolitique tout à la fois que cette dernière disposition.

En considérant les choses de haut, on découvre qu'au temps présent, les classes occupées de travaux constants et journaliers sont comparativement plus polies que les gens dont les occupations sont vagues et vaguement intellectuelles, ou qui sont élevés dans une certaine aisance. La preuve de la première de ces assertions se trouve d'abord dans la conduite du peuple pris en masse à Paris et en France, après la victoire des trois journées de juillet, où l'humanité des combattants et des vainqueurs s'est reproduite et continuée envers les vaincus et les exilés, sous les formes d'une politesse respectueuse qui fera l'admiration de la postérité. Voilà pour l'ensemble; que si l'on veut des preuves de détail, il suffit de fréquenter les maisons de la petite bourgeoisie à Paris, de parcourir les manufactures, les magasins, les marchés et en général tous les lieux où il se trouve des gens établis, occupés d'un travail et attentifs aux soins d'une famille, pour y trouver la politesse de cœur, parfois celle de l'esprit, et des manières fort agréables.

Dans ces classes, la politesse est loin d'être parfaite sans doute; mais un observateur attentif est toujours étonné du degré où elle est déjà poussée, lorsqu'on réfléchit surtout au peu de temps qui reste aux familles vouées au travail, pour se livrer à la culture de l'esprit, à l'amélioration des habitudes, genre de progrès si lent chez la plupart de ceux même que leur fortune et le loisir favorisent.

Mais ce n'est pas une satire que je fais, et je dois expliquer ce phénomène. Entre les progrès de l'intelligence des enfants élevés dans l'aisance et de ceux qui sont obligés de gagner leur vie dès le bas âge, il y a une différence essentielle. Chez ces derniers, l'esprit se développe simultanément avec le caractère; de très bonne heure ils acquièrent des idées précises sur la supériorité et l'infériorité corporelles, intellectuelles et sociales de tous ceux qui les entourent; aussi la nécessité leur révèle-t-elle tout à coup que tout est proportion et rapport dans la société, et que l'homme n'y saurait jamais vivre ni isolé, ni tout à fait indépendant.

Pour les enfants élevés dans l'aisance ou la richesse, il en est tout autrement. L'instruction artificielle et littéraire les préoccupe trop pour que leur caractère se forme en même temps que leur esprit, et l'expérience de la vie pratique leur manque souvent. Ils apprennent la politesse des manières, ils peuvent acquérir celle de l'esprit; mais ce n'est ordinairement que quand ils ont été froissés par le malheur qu'ils éprouvent ce respect, cet amour du prochain, que j'appelle la politesse du cœur.

Le proverbe a raison : Les extrêmes se réunissent, se touchent; aussi la politesse des manières, qui n'est que le signe expressif de celle du cœur, a-t-elle toujours puissamment concouru à rapprocher les classes de la société, entre lesquelles la naissance, le rang et les biens de la fortune mettaient le plus de différence. Sous l'ancien régime, il était assez ordinaire qu'un grand seigneur, insolent avec son notaire ou son banquier, affectât des airs de politesse en s'adressant à son tailleur ou à celui qui le chaussait. Dans ces occasions même, la politesse prenait quelquefois la valeur de monnaie courante, et l'on sait comme Don Juan payait ses dettes à M. Dimanche. Tant de comédies et de satires faites à ce sujet ont sans contredit démonétisé les beaux semblants et les paroles dorées; toutefois on s'y laissera prendre long-temps encore, par cela seul qu'ils sont l'expression d'un sentiment auquel on aime à croire, et que l'on se flatte toujours d'avoir inspiré. On a beau faire, l'égoïsme, la barbarie, l'impolitesse enfin, est une chose si hideuse chez l'homme, qu'à défaut d'amour véritable de la part du prochain, on veut au moins qu'il vous en montre le simulacre.

On doit donc blâmer hautement ceux qui, animés d'un zèle inconsidéré pour la perfection de la société, et qui, sous prétexte de rompre en visière avec toutes les faussetés qui se pratiquent dans le monde, affectent des manières rudes, brusques et ouvertement contraires à tous les usages que la succession des temps a établis. Ces coups de boutoir sont une preuve d'inexpérience et de faiblesse de jugement. Assez souvent encore, chez les jeunes gens dont le cœur est droit, ces brusqueries résultent d'un certain dégoût de la vie qui mine parfois les adolescents.

Mais quant à ceux chez qui l'impolitesse est calculée, égoïstes par système, qui se font brutaux pour obtenir, par le dégoût ou la peur qu'ils inspirent, ce que leur peu de mérite leur fait refuser, il serait à désirer que les lois pussent réprimer leur impolitesse ambitieuse et jalouse. Puisque ces hommes ne veulent pas entrer dans la société, il faudrait que la législation leur assignât une place à part. Cette classe d'hommes si impolis est encore ce qu'il y a de plus impolitique. Nous qui avons été témoins de la première révolution, nous en savons quelque chose.

Quand l'influence des manières fastueusement polies de la vieille noblesse se fut affaiblie, on vit d'abord s'établir une politesse réelle dans cette masse énorme de citoyens, désignée autrefois par le nom de bourgeoisie. L'égalité devant la loi et la communauté des intérêts produisirent cet heureux effet. Mais par une fatalité qui semble toujours imposer à la société le poids d'un pouvoir naturel ou légal qui l'opprime, on vit bientôt le parti républicain substituer à l'afféterie du langage des cours, une certaine rudesse d'expressions qui ne tarda pas à dégénérer en brutalité offensante. Ce défaut fut si choquant en France jusqu'au temps du directoire, il fit sentir si impérieusement le besoin de retrouver au moins une apparence de politesse, que tous ceux qui en avaient conservé la tradition furent recherchés avec empressement. On ne saurait se figurer combien cette disposition générale des esprits aida alors les gens de l'ancienne cour à se faufiler plus tard dans celle qu'échafauda Napoléon.

On raconte à ce sujet qu'un de ses offi-

ciers, conservateur minutieux des traditions
de l'étiquette de Versailles, ayant une dépêche
à remettre au premier consul, la lui présenta
en la tenant avec le pouce sur le bouton de
son chapeau. Buonaparte, chatouilleux sur tout
ce qui se rapportait aux marques de respect qu'il
voulait qu'on lui rendît, prit la lettre sans témoigner ni humeur ni contentement. A l'assurance respectueuse avec laquelle son officier avait
joué sa petite comédie, il devina qu'il y avait à
profiter pour lui de cette flatterie instructive.
En effet, lorsqu'il fut certain que ce cérémonial
était en usage à l'ancienne cour des rois de France,
il l'adopta et donna de l'avancement au gentilhomme qui le lui avait fait connaître. Bientôt
après, les colonels de l'armée imitèrent leur patron impérial, et il y avait tels régiments de cavalerie où un hussard ne se serait pas permis de
présenter une lettre ou tout ordre écrit, à son
officier supérieur, sans les fixer au bout de sa
carabine, entre la baguette et le canon.

Les oscillations de l'esprit et du caractère de
notre nation sont soumises, on le voit, à des
lois d'équilibre, comme celles qui régissent le
balancement des corps graves. Les habits dorés
et la galanterie affectée de la cour de Louis XV
ont produit les *carmagnoles* et le langage grossièrement féroce des sans-culottes de 1793. Puis

bientôt après, le dégoût qu'excita ce monstrueux dévergondage fit revenir les titres, les cordons, les habits brodés et les nuées de chambellans que nous avons vues; si bien que quand Louis XVIII revint, il trouva la friperie monarchique remise à neuf et toute préparée pour lui en 1814.

Les pièces de théâtre données à ces différentes époques sont peut-être ce qui caractérise le mieux les péripéties brusques qui viennent d'être signalées. Dans les comédies de Dorat, de Marivaux et de Poinsinet, représentées jusqu'en 1791, c'est encore le langage musqué de la cour qui y règne. Puis, dans ce même Paris où on se pâmait d'aise en écoutant les fadeurs de l'abbé et du colonel du *cercle*, deux ans après les théâtres n'offraient plus que la représentation de drames dégoûtants dont le *Jugement dernier des rois* est le type et le chef-d'œuvre.

Après ces deux grandes oscillations, il y eut, du temps du directoire, une apparence d'équilibre dans la société. Le mélange et le laisser-aller de toutes les classes à cette époque fut réfléchi très-fidèlement sous le consulat par une comédie-vaudeville intitulée *Fanchon la vielleuse*. Buonaparte se formait peu à peu une cour, et déja il était question de substituer des croix aux armes d'honneur. Ce fut dans ces circonstances que l'on donna le vaudeville de *Fanchon*, où le jargon des boudoirs de Louis XV reparut avec exagération, mais dans un sens admiratif. C'était une leçon de politesse et de galanterie, donnée à la nation, qui l'accepta avec enthousiasme. On ne saurait se faire une idée de l'espèce de bonheur ineffable que causaient aux générations de cette époque, meurtries encore des blessures de 1793, toutes les fadaises galantes que débitaient dans cette comédie l'abbé de l'Atteignant et un certain colonel, faisant de la tapisserie, tout en arrangeant avec un grand sérieux, et d'après les idées nouvelles d'égalité, son mariage avec une joueuse de vielle.

Je ne doute pas que cette pièce, dont le succès fut long, n'ait puissamment contribué à rétablir en France la politesse des manières. Ce fut une transition pour arriver à l'empire, pendant lequel, à la cour du souverain comme sur le théâtre, on ne fit que des pastiches de ce qui se pratiquait autour de Louis XIV.

A la tenue roide de la période impériale succéda, avec la restauration, un excès de raffinement demi galant, demi moral, dont les pièces du Gymnase ont été l'expression très-fidèle jusqu'à la révolution de 1830.

Enfin ce grand événement est encore venu briser de nouveau les marionnettes musquées qui nous ont réjouis, et voilà que tout à coup certaines gens, oubliant le passé, aveugles sur l'avenir, se sont crus obligés de consolider cette victoire, en reprenant l'air rébarbatif et grossier, en laissant pousser leurs moustaches et leur barbe, en fumant du tabac presque jusque dans les salons, en ayant peu d'égards pour les femmes, et en affectant de ne lancer leurs opinions que comme des apophtegmes ou des ordonnances.

C'est évidemment au marivaudage et au cagotisme de la restauration que nous sommes redevables de cette petite singerie des sans-culottes de 1793. Aussi, comme l'oscillation politique, imprimée par la restauration, a été bien plus faible que l'impulsion analogue donnée par le système monarchique au temps de Louis XVI, il s'ensuit naturellement que les petits *sans-culottes* de nos jours sont beaucoup moins forts et moins hideux que ceux du temps de M. Robespierre. On les surprend parfois tout honteux de leur propre rudesse, et dans leur costume comme dans leurs discours, il y a quelque chose d'aigre-doux, d'austère et d'élégant, de brutal et de timide tout à la fois, qui leur donne une gêne habituelle dans le monde. En France, on a toujours du tact, et ils sentent que ces affectations puritaines, républicaines, ne conviennent nullement à notre temps et à notre nation.

Je n'oublierai jamais le phébus et l'afféterie

avec lesquels un jeune homme, incapable d'ailleurs d'exécuter une action cruelle, disait à une dame et à moi, quelques jours avant les journées des 5 et 6 juin 1832: « C'est, on doit le confesser, un grand, un énorme sacrifice ; mais il faut du sang ; oui, madame, il faut du sang! » Ce brave jeune homme était vêtu d'une redingote brune qui se confondait avec sa cravate noire ; en parlant ainsi, il avait le coude gracieusement appuyé sur la cheminée, puis soulevant avec délicatesse une petite canne brune que tenait son autre main couverte d'un gant blanc : « Eh, mon Dieu ! oui, répétait-il, sans changer de position ni de physionomie, il faut faire tomber trois ou quatre cents têtes pour consolider la révolution de 1830. C'est affreux à dire, observait-il en souriant à la dame qui le regardait avec effroi ; mais c'est une vérite fatale, nécessaire.... j'entends philosophiquement nécessaire. » Et il souriait encore en insistant sur ces paroles. Or moi, qui redoutais les malheurs qui sont arrivés à Paris trois jours plus tard, je fus épouvanté de la politesse féroce avec laquelle on m'avertissait du sort qui pouvait m'attendre. C'est là une des formes de la politesse en 1832.

Mais cette grossièreté recherchée, élégante même, des hommes de seize à trente-cinq ans, n'est pas causée seulement par les événements et les passions politiques. Le mode et la nature des études auxquelles la jeunesse s'est livrée depuis quelques années, ont puissamment contribué à la faire naître. Ce goût presque exclusif que l'on a pris pour l'étude du moyen âge, est, parmi les causes secondaires de ce défaut, la plus importante. En effet, dans toutes les histoires, dans le détail des mœurs, dans les productions littéraires et des arts de cette époque, pour quelques vertus et certaines beautés assez rares, on n'y trouve ordinairement qu'un enchaînement de vices, de crimes et de singularités qui ne peuvent avoir d'attraits que dans des temps comme le nôtre, où la jeunesse elle-même est ruinée par le désenchantement et l'ennui.

Oui, je n'en doute pas, c'est par ennui que l'on s'efforce de retremper son existence blasée, en imitant du mieux que l'on peut celle des hommes d'un autre temps où la vie était sans cesse agitée, toujours en danger et habituellement compromise. C'est par ennui que l'on se taille les cheveux comme au XIVe siècle, qu'on laisse croître sa barbe, que l'on porte des poignards sous le gilet, que les alcoves se tapissent d'armes de toute espèce, et que l'on s'exerce à manier l'épée en même temps que la dague. C'est par ennui, la chose est incontestable, qu'au milieu d'une ville comme Paris, où tout est journellement prévu pour assurer le repos et la liberté publique, on rêve tyran, on veut redouter l'esclavage, on se flatte que des sbires, des reitres ou des lansquenets sont appostés dans les rues pour vous saisir, vous traîner en prison, ou vous assassiner. C'est toujours le même cas que celui de ce contrebandier qui, s'ennuyant de la monotonie de la conversation de braves gens qui dînaient par hasard à la même table que lui, ne trouva rien de mieux à faire pour réveiller tant soit peu ses convives et se tirer lui-même de l'assoupissement où il tombait, que de faire feu sous la table avec ses deux pistolets d'arçon, chargés à balles. Pour moi, je ne doute guère que parmi les jeunes habitants de Paris bien élevés, qui ont pris part aux émeutes, il n'y en ait un bon nombre que l'ennui seul y a poussés.

Comme aux différentes époques de la monarchie, de la terreur, du directoire et de l'empire, le théâtre de nos jours entretient dans l'esprit des spectateurs le goût qui règne, celui des bizarreries et des atrocités gothiques. Chaque soir on y déploie les secrets d'une société aventureuse et cruelle; la grossièreté des mœurs y est rendue piquante, le vice amusant, et le crime seul y intéresse. Là notre jeunesse, ennuyée, désabusée, et qui aurait si grand besoin d'être mise à un régime littéraire, très-doux et tout bénin, vient au contraire pour s'y imbiber l'esprit et le cœur d'horreurs abominables. Elle s'y enivre à l'odeur du crime; elle y surcharge son âme d'une force qui n'a point d'objet, d'un courage qui ne sait où trouver de la résistance, d'un surcroît de colère et d'une surabondance d'énergie qui la forcent à se plaindre, à crier, et enfin à frapper n'importe sur qui ni sur quoi; le tout, selon le système du contrebandier, pour se sauver de l'ennui.

En France, où les passions fortes et durables sont extrêmement rares, on ne saurait croire combien l'ennui et la vanité y entretiennent de travers et même de vices. Aussi les commotions politiques les plus importantes, les opinions les plus graves, les révolutions les plus solennelles, qui se sentent toujours un peu de la frivolité de ceux qui les adoptent, s'annoncent-elles publiquement par les formes les plus puériles et les moins durables. Lors de la première révolution, tous les monuments que l'on éleva étaient de plâtre et de carton, et le premier soin que l'on eut pour prouver que l'on mourrait d'abord pour le roi constitutionnel, et ensuite pour la république, fut d'adopter un costume particulier. Depuis la révolution de 1830, le même enfantillage s'est encore reproduit; et chacun de nos jeunes républicains, au soin qu'il prend de se faire reconnaître par l'étrangeté de son costume, peut faire penser de lui ce que La Fontaine disait du *loup devenu berger :*

> Il aurait volontiers écrit sur son chapeau :
> C'est moi qui suis Guillot, berger de ce troupeau.

Je ne sais si je m'abuse sur le parti que j'ai tiré de mes observations, mais dans les *farauds* de 1791, dans les *sans-culottes* de 1793, dans les *muscadins* du directoire, dans les *chambellans* de l'empire, dans les *puritains* de la restauration et les *républicains* de 1832, je crois retrouver le type éternel, bien que modifié, du *marquis français ;* de ces gens du bel air, de ces beaux-esprits à la mode, de ces aimables roués qui, depuis la Fronde jusqu'à Louis XV, ont été, selon leurs inclinations, ferrailleurs, cruels ou galants, faisant de l'esprit ou crachant dans les puits pour faire des ronds, mais qui tous ont conservé traditionnellement l'habitude de s'habiller, de parler et d'agir autrement que tout le monde et de battre le guet pendant la nuit pour se désennuyer.

Le trait caractéristique et commun à toute la race issue du *marquis* est l'impolitesse et la dureté même envers tous ceux qui ne font pas partie de leur caste. Il y a dans les aristocraties démocratiques une morgue, un besoin de supériorité permanente, qui rend les marquis-républicains infiniment plus susceptibles que ne l'étaient les marquis-gentilshommes. Et chez ces hommes qui rêvent et prêchent sans cesse l'égalité, il est curieux d'observer avec quelles nuances de dédain ils accueillent ou repoussent les personnes qui se rapprochent ou s'éloignent plus ou moins de leur opinion. Dans tous les temps, les coryphées populaires, les aristocrates républicains ont été infiniment plus hautains, plus inaccessibles que la noblesse des monarchies. Ordinairement ils ont autant d'orgueil et beaucoup moins de politesse. Or la politesse est naturelle en France, c'est ce qui a fait dire avec tant de raison et d'esprit que chez nous on a des opinions républicaines, mais que les mœurs sont monarchiques.

C'est ce mélange de dispositions incohérentes qui a fait échouer les projets de tous les hommes qui ont essayé jusqu'ici de faire du républicanisme en France. Encore aujourd'hui ils ne forment qu'une secte peu nombreuse, qui blesse et est blessée incessamment, parce qu'elle ne trouve sa place nulle part, et que sa prétendue franchise, qui n'est que de l'impolitesse et parfois de la brutalité, ne peut s'accommoder avec nos institutions, ni avec ce qui nous reste encore de nos anciennes habitudes religieuses, morales et politiques.

De là résulte, pour ceux de ces sectaires qui se sentent une certaine énergie, un ennui vague, un découragement mêlé d'orgueil et de colère, qui les fait jeter dans mille et mille travers. Ils se singularisent par leur costume, ils s'enivrent de tabac, et courent aux émeutes quand l'occasion se présente.

Ces distractions, souvent assez peu innocentes, ne sont au fond que des ridicules à la mode. Mais peut-être aurait-on le droit de faire un reproche plus grave à cette jeunesse si sage, si studieuse, disait-on, avant la révolution de 1830, et qui s'est montrée tout à coup impitoyablement ricaneuse, ingrate et insultante envers les hommes des générations qui l'ont précédée. Manquer d'égards et de respect envers ses pères, est plus qu'une impolitesse; et le cas est hors des limites de mon sujet.

Les liens de la discipline sont trop relâchés en France pour les enfants et les adolescents. Il y a un personnage dont l'importance s'est étrangement accrue depuis quelques années, et par le rôle qu'il a joué, ainsi que par les portraits trop poétiques que l'on en a tracés. C'est le *gamin*. Sans veille comme sans lendemain, oisif, sans besoins, mais avide de nouveau, et poussé par la témérité et la cruauté de l'enfance, le *gamin* pénètre partout, en écartant de force ceux qui lui font obstacle. Toujours goguenard, fier, brutal, meurtrier même au besoin, il brave le canon, les lois, ses parents et Dieu même, s'il y croit. Le *gamin* est à part de la race des marquis ; il est le Louis XIV, le Napoléon démocratique, et, dans la plénitude de son indépendance exorbitante, il se dit : La liberté, l'égalité, la république, c'est moi ! Aussi flatte-t-on aujourd'hui le *gamin* comme on a flatté Louis XIV et l'empereur ; car il paraît qu'il est dans la nature de l'homme de craindre ce qu'il a admiré, comme d'admirer tout ce qui lui fait peur.

L'égalité spirituelle était une préoccupation constante pour l'adolescence, lorsqu'elle recevait fortement l'influence d'une éducation religieuse. Alors on se confiait dans une justice éternelle, avec l'idée que le ciel étant d'une immensité infinie, et les âmes parfaitement déliées, chacun y trouverait place au besoin. Aujourd'hui où toutes les espérances sont exclusivement dirigées vers les avantages temporels ; maintenant où il y a si peu de place au soleil, en comparaison du nombre de ceux qui veulent se chauffer, on se coudoie, on se dispute, on s'injurie, on s'entre-tue même, pour gagner, défendre et garder son terrain. Un des traits caractéristiques de notre époque est que ces passions, toutes terrestres, qui ne tourmentaient autrefois les hommes que lorsqu'ils avaient atteint la virilité, s'emparent aujourd'hui des étudiants, des collégiens, des écoliers, du *gamin* même, qui, exclusivement-acharné à la conquête d'avantages et de droits temporels, se refuse, ainsi que les autres, aux bienfaits d'une éducation religieuse, morale et poétique.

Alors peut-on s'étonner de ce que notre pauvre jeunesse est inquiète, morose, et si subitement désabusée? Hélas! je la blâmais amèrement il n'y a qu'un instant, et maintenant je la plains! Être sans espoir à vingt ans! mépriser ce que l'on désire en même temps qu'on le recherche! n'avoir en perspective pour paradis qu'une préfecture, la chambre des députés, ou le portefeuille de ministre; c'est bien triste pour un cœur jeune, pour une âme à l'aurore de la vie, à qui la terre paraît ordinairement trop restreinte et le ciel à peine assez vaste!

C'est cet avenir tout matériel de l'existence qui produit le dégoût précoce de la vie dont nos jeunes gens sont si péniblement travaillés; aussi se fait-on scrupule de signaler leurs travers quand on en connaît la véritable source. Il faut traiter notre jeunesse comme un malade dont les nerfs agacés provoquent les pleurs, les fantaisies et la colère.

L'ennui et la vanité, voilà les causes de ce

mal. L'une vient de ce que, dans l'enfance, l'âme et le corps ne sont pas assez simultanément occupés; l'autre nous trompe toujours sur la puissance de nos facultés.

L'établissement d'écoles pour les enfants en bas âge, le maintien d'une police sévère pour les adolescents des classes pauvres, dont l'indépendance, hors de chez eux, est beaucoup trop illimitée, et le rétablissement d'une discipline plus ferme et d'études plus fortes dans les institutions de toute espèce, tels sont, à notre avis, les correctifs les plus prompts et les plus puissants pour arrêter, dans sa source, les progrès d'un mal qui dispose la jeunesse à l'ennui, au découragement, à l'indifférence, et par conséquent à l'égoïsme et à l'impolitesse.

Au surplus, il s'en faut bien que je sois de ces hommes qui critiquent pour le plaisir de parler ou d'écrire. Lorsqu'un défaut me semble incurable, je n'en parle pas. Mais quant à l'impolitesse qui règne parmi les jeunes gens de 1832, je ne crains pas de la présenter sous ses formes les plus bizarres, dans ses effets les plus nuisibles, parce que ce n'est plus qu'une mode causée par l'ennui, et qu'ainsi qu'il a été dit déjà, tous les Français, abstraction faite de leur rang et de leur fortune, mais qui ont une occupation fixe et le soin d'une famille, pratiquent la politesse, et la perfectionnent chaque jour en eux-mêmes comme en ceux qui les entourent. J'ai donc voulu démontrer seulement que l'impolitesse est causée par l'égoïsme, et que l'égoïsme est le défaut le plus fatal à une société.

Cette vérité, j'ai d'autant moins craint de la reproduire à ce sujet, en exposant les ridicules, les défauts et les fautes de la jeunesse de 1832, qu'aujourd'hui, où à peine nous avons atteint la moitié de l'année suivante, presque toutes ces folies fantastiques, littéraires et politiques, sont déjà tellement affaiblies que, d'ici à peu de mois, il en restera à peine des traces suffisantes pour que l'on ne puisse pas douter de la fidélité de mes observations.

J.-E. DELÉCLUZE.

LES PETITS THÉATRES

DU BOULEVART.

Si les princes et les jolies femmes ont de temps à autre d'étranges fantaisies, les éditeurs en ont aussi quelquefois de bien singulières.

Un jour le mien en avisa une dont il se sentit si agréablement chatouillé qu'il accourut aussitôt me la communiquer. C'était à l'époque où les mémoires étaient encore de mode; et bien que le sol littéraire fût alors couvert de ces sortes de productions comme les champs d'Égypte l'étaient de sauterelles au temps des sept plaies, l'ingénieux libraire croyait avoir découvert un nouveau filon, une mine féconde, une source abondante en aventures originales ou bizarres : de son cerveau de spéculateur, de manipulateur de la pensée matérialisée, avait tout à coup jailli l'étonnante idée de publier les mémoires de la première acrobate de France, de madame Saqui, de cette femme qui a sauté devant et pour tous les princes du monde, dont la réputation a pénétré chez nous jusqu'au fond du moindre hameau et a retenti au dehors, depuis trente ans, du cap Nouk au Waigatz.

Tout émerveillé de sa conception, l'intrépide libraire m'engagea à faire une démarche auprès de la célèbre danseuse; et comme ce jour-là il m'était aussi indifférent de flâner sur le boulevart de la Bastille que sur celui de la Madeleine, je me dirigeai vers le temple de la déesse de l'équilibre et de la voltige.

Et tout en cheminant je me demandais ce qu'il y avait, moralement parlant, à tirer d'une danseuse, et surtout d'une danseuse de corde : le proverbe *Bête comme un danseur* me revenait sans cesse à l'esprit. J'augurais fort mal du résultat de ma visite, et si mal que je me pris à faire comme les poltrons, qui ne se battent que quand ils ont rompu leur dernière semelle; je résolus de n'entrer chez madame Saqui qu'à l'instant où je ne pourrais plus faire autrement.

C'était vers les six heures du soir : *la queue* était déja formée à la porte de tous les théâtres, depuis le Cirque-Olympique jusqu'au Petit Lazari. Le boulevart était encombré d'affamés, qui depuis deux heures se morfondaient à attendre. Ce jour-là je me sentais une énorme démangeaison de me traiter de neuf, car ce neuf eût-il valu cent fois moins que ce qui m'était connu, je devais encore le trouver cent fois préférable par cela seul que ce serait du neuf. J'avisais donc au moyen de m'en procurer à tout prix quand mes regards, après s'être promenés sur toutes les enseignes dramatiques de l'endroit, s'arrêtèrent à l'inscription apposée au-dessus du théâtre du Petit Lazari, que j'avais pris de loin pour un comptoir de marchand de vin; en approchant, je reconnus mon erreur et je jugeai que là, dans ce théâtre, que je ne connaissais pas, je trouverais peut-être ce que je cherchais; je braquai mon binocle sur l'affiche, et je vis qu'on donnait *Trente ans, ou la Vie d'un Jacobin; les Amours du Pont-Neuf,* et je ne sais quoi encore. Le programme était séduisant; je consultai le tarif placardé à l'entrée du théâtre, et je vis que pour huit sous aux premières, six sous à l'orchestre, et quatre au par-

8.

terre je pouvais me donner quelques-unes de ces sensations après lesquelles je courais ; je pris un orchestre et je me mis à la queue à côté de deux fashionables du faubourg Saint-Antoine, qui d'abord me toisèrent comme un intrus, et ensuite, pour se donner un air d'importance et de connaissance de la localité, entamèrent une discussion sur le théâtre et les acteurs du Petit Lazari.

— Dis donc, Polyte, i' n'y a z'un débutant z'aujourd'hui, articula un des deux faubouriens en relevant avec gravité son pantalon qui, faute de bretelles, menaçait à tout instant de lui tomber sur les talons; i' n'y a z'un débutant z'aujourd'hui..... nous verrons voir.....

— Si y n' marche pas droit c' coco-là, on l'soignera, répliqua le second faubourien..... et si la cabale fait des injustices, j'leur y tombe sus la boule... une... deux.... un renfoncement, mais dans le chenu....

— Un peu..... Faut protéger les arts, mais z-*ut* pour les cabotins.... c'est pas moi qu'on entortillera....

— Ni moi. Dis donc à propos.... une idée!...
— De quoi?
— As-tu un sou?
— Oui... à cause?...
— A cause que j'achèterions des pommes et

que j'en envoyerions les trognons au débutant,
s'y va mal....

— Les trognons!... au débutant!... mer-ci...
je les mange, moi, les trognons....

— Messieurs, me hasardai-je à dire....., vous
parlez de débutant au Lazari... je ne comprends
pas.... je croyais que c'était un théâtre de *marionnettes.*

— De quoi.... de quoi, des *merionnettes?*...
répliqua celui auquel je m'adressais.... depuis
les glorieuses y a pus de *merionnettes* ici... c'est
des acteurs vivants et naturels comme à la Gaîté
et à Franconi, et qui sont crânement menés par
M. Frenoy, un ancien de l'Ambigu-Comique,
qu'entend son artique celui-là.... Des *merionnettes,* excusez!!

— Je vous demande pardon.... je ne savais
pas.... C'est qu'auparavant....

— Oui.... oui.... auparavant, du temps
de Mangin et de Polignac.... mais je vous dis
que depuis les glorieuses c'est fini.... on n'les
a pas volé les acteurs naturels et vivants! on
les a un peu gagnés au Louvre et à Arcole....
C'est bon des merionnettes.... ah! ben en v'là
une sévère!...

J'avais blessé l'amour-propre de l'habitué du
Petit Lazari, et j'allais m'excuser de nouveau
quand les portes s'ouvrirent pour laisser péné-

trer la foule : la poussée fut rude, et j'arrivai à ma destination presque sans toucher à terre.... Chacun se hâta de se placer ; hommes, femmes et enfants encombrèrent en un instant le parterre, et tous s'y entassèrent le plus paisiblement du monde ; je dis paisiblement, car il n'y eut que quatre à cinq bambins qui se gourmèrent, et deux blanchisseuses qui s'arrachèrent leur bonnet, incidents tout-à-fait inaperçus au milieu des cris et des sifflets qui commencèrent tout de suite un charivari assourdissant et continuèrent jusqu'à l'instant où les trois coups frappés à la rampe annoncèrent le lever du rideau.

J'avais eu le temps de donner un coup d'œil sur la salle ; elle était très-petite, mais fraîchement peinte et fort propre ; une seule galerie, l'orchestre et le parterre formaient les trois divisions des places. Une contre-basse et deux violons étaient les seuls instruments qui se fissent entendre, et qui du reste suffisaient pour l'exiguité du local. Le rideau d'avant-scène me parut être de la grandeur d'une nappe de douze couverts.

On commença. *Les Amours du Pont-Neuf* ouvraient la marche : la décoration, dont les proportions lilliputiennes attestaient qu'elles avaient été faites pour l'ancienne troupe, me frappa : le Pont-Neuf était représenté par un site qui semblait pris dans un paysage de la Beauce ; c'étaient une ou deux maisons de fermiers dans le fond, avec des champs de blé, à droite et à gauche quelques arbres de grande route, et l'enseigne d'un cabaret. Je ne me serais jamais cru si près du cheval de bronze, si je n'eusse vu tout d'un coup une petite marchande d'oranges sortir d'un gros buisson, en criant : *Portugal! vrai Portugal!* à deux sous *le Portugal!* à deux sous *le don Miguel!!* Puis l'innocente créature, qui ne me parut pas avoir plus de quarante-cinq à quarante-huit ans révolus, se mit à chanter sur un air connu, et en détonnant à toute minute, comme quoi elle attendait en tremblant l'heure du berger et comme quoi l'heure et le berger étaient bien lents à son gré... C'était sans doute timidité de la part du pauvre garçon.... mais bientôt la bergère du Pont-Neuf poussa un cri en voyant accourir l'objet de son attente, qui déboucha du côté opposé avec le bruit d'un sanglier qui se fait jour à travers un taillis.

Le timide tourtereau était un gaillard de cinq pieds onze pouces, dont la tête se perdait dans les frises, et qui boîtait horriblement : il me sembla que pour surcroît d'agrément il avait un côté de sa figure brûlé et l'autre fortement endommagé d'une fluxion : un voisin m'apprit qu'il n'y avait pas enflure aux maxillaires du débutant, mais chez lui une telle habitude de *chiquer*, que même en scène il ne pouvait s'en passer, ce qui, du reste, n'empêchait pas qu'il ne chantât fort agréablement le couplet, parce que dans les instants où il avait besoin de tous ses moyens, il glissait avec infiniment d'adresse son tabac mâché dans sa main gauche et le reprenait aussitôt qu'il retombait dans l'exécution du dialogue ordinaire.

Je ne puis nier que j'éprouvai un grand plaisir à la vue de la singulière disproportion qui existait entre la dimension du décors et celle des acteurs. Chaque fois que ces derniers se penchaient vers les deux ou trois maisons qui garnissaient le fond de la scène, on eût dit qu'ils s'amusaient à regarder dans l'intérieur par le tuyau des cheminées qui leur venaient à peine à la ceinture, et quatre à cinq fois le débutant, par gentillesse, se permit de passer la jambe par-dessus les allées d'arbres qui figuraient les trottoirs du pont.

Malgré ces gentillesses et quelques autres dont le débutant crut devoir embellir son jeu, il me sembla peu goûté de l'aréopage destiné à prononcer sur son sort, car bientôt des cris et des sifflets se firent entendre.

—Ohé, Mayeux! cria une voix, ohé!

— En v'là une *pantomine!* dit un autre.

— Il est chouette ton débutant, dis-donc, eh! Frenoy, cria un troisième; est-ce qui va nous embêter long-temps comme ça....

— Puis ce fut un débordement d'apostrophes dans ce genre.

— Ohé, ohé! les trognons... ohé! — A l'arbre, Martin, ohé! — Va-t'en! va-t'en, feignant! — Au canal le rat!! — Est-ce qui n' va pas taire sa gueule? — Oh! c'te balle!! — Ohé! — La toile!! le torchon!!

En vain la cabale administrative fit-elle tous ses efforts pour conjurer l'orage, en vain les personnages en scène tinrent-ils bon, il fut impossible d'obtenir le moindre silence : pour comble de bonheur, une espèce de père noble, celui de l'orangère, à ce qu'il me sembla, vint se mettre de la partie; ce brave homme, annoncé dans l'exposition comme marchand de croquignoles, portait malheureusement le costume d'un huissier à verge de l'ancien régime, et pour se donner sans doute un air intéressant, il s'était en outre tellement farci le visage de blanc d'Espagne, il avait un maintien si défaillant, que son aspect acheva de mettre le parterre en humeur charivarique; les huées et les cris redoublèrent. Les faubouriens, faisant généreusement le sacrifice de leurs trognons, les envoyèrent à la tête du jeune premier, qui en reçut d'abord cinq à six assez philosophiquement; mais voyant que le feu se prolongeait, il tourna le dos au parterre, qui se leva en masse aussitôt et voulut se précipiter sur l'irrévérentieux comédien, mais la toile baissa; quatre gardes municipaux parurent à la rampe, le régisseur adressa au public une paternelle allocution hérissée de cuirs et d'excuses; et l'auditoire furieux se calma comme par enchantement avec une bonhomie admirable.

En quittant le Petit Lazari de M. Frenoy, je fis quelques tours pour renouveler l'air un peu méphitique dont mes poumons se trouvaient imprégnés; je ne pus m'empêcher de pousser un grand soupir en remarquant combien est changé ce boulevart du Temple où j'ai vu tant et de si bouffonnes parades.... Les Bobèches et les Galimafrée, devant lesquels je me suis si souvent pâmé d'aise, ont disparu. Sur l'emplacement qu'ils occupaient se sont élevés le théâtre dont je viens de parler, et quelques autres où l'on joue aujourd'hui avec un aplomb et une audace inconcevable le répertoire de Molière, de Sedaine et de Regnard; les directeurs de ces théâtres, M. Frenoy surtout, stimulés par l'exemple de madame Gibou, qui, trouvant que son thé est trop *fadasse,* y jette, pour lui donner un peu de corps, un jaune d'œuf, une poignée de sel et de poivre et quelques têtes d'ail, ensuite remue bien le tout et sert froid ; ces directeurs, dis-je, trouvant aussi que *l'Avare*, par exemple est une pièce longue, ennuyeuse, plate, fadasse, qui aurait pu faire un assez joli vaudeville en trois actes, empoignent Molière, taillent, rognent, raccourcissent ou allongent l'œuvre du prince de la comédie, y jettent quelques mots et quelques scènes qu'ils ont pris dans le *Joueur*, le *Glorieux*, ou le *Médecin malgré lui*, peu leur importe ? puis donnent à ce gâchis un titre de leur façon, *M. Prodigue*, par exemple, et deux jours après vous servent cet étrange salmigondis assaisonné de couplets aussi de leur façon, comme une œuvre nouvelle dont l'auteur, M. Paul, M. Edmond, M. de Saint-Albin, est nommé au milieu d'unanimes applaudissements. Bobèche !! Galimafrée !! où êtes-vous ?

Il était encore de bonne heure, j'entrai au Cirque. On donnait l'*Empereur* pour la centième fois ; la salle était comble et l'enthousiasme aussi grand qu'à la première représentation. Le théâtre Franconi est le seul qui ait convenablement représenté *l'Empire et ses gloires*. Ce n'est pas avec quelques onces de poudre et des soldats de carton que l'empire, encore tout saignant, pouvait nous être offert comme on l'a fait ailleurs ;

il fallait tous les moyens du Cirque-Olympique, sa vaste salle, ses cent chevaux, ses douze cents comparses, les incroyables pinceaux de Filastre, de Cambon et de Charles Séchant, pour nous donner une idée juste des merveilles d'Égypte, des plaines de Marengo, des fêtes du sacre et de la pompe étalée dans les cérémonies du couronnement et du mariage; il fallait cette armée si bien dressée, si bien disciplinée par Adolphe Franconi; il fallait cette intelligence, ce tact, cette connaissance si étonnante des possibilités de son théâtre déployés par M. Ferdinand Laloue dans la charpente et la distribution de tant de hauts faits placés sous nos yeux, avec tant d'ensemble, d'ordre, d'éclat, de richesse et de vérité. Je ne sais si l'on peut dire du théâtre en général qu'il y ait eu progrès depuis trois ans, mais assurément on peut l'affirmer en parlant du Cirque en particulier, et ajouter que ce progrès a été immense. Il y a douze ou quinze ans, on crut après *la Mort de Kléber*, la dernière pièce *montée* par M. Franconi *le grand-père*, qu'il serait impossible de faire quelque chose d'un succès aussi étourdissant; on en a dit autant après le *Vétéran*; puis après *l'Empereur*; puis après *les Polonais*; puis après la *République* et les *Cent Jours*.... et cependant les directeurs prétendent qu'ils ont mieux encore au fond de leur sac!... Cela ne m'étonnerait pas....

Ce soir-là, je vis au balcon le chef de la famille Franconi, celui dont je viens de parler; c'est un vieillard octogénaire, presque entièrement aveugle et sourd maintenant, et dont les facultés intellectuelles se sont singulièrement affaiblies. Depuis long-temps il est tout-à-fait étranger à ce qui se passe au théâtre qu'il a fondé; le seul souvenir qui lui en reste est celui de la pièce dont je viens de parler, ce souvenir s'est stéréotypé dans son cerveau à l'exclusion de tout autre. Aucune idée nouvelle ne l'en a chassé, et depuis dix ans ce brave homme, dont les yeux ne distinguent plus, dont le timpan ne vibre plus, dont les idées sont réduites à leur plus simple expression, ce brave homme, dit-on, s'imagine, chaque fois qu'on le transporte au théâtre, que c'est encore *la Mort de Kléber* que l'on y représente, et on l'entend murmurer à part lui : — Oh! je le savais bien que ma *Mort de Kléber* se jouerait tant qu'il y aurait un Cirque dans le monde!

Cependant la soirée s'écoulait et je courais risque de manquer le but principal de ma promenade au boulevart du Temple; je quittai les merveilles du Cirque pour aller jouir de celles de l'acrobatie; car ce soir-là, la célèbre funambule donnait une représentation extraordinaire de ses exercices et lorsque j'arrivai, j'entendis à la porte de son théâtre un homme qui criait avec l'emphase d'un héraut d'armes qui précéderait un triomphateur :

— Voici, messieurs et dames, le vrrrrai moment, voici l'instant de prrrrendre les billets et de suivrrrre la foule.... les grrrrands exercices de corde et de voltiges vont avoir lieu.... ils commencrrrrrront à neuf heures précises à la montre en orrrrr et à répétition de madame Saqui.... prrrrrenez vos billets.... il est temps encore.... suivez la foule!!!

Je suivis le conseil et la foule et j'entrai; depuis mon enfance je n'avais pas vu danser madame Saqui... Je me rappelle que ce fut alors un bonheur indicible pour moi que le spectacle de cet exercice, qui avait quelque chose de surnaturel et d'inouï. Je ne pouvais croire que l'être tout aérien dont mes regards avaient peine à suivre le vol audacieux tenait en quelque chose de notre espèce si lourde et si empâtée; je demeurais pénétré d'un respect tout religieux à la vue des prodiges enfantés par l'acrobate; vingt années se sont écoulées, et cependant, avec moins d'illusions et de fantasmagorie, il est vrai, je retrouvai l'acrobate aussi vigoureuse, aussi légère, aussi étonnante qu'alors: son talent n'avait pas vieilli; cette femme avait été créée pour danser, comme Bonaparte pour commander, comme Talma pour jouer la tragédie, comme Malibran et Rubini pour chanter.

Après la représentation je m'informai si je pouvais passer au théâtre et parler à la directrice : on me répondit que, fatiguée de ses exercices, elle ne pouvait voir personne, que j'eusse à revenir le lendemain de midi à deux heures et qu'elle me donnerait audience au foyer de la *comédie*.

Le lendemain donc je m'acheminai de nouveau du côté du *Boulevart du crime*, et j'arrivai rue des Fossés-du-Temple, n° 51 ; j'enfilai un petit couloir sale et obscur qui formait l'entrée des *artistes* du théâtre, et quoique je me fusse bien renseigné auprès du portier, je ne m'en égarai pas moins dans un embranchement d'allées souterraines qui, au lieu de me conduire au foyer du théâtre, me firent tomber au milieu d'une espèce de labyrinthe aboutissant à plusieurs caveaux où je faillis me rompre le cou vingt fois, et d'où je ne parvins à sortir qu'en appelant à mon aide, de toute la force de mes poumons ; un garçon de service arriva, me prit par la main, me tira du dédale où j'étais perdu, et m'amena charitablement au pied de l'escalier qui conduisait au foyer, et dont la roideur et l'escarpement étaient effrayants pour quiconque n'était pas doué de l'agilité d'un funambule.

Pourtant je me hasardai et je parvins, en me cramponnant à un câble qui servait de rampe, à me hisser jusqu'à la pièce où se trouvait alors la directrice du théâtre.

Cette pièce servait en même temps de foyer et de magasin. Il était l'heure de répétition, et tous les artistes réunis attendaient le coup de cloche du régisseur; il y avait encombrement jusqu'à la porte; et sur les vieux meubles, sur les fauteuils et les châssis entassés au fond du foyer, étaient juchés une partie des comparses qui n'avaient pu trouver place sur les étroites banquettes de l'administration; j'eus mille peines à me faire jour à travers la cohue, et à parvenir jusqu'à la souveraine de l'empire acrobatique, placée près d'une fenêtre au fond de l'appartement.

Assise dans un vaste fauteuil, un rouet devant elle, à ses pieds deux nains assis sur de petits tabourets, entourée de ses principaux sujets, empressés à lui faire leur cour, la maîtresse du lieu représentait vraiment une de ces reines du temps d'Homère, qui filaient innocemment au milieu de leur cour, tandis que leurs époux enfantaient les merveilles décrites par le vieillard de Lesbos.

Il y avait quelque chose de patriarcal dans la pose générale des personnages formant le tableau qui s'offrait à mes yeux : la directrice du théâtre était là, comme une mère de famille entourée de sa nombreuse lignée : mon apparition inattendue me valut de la part de la maîtresse du lieu un coup d'œil interrogateur plein de pénétration ; il y avait dans l'expression physionomique de l'acrobate une vivacité et un feu bien différents de la froide monotonie qui caractérise, hors de la scène, l'espèce du danseur. J'en fus presque saisi ; cependant je m'approchai, je déclinai mon nom et je fus accueilli, non sans une nouvelle surprise, avec un ton et des manières qui n'auraient pas été déplacés dans le salon de la meilleure compagnie.

J'étais fort embarrassé pour expliquer l'objet de ma visite ; la dame s'aperçut de mon malaise, et chercha à m'en faire sortir par quelques mots jetés au hasard sur des matières générales qu'elle effleura sans prétention avec une facilité d'élocution et une finesse d'esprit qui ne contribuèrent pas pour peu à augmenter le singulier désappointement que j'éprouvais déjà.

Bientôt je vis qu'elle désirait connaître le motif de ma venue. J'abordai la question avec une certaine crainte, et lui exposai la proposition que j'étais chargé de lui faire.

Elle accueillit mon explication avec un sourire dans lequel je démêlai l'expression de l'amour-propre flatté.

—Monsieur, me dit-elle, cette idée de publier mes mémoires m'est déja passée par la tête;... mais habituée à manier le balancier et non la plume, il m'aurait fallu un secrétaire, un *teinturier*, et je n'aurais jamais osé proposer à personne.....

— Et pourquoi?

— Oh!! on eût ri de ma prétention... on eût haussé les épaules... Les mémoires d'une acrobate!!! quelle pitié...!

—Pourquoi encore?... Ces mémoires auraient-ils été plus pitoyables que tant d'autres, sur lesquels on s'est jeté avec tant de fureur depuis quelques années?....

— Peut-être.... Ils auraient eu l'inconvénient de n'être ni graveleux, ni scandaleux....

— Je conviens que l'inconvénient est grave.... Mais ils auraient pu être amusants.

—Je le crois.... J'ai tant vu de choses, de pays et de gens.... Il n'est pas une tête couronnée qui ne m'ait payé son tribut d'éloges, qui ne m'ait laissé un souvenir de contentement.... en tout bien tout honneur du reste.... car je vous l'affirme, et c'est ici sans la moindre pruderie, si mon historiographe eût exigé, dans la composition de son livre, quelques aventures galantes, il eût été obligé de les inventer, et on a toujours bien assez de ses propres fautes, sans se charger encore de péchés imaginaires....

— Au moins vous auriez pu fournir à votre secrétaire une foule d'anecdotes curieuses.

— Assurément.... car j'ai bonne mémoire, et j'y tiens enregistrés mille faits qui ne manquent pas d'originalité et de bizarrerie... J'ai parcouru l'échelle de la vie de saltimbanque depuis le tapis étendu sur le pavé de la rue où, seule, abandonnée dès l'âge de cinq ans, je me suis vue forcée de pourvoir à ma chétive existence, jusques aux tentures d'or et de soie, que l'on a si souvent dressées pour moi dans les palais de rois....

— Il en est plus d'un, dis-je en riant, auquel vous auriez bien dû enseigner l'art de faire le saut périlleux, sans y joindre la culbute.... Beaucoup d'entre eux aujourd'hui, grâce à vous, ne seraient peut-être pas restés suspendus à la corde, sur laquelle ils ont risqué les tours de force qui leur ont si peu réussi depuis quarante ans.....

— Vous croyez plaisanter, et vous pensez peut-être que ce n'est que métaphoriquement que l'on peut jeter un roi, un prince de sang royal, ou tout autre personnage de cette trempe dans une affaire de funambulisme..... Eh bien ! vous vous trompez !

— Je ne vous comprends pas.....

— Il est certain que la proposition que j'avance doit paraître étrange... mais je puis l'étayer d'un fait, sans doute encore présent à la mémoire de ceux qui en furent les témoins, et qui, au besoin, en garantiraient l'authenticité...

— Alors je vous prierai, madame, de commencer dès à présent le travail que je viens de vous proposer en me racontant ce fait, qui pique ma curiosité, et qui doit me donner le mot de l'énigme....

— Volontiers... mais accordez-moi une minute... je vais faire commencer ma répétition, nous serons plus libres, et nous pourrons bavarder à notre aise.

En un instant, et sur un geste qu'elle fit, le foyer fut désencombré; nous restâmes seuls, et mon interlocutrice commença le récit de la grande aventure.

— Vous êtes encore trop jeune, me dit-elle, pour avoir connu la troupe de Nicolet, qui faisait les délices de Paris, il y a quelque quarante ans : mon père était le premier sauteur de cette troupe : il jouissait auprès du public de ce théâtre d'une haute faveur, que du reste il méritait bien, car il était impossible de réunir plus de force, d'agilité et de grâce à un physique aussi parfait que celui dont il était doué. Il trouvait peu de rivaux dans l'état qu'il exerçait : un seul de ses camarades pouvait lui être comparé jusqu'à un certain point, c'était un nommé Laurent dit *l'Aveugle* : cet homme, auquel un accident avait fait perdre la vue, avait tellement l'amour de son *art*, que, malgré sa cruelle infirmité, il avait voulu en continuer l'exercice : sauf quelques précautions, quelques tâtonnements auxquels il était obligé de se livrer pour s'assurer de la position de ses planches et des instruments avec lesquels il travaillait, son jeu était aussi correct, aussi vigoureux que celui de ses camarades pourvus de leurs deux yeux.

La troupe à cette époque était admirablement composée.

Un jour quelques sauteurs étrangers vinrent proposer à Nicolet de donner une représentation sur son théâtre et de lutter avec ses premiers sujets. La proposition fut acceptée, et la représentation annoncée avec beaucoup d'emphase.

On s'y porta en foule. Quoique je n'eusse à cette époque que quatre à cinq ans, je me rappelai toujours cette soirée à laquelle j'assistais; car chaque jour on m'apportait dans la coulisse, où j'essayais déja par de comiques efforts à imiter les grands maîtres que j'avais sous les yeux.

La salle était comble, et la réunion fort brillante; car non seulement les classes inférieures l'encombraient chaque soir, mais encore la bonne compagnie venait y chercher fréquemment des distractions. La composition du spectacle de ce jour avait attiré plusieurs personnes attachées à la cour. J'en fais ici la remarque, parce que la présence de ces personnages à cette représentation eut, ainsi que nous le verrons, une influence assez heureuse sur les destinées du théâtre de Nicolet et amena le bizarre événement que j'ai à vous raconter.

La soirée fut des plus amusantes : il y eut d'abord assaut entre la troupe étrangère et la troupe parisienne : la lutte fut rude, les avantages partagés, et le public assez embarrassé pour prononcer.

Mais bientôt un choix fut fait parmi les plus forts danseurs, et des paris furent ouverts.

C'était une chose vraiment curieuse et tout-à-fait inusitée, en pareil lieu et en pareille circonstance, que de voir chaque loge, chaque banquette convertie en une table de jeu où chacun étalait son pari, et là, attentif, l'œil au théâtre et à son enjeu, attendait avec la plus vive sollicitude ce qui allait arriver.

Enfin les derniers exercices commencèrent : les sauteurs, stimulés par la solennité de la séance, par l'importance que chacun des spectateurs y attachait, se surpassaient à l'envi. C'était éblouissant d'agilité, de force et de souplesse: on eût vraiment dit autant d'êtres fantastiques courant en l'air, y jouant, y tourbillonnant comme les personnages d'une scène de sabbat.

Au bout d'une demi-heure, il ne resta plus sur le théâtre que deux sauteurs dont les forces ne fussent pas complètement épuisées : c'étaient mon père et un des sauteurs étrangers : tout l'intérêt des paris s'était réuni sur eux, et la salle entière, muette d'attention et de perplexité, avait les yeux fixés sur les deux champions.

Mais la victoire ne tarda pas à se prononcer : elle se rangea comme de coutume du côté de mon père, et ce fut au milieu d'une salve d'applaudissements capables de faire écrouler la salle que Jean Lalanne fut déclaré le lauréat de la journée : cette proclamation fut suivie d'une ovation peu ordinaire et qui fut au moins aussi agréable aux triomphateurs que si elle eût été composée de couronnes académiques; tous ceux qui avaient parié en faveur de Lalanne le firent appeler après le baisser du rideau, et lui remirent le gain de leurs paris; et bon nombre des spectateurs, entraînés par cet exemple, se prirent, pour ne pas se déranger, à lui jeter sur la scène des écus de six et de trois francs, des pièces de monnaie de toute valeur, et il n'y eut pas jusqu'à des sous et des liards qui ne lui fussent envoyés des dernières places de la salle qui voulaient lui témoigner toute leur satisfaction par cette offre du denier de la veuve. Mon père et ma mère avaient peine à suffire à la récolte de cette pluie d'argent qui leur tombait de toutes parts. Enfin on en remplit deux chapeaux qui furent portés dans la loge de mon père, et dont le montant servit en partie le lendemain à traiter les combattants de la veille.

Cet assaut avait fait sensation ; les personnes de la cour qui y avaient assisté en avaient si bien parlé, que le bruit en arriva jusqu'aux oreilles du roi : il voulut voir les sauteurs de Nicolet, et l'intendant des menus plaisirs donna, quelques jours après, au directeur de la troupe l'ordre de se rendre à Saint-Germain, où la cour se trouvait alors ; recommandation expresse fut faite à Lalanne de ne pas manquer de s'y trouver.

M. Nicolet s'empressa de déférer à un ordre qui le flattait infiniment, et au jour indiqué il partit pour Saint-Germain avec tout son monde.

Il était impossible de voir une réunion plus brillante que celle offerte par la salle de spectacle ; il suffisait que l'idée vînt du roi pour que toute la cour s'empressât de témoigner par sa présence combien cette idée de sa majesté avait été heureuse.

Et en effet personne ne fut mécontent de sa soirée : dire qu'elle fut plus forte et plus surprenante que celle donnée au boulevart le jour de l'assaut, serait inexact; mais elle ne lui céda en rien : le lieu, la composition de la salle, les recommandations faites à mains jointes par M. Nicolet à tous ses gens de se surpasser, avaient stimulé ceux-ci à un tel point qu'enfin ils firent merveilles; l'assemblée tout entière témoigna sa satisfaction d'une manière non équivoque : mais le roi surtout avait paru prendre un plaisir extrême à ce divertissement, et quelques moments avant de se retirer, il ordonna que l'on fît venir à sa loge un des sauteurs qu'il désigna.

C'était mon père.

Bien qu'il ne fût pas des plus honteux, Jean Lalanne ne se sentit pas très à l'aise, lorsqu'il se trouva en face du monarque : cependant l'expression de bonté et de satisfaction répandue sur la physionomie du prince le rassura un peu.

— Je suis content de toi, mon ami, lui dit le roi avec la plus grande affabilité.... Comment te nommes-tu?

— Sire.... Jean Lalanne.... dit *Navarin*.

— Navarin.... Pourquoi?

— Sire, je suis de la Navarre.... du pays des ancêtres de votre majesté.

— Très bien.... Je suis fort aise de voir que les enfants de ce bon pays de Navarre n'ont pas dégénéré..... Eh bien! je te le répète, je suis content de toi; et je te proclame aujourd'hui *Navarin* le *Fameux*.

En prononçant ces paroles bien flatteuses pour mon père, le roi lui frappait amicalement sur l'épaule : puis il dit à M. Nicolet, qui se tenait respectueusement à la porte. : — M. Nicolet, je dois aussi vous témoigner ma satisfaction, et je veux encourager votre entreprise..... Je vous autorise à faire prendre dès ce jour à votre troupe le titre de *Premiers Danseurs du Roi*.

M. Nicolet se confondit en remercîments; le roi lui fit signe de s'éloigner. Dans son enchantement, car à cette époque la faveur qui venait de lui être accordée pouvait avoir une grande influence sur la prospérité de son théâtre; dans son enchantement, dis-je, Nicolet ne voulut pas attendre son retour à Paris pour que le public fût instruit de la nouvelle qualification qu'il était autorisé à prendre ; il fit monter à cheval un de ses hommes, et lui donna ordre d'aller à toute bride jusque chez son imprimeur, afin qu'il changeât la composition de l'affiche du lendemain, et qu'il mît en tête et en lettres de grande dimension : *Théâtre des Premiers Danseurs de Sa Majesté*.

Le lendemain, tous les murs de Paris étaient tapissés d'énormes pancartes, annonçant le haut patronage sous lequel le théâtre de Nicolet venait d'être placé.

Ce sont ces divers incidents qui donneront lieu à l'aventure dont mon bavardage préliminaire vous fait peut-être payer un peu cher la connaissance, et dont, au surplus, le dépouillement des archives de la monarchie, depuis Pharamond jusqu'à nos jours, n'offre certes rien de semblable : j'y arrive.

Cinq à six jours après la représentation donnée par M. Nicolet à Saint-Germain devant la cour, un piqueur du château arriva en toute hâte au théâtre des *Danseurs du Roi*, et demanda le directeur. Celui-ci accourut tout en émoi de cette nouvelle visite, à l'honneur de laquelle il ne s'attendait pas. Il eut joie et peur en même temps; car il pensa que c'était quelque nouvelle faveur qui lui arrivait, ou peut-être aussi le retrait de celle qui lui avait été accordée tout récemment.

Il aborda donc l'envoyé de la maison du roi avec un saisissement qui lui fit éprouver devant le valet plus d'embarras que s'il eût été en face du maître.

— Un ordre de la cour! dit avec importance le piqueur.

M. Nicolet ouvrit une lettre que lui présenta l'homme galonné, elle était du secrétaire particulier du comte d'Artois : il était enjoint à M. Nicolet d'envoyer le lendemain sans faute aux Tuileries, vers midi, le sauteur Lalanne, pour y recevoir des ordres dont la lettre ne désignait pas la nature.

Nicolet protesta de son obéissance à l'injonction du secrétaire de l'altesse royale; mais il parut craindre de ne pouvoir trouver mon père dans la journée, car il n'était pas de la représentation du soir, et il demeurait au faubourg Saint-Germain. En effet, dans ses jours de relâche, Jean Lalanne me prenait sur ses épaules, donnait le bras à ma mère, et nous menait aux environs de Paris, dîner chez quelques traiteurs renommés : c'étaient nos grands jours de plaisirs. Il était presque certain que mon père profiterait de son congé de vingt-quatre heures pour s'absenter jusqu'au lendemain; il y avait donc urgence de le prévenir, et M. Nicolet engagea le piqueur, qui avait à sa disposition un cheval excellent, à prendre la peine de courir rue Mazarine, où logeait son pensionnaire. Le piqueur ne se le fit pas dire deux fois; il se prit à arpenter la ville de toute la vitesse de son cheval, et l'on eût vraiment pu croire en le voyant ainsi courir et en entendant les *gare* foudroyants dont il balayait la route, tout en jetant de temps à autre la plupart de ceux qu'il rencontrait dans le ruisseau, ou sur un étalage de boutique, on eût cru, dis-je, qu'il s'agissait de porter à quelque souverain la nouvelle de la mort d'un autre souverain, ou bien une déclaration de guerre, voire même l'annonce d'une conflagration générale : le fait est qu'il y avait en cette affaire chose à ne pas plaisanter; c'était un caprice, une fantaisie de prince à satisfaire, et souvent il n'en faut pas davantage pour mettre en révolution tout un empire.

Mon père était moins connu dans son modeste réduit de la rue Mazarine qu'à Versailles ou à Saint-Germain. Le piqueur eut assez de peine à le trouver : la recherche qu'il fit à toutes les portes causa une sorte d'émeute dans le quartier. Enfin il dénicha mon père à son cinquième étage.

— Le fameux Navarin, dit l'homme galonné, frappant rudement à la porte, le fameux Navarin, est-ce ici?...

— Entrez, dit mon père, assez surpris de la visite.... Qu'y a-t-il pour votre service.

— Un ordre du cabinet particulier de monseigneur le comte d'Artois....

— Ah! fit mon père.... ah!

— Lisez, et vite...

Mon père lut, en outre de la lettre remise à M. Nicolet, un mot particulier pour lui dans lequel il lui était enjoint de se munir, en se rendant au palais, de tout l'attirail nécessaire pour une danse de corde.

Mon père fit observer au piqueur que la danse

de corde n'était pas son affaire à lui, et que bien qu'il en connût les principes et qu'il fût capable de les démontrer, il l'était fort peu de les exécuter.

— Je n'ai pas à entrer dans ce détail, dit le piqueur,... vous voyez les ordres... ma commission est faite... Je ne vous engage pas à vous refuser à ce que l'on exige de vous... car nous ne plaisantons jamais, nous autres hommes de cour, quand il s'agit de nos volontés... Je dirai que vous serez à l'heure indiquée au château.

— J'y serai,... j'y serai, reprit mon père, et je me munirai de tout ce que cette note me prescrit de prendre avec moi.

— Très-bien, M. Navarin, et je pense que vous n'y perdrez pas votre temps... je vais en toute hâte porter votre réponse au secrétaire de son altesse.

Après le départ du piqueur, ce furent mille commentaires sur l'ordre qui venait d'être intimé à mon père; lui surtout était fort inquiet du résultat de l'aventure, car il ne doutait pas qu'on le demandât pour faire preuve d'un talent qu'il ne possédait que fort médiocrement. La voltige sur la corde, je ne sais pourquoi, lui avait toujours répugné; cependant il n'y avait pas à hésiter : il prit bravement son parti, et le lendemain il monta dans la voiture qui contenait son attirail acrobatique et il se dirigea vers le château.

Il n'y avait alors aux Tuileries que quelques officiers et quelques domestiques qui y restaient pendant l'absence de la cour. Tous ignoraient le motif de la visite de mon père, mais ils avaient reçu des instructions, et on conduisit le fameux Navarin dans une grande salle du pavillon Marsan, où l'on apporta tout ce qu'il avait entassé dans sa voiture.

On lui enjoignit de dresser son équipage de voltige et de le tenir prêt pour l'instant où on lui enjoindrait d'en faire usage.

Tandis que le fameux Navarin procédait à ces importants préparatifs, le bruit d'une voiture et de quelques cavaliers, qui entraient avec fracas dans les cours, se fit entendre; un instant après des éclats de rire bruyants partirent d'une salle voisine, les deux battants de la porte s'ouvrirent avec force, et un page cria:

— Monseigneur le comte d'Artois!

Le prince entra, la cravache à la main.

Trois ou quatre jeunes seigneurs l'accompagnaient; l'abbé de.... était de la partie.

— Je gage, dit le prince en s'adressant à mon père, je gage, Navarin, que tout fameux que tu sois, tu ne devinerais pas en cent mille pourquoi je t'ai fait venir.

— Monseigneur ... je crois ... je suppose ...

— Oui, tu crois.... tu supposes.... C'est comme l'abbé que tu vois et à qui j'ai fait la même demande et qui en est resté tout béant!...

— Oh! monseigneur, dit l'abbé...

— Allons, l'abbé, n'allez-vous pas jouer ici l'étonnement?... et, morbleu, je suis en train de rire aujourd'hui... je me sens au cerveau une chaleur toute particulière...

— En effet, monseigneur semblait avoir copieusement déjeuné.

— Oui, continua-t-il, en s'adressant de nouveau à mon père, l'abbé à qui j'ai fait la demande que je viens de t'adresser n'a jamais pu y répondre,... et cependant, j'ai cru un moment qu'il me tenait, quand je lui ai entendu me parler de saint Simon Stylite... tu sais, celui qui s'est tenu pendant dix-sept ans, je crois, sur une seule jambe, en haut d'une colonne, sans avaler une goutte d'eau... Il y avait bien quelque rapport entre cela et mon projet, sauf les dix-sept ans et le jeûne qui ne m'iraient pas du tout... mais enfin il y avait bien quelque rapport... Eh bien, voyons, Navarin, devines-tu?...

— Mon Dieu, monseigneur, je n'ai pensé et je ne pense autre chose sinon que votre altesse a eu de moi comme acrobate une opinion que je ne justifierai sûrement pas.

— Tu n'y es pas, Navarin; tu es tout aussi

obtus que l'abbé... tu aurais fait un excellent théologien.—J'avais pourtant meilleure opinion de toi.... Allons donc, Navarin, voyons! encore un effort d'imagination... tu ne devines pas...

Mon père s'était frotté le front et s'était pris à penser qu'il serait fort honorable pour lui de damer le pion à un abbé sous le rapport de la perspicacité, et il lui était passé à travers la tête une pensée des plus singulières, mais qu'il n'aurait jamais osé exprimer... cependant, lorsqu'il en fut frappé, il fit un mouvement et une exclamation qui n'échappèrent pas au prince.

— Vous allez voir que Navarin a deviné, s'écria-t-il... Allons, Navarin, parle...

— Monseigneur... excusez-moi... je vous en supplie... non, je n'ai... je n'ai rien deviné...

— Je te dis que si... moi...

— Je n'oserai jamais dire... à son altesse ce qui... ce que...

— Dis... dis... je te permets toutes les extravagances possibles: en pareilles affaires j'aurais tort de faire le fier... Eh! bien...

— Eh! bien... je crois... et je prie monseigneur de m'excuser... je crois que son altesse veut... désire... faire un essai... enfin —

— L'abbé, cria le prince en battant des mains,

l'abbé, tu es battu... je t'ôte la feuille des bénéfices et je la donne au Navarin... et je gage que le sauteur n'en fera pas plus mauvais usage que le prélat....Oui, mon Navarin, oui, tu as deviné juste... je veux faire un essai... je veux apprendre à danser sur la corde... je t'ai choisi pour mon précepteur... et il faut qu'avant peu ton élève te fasse autant et plus d'honneur qu'il n'en a fait au gouverneur des enfants de France... Allons, commençons.

Quoique mon père eût vraiment pensé quelque chose de semblable, néanmoins il resta presque aussi confondu de la proposition que le prélat l'était de la plaisanterie dont le prince venait de le prendre pour plastron. Cependant comme l'altesse parlait très-sérieusement, mon père surmonta son étonnement et se disposa à obéir.

—Procédons par ordre, dit le prince; je veux, avant de me servir de tout ceci, en connaître les noms et la propriété...Comment d'abord nommes-tu ces grands bâtons qui supportent la corde dans toute l'étendue que parcourt le danseur?

— Monseigneur, ce sont des croisés.

— Bien.

— Et ceci?

— Des pispannes, monseigneur.

— Et ceci encore?

— Ce sont les moufles avec lesquels on tend la corde.

Bref, il fallut tout décrire à monseigneur. Puis la leçon commença : mon père fut étonné de l'aplomb et de l'adresse que le comte d'Artois mit dans cette première épreuve : les assistants n'eurent pas besoin d'être courtisans en cette occasion pour dire au prince qu'il avait vraiment fait preuve des plus heureuses dispositions.

Enchanté du succès obtenu à sa première leçon, le comte d'Artois ne voulut pas rester en aussi beau chemin, et chaque jour mon père se rendait aux Tuileries pour y exercer son royal élève : mais bientôt, je ne sais plus par quelle raison, le prince ne vint plus à Paris, il fallut que son précepteur se rendît à Versailles, où le comte fit des merveilles dans l'art acrobatique, tant et si bien qu'au bout de douze leçons il passait un six avec une admirable précision et un aplomb que les vétérans de la partie ont à peine.

Un jour, tandis qu'il était dans le feu de la composition, le comte de Provence, depuis Louis XVIII, entra par hasard dans la salle où le prince son frère prenait leçon.

Il ignorait cette nouvelle fantaisie!

— Mon pauvre d'Artois, lui dit-il, je te croyais bien capable de toutes les folies et de toutes les extravagances imaginables, mais je n'aurais jamais deviné celle-ci.

— Oh! oh! l'homme profond, l'homme de science, répliqua le prince sans quitter le balancier... oh! oh! si je fais un entrechat ou une volte, je les fais moi-même, entendez-vous... je n'en charge pas mon secrétaire.

On sait que les médisants attribuaient à N..., secrétaire du comte de Provence, les travaux littéraires de ce dernier, auquel, disait-on encore, il faisait faire chaque jour la répétition des matières scientifiques qu'il devait traiter le soir au cercle de la cour ou dans quelque réunion particulière : aussi M. de Provence se retira-t-il piqué de la réplique et haussant les épaules de pitié.

Tout cela n'empêcha pas que le comte d'Artois ne devînt en fort peu de temps d'une très-jolie force sur la corde, et je me rappelle que plus tard, lorsque je tentai mes premiers essais, mon père me disait :

— Ma chère fille, je ne te souhaite qu'une chose pour faire ton chemin dans la partie que tu veux prendre, c'est *une jambe aussi brillante* que celle du comte d'Artois : alors je répondrai de ta fortune.

En ce moment la présence de ma conteuse

devint nécessaire au théâtre, et notre conversation en demeura là : je pris congé de l'illustre funambule, qui m'assigna un autre rendez-vous auquel je me gardai bien de manquer et où je recueillis, ainsi que dans quelques autres séances, plusieurs anecdotes du genre de celle que je viens d'écrire, et qui me parurent d'autant plus piquantes que la vérité historique y était consciencieusement et religieusement observée.

S. MACAIRE.

LA RUE SAINT-JACQUES.

Il y a des hommes et des rues que je confonds volontiers ensemble. Rochon de Chabannes et Fenouillot de Falbaire, par exemple, sont deux noms qui adhèrent si fort l'un à l'autre dans ma pensée, que je me suis habitué dès long-temps à n'en faire qu'un. Dorat-Cubières et André Murville, Guymond de la Touche et la Grange-Chancel produisent sur moi un effet analogue, effet qu'ils produisent également sur plusieurs, et qui consiste à nous navrer du sentiment le plus complet d'impuissance et de médiocrité qui se puisse concevoir après une lecture assidue des *Œuvres choisies* de ces messieurs. — Pareillement, il m'est arrivé, à certains jours, d'accoupler, d'amalgamer des rues toutes diverses, des quartiers tout dissemblables, de prendre l'un pour l'autre, de m'engager dans tel défilé de bicoques et de maisons, persuadé que je suivais une voie sinon très-distante du lieu où je me trouvais, du moins assez éloignée pour devoir être à l'abri de semblables confusions. C'est ainsi que plus d'un voyageur distrait se jette en fiacre, préoccupé d'une affaire qui l'appelle à la barrière de l'Étoile, et se fait conduire tout d'abord à la barrière du Trône. Plus ordinairement on confond les portes Saint-Denis et Saint-Martin, les passages Vivienne et Colbert, les quartiers de l'Observatoire et du Luxembourg, les faubourgs Poissonnière et Montmartre, les boulevarts du Temple et Beaumarchais; les rues surtout: les rues Neuve-Saint-Augustin, des Vieux-Augustins, des Grands et Petits-Augustins; — Neuve-des-Petits-Champs, Croix-des-Petits-Champs, Notre-Dame-des-Champs; — et aussi les grandes rues parallèles ou attachées bout à bout; les grandes artères de Paris, les maîtresses rues: Saint-Honoré, de la Ferronnerie, Montmartre, Poissonnière, Saint-Denis, Saint-Martin, du Temple, du Colombier, Jacob, de l'Université, — de Lille, — de Seine, de Tournon, — Saint-Jacques, de la Harpe, d'Enfer, etc., etc., etc.

Ces trois dernières rues sont celles dont l'homogénéité me frappe le plus. Toutes trois *latines*, vivantes, bruyantes, et sales toutes trois, elles participent l'une de l'autre par quelques grands traits de ressemblance, dont voici les principaux :

La rue de la Harpe commence au pont Saint-Michel, comme la rue Saint-Jacques au Petit-Pont. Elle aboutit à la place Saint-Michel, où commence la rue d'Enfer. La place Saint-Michel est donc le point central, la halte, le carrefour où arrive la rue de la Harpe, d'où s'en va la rue d'Enfer, et près duquel passe, sans s'arrêter, la rue Saint-Jacques, qui a un collége, comme la rue de la Harpe, et un hospice de la Maternité, comme la rue d'Enfer[1].

Il y a une seule sorte de peuple pour ces trois rues : peuple de grisettes, peuple d'étudiants, peuple de petits rentiers. Les uns ont leur rendez-vous tout trouvé à la Chaumière. Les derniers

---

[1] Ceci n'est point exact quant à l'expression littérale. L'auteur a sans doute voulu désigner, par analogie, sous ces mots : *Hospice de la Maternité*, l'établissement dit *de l'Enfant-Jésus* ou des *Enfants-Trouvés*, qui se trouve effectivement situé rue d'Enfer, aux approches de l'Observatoire. (NOTE DE L'ÉDITEUR.)

ont le leur fixé, de temps immémorial, sur l'esplanade plantée d'arbres qui sépare l'Observatoire du Luxembourg; lieu consacré, comme le terrain de la Paume aux Champs-Élysées; lieu de choix, lieu d'élection, où s'agite le vénérable *cochonnet*, cette providence des petits rentiers, des invalides et des vieux employés : trois catégories de personnes fort récréatives, et que nous vous recommandons, nous autres observateurs, comme naturellement portées vers les plaisirs les moins chers et les plus vertueux.

Un élève en droit qui n'en est encore qu'à sa première inscription, demeure habituellement rue de la Harpe, au quatrième étage. C'est là du moins que le logent tous les faiseurs de comédies-vaudevilles et de tableaux de mœurs qui se sont avisés de voyager, lorgnon en main, dans le tortueux dédale du *quartier latin*, depuis tantôt vingt ans que les *ermites* pullulent et que les mœurs s'en vont. Le quatrième étage et le restaurant Flicoteaux sont de rigueur chez ces messieurs. Toutefois il convient d'apporter quelques exceptions à ces règles absolues, devenues formules invariables dans la bouche de tant de fins observateurs. Si la rue de la Harpe est le séjour obligé de tout étudiant qui n'en est qu'à sa première inscription, la rue Saint-Jacques est le séjour probable de celui qui s'apprête à passer son second examen, et je ne répondrais pas que les zélés et studieux travailleurs qui aiment à feuilleter leur code dès le matin, sous les ombrages frais du Luxembourg, ne vinssent, depuis quelques années, se loger rue d'Enfer, pour se préparer à leur *licence*. Il y a une échelle progressive dans ces déménagements de l'étudiant. C'est d'abord un provincial, tout essoufflé, qui se loge au hasard dans la première chambre venue, et sur la foi de ceux qui lui ont indiqué la rue de la Harpe, comme une cour des Miracles spéciale, à l'usage des étudiants. Il demeure là quelque temps, insoucieux des délicatesses de la vie, inhabile à exister, privé du jour par la maison en face, assourdi par les clameurs du dehors, attristé par la malpropreté du dedans, perdu dans les ténèbres de son allée, dans les ténèbres de son escalier, dans les ténèbres de son corridor; éclaboussé quand il rentre, éclaboussé quand il sort, éclaboussé partout, et toujours dans cette fatale longueur de la rue de la Harpe, où son mauvais ange a voulu qu'il logeât au débotté des messageries Laffitte et Caillard. — Un jour, sa blanchisseuse de fin hasarde une observation, qui est accueillie avec empressement; et voilà notre étudiant passionné pour la vue des jardins et le bon air. Il loue une belle chambre, bien aérée, rue Saint-Jacques, vers le haut, dans la maison de sa blanchisseuse de fin. C'est toujours un quatrième, c'est même un cinquième; mais il donne sur des jardins. Notre étudiant est fou des jardins, il aime la belle nature; il passe en ce lieu son second examen. C'est un travailleur, nous l'avons dit; c'est un homme rangé.

La seconde épreuve scholaire passée, il se brouille avec sa blanchisseuse de fin, et aspire à descendre vers les étages inférieurs. La rue Saint-Jacques a bien ses inconvénients : c'est populeux, c'est bruyant, c'est sale par endroits. On y est éclaboussé presque aussi souvent que dans la rue de la Harpe; on y est arrêté, comme dans la rue de la Harpe, par d'interminables files d'écoliers qui vont suivre les répétitions du collége Louis-le-Grand. Chaque dimanche soir attire des barrières, et promène dans toute la longueur de la rue, en suivant la pente du ruisseau, une processionnelle cohue d'ivrognes, mâles et femelles, qui hurlent à faire trembler les vitres, et chantent à faire grincer les dents. Ces inconvénients sont graves, comme vous voyez. L'étudiant n'y tient plus et donne congé. Où ira-t-il ?...

Hé! mon Dieu, rue d'Enfer, près des Chartreux, près de l'hôtel des Mines, près de M. de Châteaubriand. — Là, pour lui, de longues heures de silence laborieux et d'études contemplatives, de radieuses matinées passées devant une fenêtre ouverte, de sentimentales promenades sous les massifs verdoyants du Luxembourg. Arrivé là, notre jeune provincial n'a plus de souhaits à former. Il jouit de tout le bien-être qu'il cherchait ; il est logé, il est heureux. Sous huit jours il aura une maîtresse ; sous trois semaines il sera licencié.

Nous n'avons pu nous dispenser de jeter un coup d'œil général sur le *quartier latin*, avant d'en venir à l'objet spécial de ce chapitre. Il nous a semblé que la rue Saint-Jacques ne pouvait guère s'isoler de ses grandes voisines, sans perdre elle-même quelque peu de l'intérêt qui se rattache à son nom. L'histoire d'une rue est ordinairement celle de tout un quartier, comme l'histoire d'une nation est généralement celle de tout un monde, comme l'histoire d'un homme est quelquefois celle de toute une nation. Il nous était impossible d'arriver à la rue Saint-Jacques sans passer par la rue de la Harpe, sans toucher à la rue d'Enfer. C'est ainsi qu'on ne pourrait écrire les fastes militaires de Napoléon sans raconter les annales des peuples qu'il a vaincus et des rois qu'il a détrônés.

Si cependant nous nous attachons à promener nos lecteurs dans cette rue Saint-Jacques, que nous avons choisie pour texte spécial de nos observations, il faudra, suivant l'ordre des déductions logiques, nous placer à la tête de ce *Petit-Pont*, d'où l'on embrasse les myriades de fenêtres qui percent à jour l'Hôtel-Dieu, cette vieille maison de misère et de secours, cette laide construction accroupie sur l'eau, au pied des grandes tours de Notre-Dame. L'Hôtel-Dieu, gîté en cet endroit comme un pauvre affligé de lèpre, y corrompt l'air avec ses mille haleines maladives, y corrompt l'eau avec ses immondices jetées le soir par toutes les fenêtres, y attriste le regard, avec ses hâves couples de malades, qui processionnent éternellement le long des parapets, et se collent le visage aux barreaux des grandes salles, pour respirer les miasmes humides du petit bras de Seine où l'édifice honteux trempe ses pieds verts. En-deçà du Petit-Pont s'élevait autrefois le petit Châtelet, qui formait comme la porte de notre rue Saint-Jacques. Maintenant la perspective est nue : le regard se prolonge sans obstacle dans les sinueuses profondeurs de cette rue, qui commence à l'Hôtel-Dieu, s'arrête à la Bourbe, devient faubourg aux Capucins, et se termine à la place des Exécutions: réunissant ainsi, à elle seule, quatre grandes misères, dont la dernière, sinon la plus grande, est à ses pieds.

Je sais une pauvre jeune femme *du peuple*,

qui parcourut lentement cette fatale rue dans toute sa longueur, et qui laissa sa tête au bout. Elle était sortie de l'Hôtel-Dieu, s'était arrêtée d'abord quelque temps à la Bourbe, puis à l'hospice du Midi, la malheureuse!... puis, enfin, elle avait passé outre, et ne s'était arrêtée qu'à la demi-lune que forme le boulevart en-deçà de la barrière d'Arcueil. Là, un homme de justice l'avait saisie, l'avait liée... — Aujourd'hui, elle dort à Clamart, et les phrénologistes ont moulé son crâne pour en orner leurs cabinets. — Passons.

Lorsqu'on commence à s'engager dans la rue, du côté du Petit-Pont, on se trouve en face d'un assez vaste magasin de nouveautés qui forme l'angle de la rue de la Huchette. C'est là qu'était assis autrefois le vénérable établissement de M. Tiger, « *le Pilier Littéraire,* » officine consacrée où se confectionnaient, de temps immémorial, *le double Almanach liégeois*, l'almanach de Paris, celui de Rouen, les populaires histoires de *Cartouche* et *Mandrin* et les songes et divinations de la *petite Eiteilla*. — A quelque distance de l'emplacement qu'occupait le classique *Pilier*, se voit encore une petite boutique noire et enfumée, surmontée de cette enseigne presque indéchiffrable de vétusté : — « Aux associés : *De-* « *moraine et Thébaud, libraires. Magasin d'Al-*

« *manachs en tous genres, Eucologes, Cantiques* « *et Paroissiens.* » — Heureux établissements que ceux-là!... Heureux M. Tiger! Heureux M. Demoraine! — C'est là, c'est dans ce laboratoire mystérieux que viennent les mamans, les enfants du quartier, les bonnes et les orgues de Barbarie, pour se fournir de prières, de calendriers et de chansons. C'est là que Béranger trouve mille adversaires, et M. Émile de Girardin, un vieux et redoutable rival pour son *Journal des Connaissances utiles*, 4 *francs par an!* — O Demoraine! ô Tiger! couple d'athlètes! couple d'aïeux! éternel honneur de la petite librairie et du Petit-Pont! votre boutique, toute sombre, tout étroite qu'elle est, rit plus à mes yeux que tous les vitrages à panneaux dorés dont s'habillent les vaniteuses librairies du Palais-Royal :

> Ille terrarum mihi præter omnes
> Angulus ridet...

Il y a, dans la même rue, au coin de celle des Mathurins, une autre boutique célèbre par son ancienneté : c'est celle de M. Basset, marchand d'estampes, lequel est fort renommé pour ses images de saints et saintes coloriées, à l'usage des catéchismes, pour ses grandes têtes d'étude, ses damiers polonais et ses jeux d'oie. M. Louis Janet vient en regard qui appuie les voûtes de son spacieux magasin sur deux colonnes un peu vieilles, mais inébranlables toutes deux : — M. Bouilly et le Jour de l'an.

Avançons toujours et donnons un regard à cette fontaine qui lave l'encoignure de la rue Saint-Severin, et dont la gracieuse inscription exerce si utilement pour le monde lettré l'infatigable sagacité des porteurs d'eau :

Dum scandunt juga montis anhelo pectore nymphæ,
Hic una e sociis, vallis amore, sedet.

Un peu après, sur notre droite, s'ouvre l'embouchure de la rue du Foin, où se voit encore la maison de la reine Blanche; puis, à gauche, se déploie la place Cambray, vis-à-vis le cloître Saint-Benoît, transformé en théâtre depuis tantôt deux ans. — Scandale et barbarie! — Aux prières du chœur ont succédé les flons-flons de la farce, aux graves travaux des religieux bénédictins les vaudevilles de M. Charles et de M. Sainte-Aure, et les drames patriotiques de M. Sauvage! Mais, comme pour racheter ce misérable contraste et nous tenir lieu des vieux bénédictins qui ne sont plus, à quelques pas de ce cloître souillé, où dort encore Pascal, assourdi par les odieux piétinements des claqueurs, un autre refuge s'ouvre aux lettres et aux sciences, qui, fondé par François Ier, s'est perpétué jusqu'à nous avec un éclat toujours croissant. Nous voulons parler du Collége de France, où professe aujourd'hui Lerminier, où démontre Thénard, où causait hier Andrieux.

Si vous passez avec moi sans vous arrêter devant l'ancienne Faculté de théologie, maintenant *École normale;* si vous parvenez à percer la foule d'écoliers qui encombre en ce moment les approches du collége Louis-le-Grand; si vous résistez surtout à la tentation de bouquiner dans la petite rue des Grès, tout encombrée de petits libraires et de petits relieurs; après vous être détourné un instant vers la rue des Cordiers, où Jean-Jacques fit la connaissance de Thérèse, vous verrez se découper tout à coup, à votre gauche, un grand espace inondé de lumière : c'est la rue Soufflot, qui forme l'avenue du Panthéon.

Bizarre peuple que nous sommes! nous avons de beaux temples d'architecture païenne qui ne sont bons à rien et dont nous faisons tour à tour des églises pour le Seigneur Dieu, des tombeaux pour nos grands hommes, des annales de pierre pour les morts de nos grandes semaines, des nids à drapeaux, des parthénons, des propylées, que sais-je! — La Madeleine et le Panthéon : que vous semble de ces deux édifices? Ne voilà-t-il pas des masses de pierre bien irrévocablement baptisées! La Madeleine, qui ressemble à une bourse, qui devait être un temple, et qui sera, je pense, une église! Le Panthéon, qui s'appelait Sainte-Geneviève, qui a vu l'apothéose de Voltaire et de Marat, qui s'est laissé barbouiller et restituer à plusieurs reprises sa fameuse inscription frontale : « AUX GRANDS HOMMES LA PATRIE « RECONNAISSANTE ; » qui a vu tourbillonner l'émeute jusque sous sa coupole, lors de l'inauguration populaire des bustes en plâtre de Manuel, Foy et Benjamin-Constant, cette inséparable trinité d'orateurs; le Panthéon dont un échafaudage nouveau couvre éternellement la face si souvent sillonnée et regrattée par la grosse main brutale des révolutions : le Panthéon, dis-je, ne vous paraît-il pas comme à moi une immense bâtisse bien hybride, bien hétéroclite, bien prête à se laisser faire par le premier règne, par le premier culte venu? N'est-ce pas là, comme la Madeleine, un bien commode passe-partout pour tous les sujets de voussures et de frontons qu'il plaira aux puissants d'inventer et aux architectes de dessiner pour une postérité de quelques mois, de quelques années peut-être!... — Hélas! hélas! il y a des choses peu stables en ce monde : à savoir les trônes, les monuments expiatoires et les frontons.

Parlez-moi de ceci au moins. Voilà qui est

stable! Une église, une petite église succursale de Saint-Étienne-du-Mont : Saint-Jacques-du-Haut-Pas, qui a pour voisins, à sa gauche, le couvent des dames de Sainte-Marie de Miséricorde; à sa droite, l'établissement des Sourds-Muets et la mairie du XIIe arrondissement;— ancien hôpital, ancienne église paroissiale; sainte maison que fondèrent les frères hospitaliers de Saint-Jacques-du-Haut-Pas, venus d'Italie vers le milieu du XIVe siècle avec le signe sacré du *tau* empreint sur leurs habits, pour *dire, chanter et célébrer à haute voix, et avec chants, les offices divins* ; — chapelle qui devint une église en 1566, et dont les ouvriers carriers fournirent gratuitement les dalles, tandis que les ouvriers maçons consacraient de leur côté, à son achèvement, un jour de travail par semaine, et donnaient ainsi le dernier exemple de ce zèle pieux qui poussa si long-temps la dévotion des peuples à la construction des églises. — Voilà, vous dirai-je encore, au risque de me répéter, voilà qui est stable, immuable, indépendant des petites bourrasques populaires et des gros caprices d'architecte; voilà qui n'a pas de fronton grec, pas d'inscription française, pas de cendre voltairienne à disputer, à conserver. Un astronome, un curé : Dominique Cassini et Jean Desmoulins sont les seuls hôtes qui dorment à

Saint-Jacques-du-Haut-Pas. Mais quelle révolution songe au curé Desmoulins? quelle émeute s'occupe de l'astronome Cassini?

Sur l'emplacement de l'ancienne maison des frères hospitaliers, démolie en 1823, on a bâti l'institution des Sourds-Muets.

Ce serait ici l'occasion de vous parler de l'abbé de l'Épée, de l'abbé Sicard, de M. Paulmier, que vous connaissez pour avoir lu de lui un article sur les *Sourds-Muets* dans le troisième tome du présent livre des *Cent-et-Un*. Mais je crois plus expéditif et moins pédant de vous renvoyer à l'article en question, lequel est écrit *ex-professo* et renferme une multitude de choses qu'il me serait impossible de reproduire brièvement ici. Nous passerons, s'il vous plaît, sans nous arrêter, devant l'institution des *Sourds-Muets*.

Aussi bien j'aperçois d'ici l'impasse des Feuillantines, où grandit, au milieu d'études fortes et sévères, la jeunesse laborieuse de Victor Hugo. Le poète nous a lui-même raconté depuis :

.....comment, aux Feuillantines,
Jadis tintaient pour lui les cloches argentines ;
Comment, jeune et sauvage, errait sa liberté ;
Et qu'à dix ans, parfois, resté seul à la brune,
Rêveur, ses yeux cherchaient les deux yeux de la lune
Comme la fleur qui s'ouvre aux tièdes nuits d'été.

Une fontaine surmontée d'une figure de

Vierge, se dresse peu après devant nous, sur notre droite, et nous avertit que nous approchons du *Val-de-Grâce*.

Certes, Molière ne se doutait guère, lorsqu'il écrivait en l'honneur de Mignard son poëme sur la gloire du *Val-de-Grâce*; il ne se doutait guère, Poquelin, que les peintures de son cher Mignard n'orneraient un jour qu'un hôpital militaire assez sale d'aspect, et relégué vilainement par l'indifférence publique au fond d'une sale rue et sur les confins d'un misérable faubourg, à deux pas de la Bourbe et des Capucins. Telle est aujourd'hui cependant la condition du vieil édifice. On le regarde à peine, en passant, pour lire, au travers de sa longue grille en fer, cette inscription qui orne sa façade : « JESU NASCENTI, « VIRGINIQ. MATRI. » Une petite entrée latérale, ornée d'un drapeau tricolore, porte cette étiquette sur le front : « VAL-DE-GRACE : *Hôpital* « *Militaire.* » Au-dessus de tout cela un gros dôme grisâtre, bien lourd, qui se voit de fort loin en pleins champs, et dont la vue attristerait Mignard lui-même, si Mignard vivait encore pour exposer au prochain salon... — Voilà toutes les qualités extérieures qui recommandent le Val-de-Grâce à notre attention. Cet édifice est situé par les 353mes numéros de la rue Saint-Jacques (rangée des chiffres impairs). — Le faubourg commence immédiatement après.

Que vous dirai-je du faubourg Saint-Jacques que vous ne sachiez déja, ou que je n'aie indiqué plus haut en traitant des généralités du quartier qui nous occupe? A quoi bon vous reparler de cette maison de Maternité, de cet hospice du Midi, dont les noms font mal à prononcer, et qui pourtant ont baptisé chacun une rue, comme Dominique Cassini a baptisé la sienne, comme Soufflot et Servandoni ont baptisé chacun la leur? — Laissons de côté ces deux attristantes masures auxquelles va succéder, sur notre gauche, le secourable hospice *Cochin*, ouvert à des afflictions d'un ordre moins honteux, refuge du pauvre qui souffre et qui crie en implorant un regard du bon Dieu : — « *Pauper clamavit, et Do-* « *minus exaudivit eum.* » — Ce dernier hôpital une fois passé, nous ne rencontrerons plus d'hôpitaux, à moins que vous n'étendiez cette appellation à l'ancienne maison de santé du docteur Esquirol, laquelle se trouve bien après l'Observatoire, entre la célèbre pépinière de M. Noisette, le *Bon-Jardinier*, et la sinistre Place dont nous avons parlé précédemment, et qui forme demi-lune sur les boulevarts, en-deçà de la barrière d'Arcueil, qui mène à Mont-Souris.

Nous voici parvenus, votre patience aidant, au terme de notre promenade longitudinale : terme fatal, nous l'avons dit, pour plusieurs qui ont apporté ici leur tête au couperet du bourreau. C'est ici que s'est arrêté Frédéric Benoît, le parricide. L'affaire se fit de bonne heure, à huit heures du matin, devant un petit nombre de curieux, deux cents au plus. — Quelle différence avec la solennité de la Grève avant 1830; avec les quatre heures de l'Hôtel-de-Ville, les tours de Notre-Dame en face, le Palais-de-Justice plus loin, sur la droite, les ponts et les quais chargés de monde, les mille cris des colporteurs d'arrêts, les mille cous tendus pour voir couper le vôtre, les myriades de toits vivants et de fenêtres à louer! Certes il faisait beau mourir en Grève alors! il y avait de la gloire, on était vu, on s'en retournait décapité en forme. Aujourd'hui l'on est escamoté. La matinée a remplacé l'après-midi; on a froid. Les arbres muets de la place Saint-Jacques ont remplacé les maisonnées glapissantes de la Grève; on est seul; on meurt seul. Ce coin solitaire de boulevart, c'est votre dernière halte. Autant vaudrait un préau de Conciergerie. C'est isolé, cette place; c'est loin de tout; c'est affreux.

Mais il est écrit que certains endroits ont leur destination fixe et irrévocable, à laquelle il est impossible de les soustraire. Ce sont comme des cadres inflexibles où s'emboîtent nécessairement, et non ailleurs, certaines toiles de choix, certaines estampes de prédilection. La fatalité dévoue certains théâtres à la représentation exclusive de certains drames. Il faut le Champ-de-Mars pour une revue, les Champs-Élysées pour une fête, la place du Palais pour le carcan, la place de Grève pour l'échafaud. Et vous aurez beau faire, messieurs de la justice! vous y reviendrez, à votre place de Grève. Une révolution a dérangé la guillotine de place; une autre révolution soufflera, qui remettra la guillotine en son lieu. Le pavé de l'Hôtel-de-Ville n'est pas encore si lavé qu'on le veut bien croire. Il est resté rouge, comme le cadran du vieil édifice est demeuré ardent. Le sol de cette place a été engraissé par tant de supplices! il ne peut rester en friche. Il y poussera quelque jour deux montants de bois couleur de sang, vous verrez! Charlot tient à ses habitudes. La Grève, c'est sa capitale; l'Hôtel-de-Ville, ce sont ses Tuileries.

Alors que deviendra le triste coin de la barrière Saint-Jacques? Hélas! on y fera sans doute quelque autre chose d'analogue à ce qu'on y fait aujourd'hui. Remarquez que ce fatal emplacement servait au milieu du seizième siècle de repaire à des voleurs. Ça toujours été un lieu lugubre. Il y avait là des carrières, — ce sont aujourd'hui nos Catacombes, — qui, s'allongeant sous terre, aux environs de la route d'Orléans, fouillaient bien avant dans les entrailles des deux faubourgs Notre-Dame-des-Champs et Saint-Jacques, et y donnaient retraite à toute cette malveillante multitude de flambards, pillards de route et ribleurs de nuit. Le parlement, au mois de mai 1548, ordonna, dans ces parages, l'établissement d'un guet qui fut battu, berné, tailladé, lardé, et qui ne servit à rien. Enfin, en 1563, Messieurs se décidèrent à faire clore l'entrée des carrières Saint-Jacques, pendant les nuits et les jours de fête. Onze années auparavant, le 11 octobre 1552, la même cour de parlement, outrée d'indignation à la vue des querelles armées qui divisaient les habitants de notre faubourg Saint-Jacques et ceux du faubourg Saint-Marcel, défendit à haute voix tout rassemblement, interdit à tous les habitants, « varlets de boutique, clercs du Palais et du « Châtelet, pages et laquais, et à tous gens de « métier, de porter bastons, espées, pistollez, « courtes dagues, poignards, à peine de puni- « tion corporelle. » Elle fit ensuite planter quatre potences dans le faubourg Saint-Marcel. Les faubourgs Saint-Jacques et Notre-Dame-des-Champs eurent chacun une potence seulement ; moyennant quoi l'ordre fut rétabli, et le bourgeois sauvé, comme toujours.

Aujourd'hui le faubourg Saint-Jacques est

très-paisible, et la route d'Orléans très-sûre. On n'y a plus peur des Catacombes et des truands. C'est un quartier comme un autre, où se rencontrent comme ailleurs force polissons jouant aux billes, force marchands de légumes, quelques charrons, et je crois bien aussi deux ou trois maréchaux-ferrants, marchands de paille et son recoupe, et logeurs à pied et à cheval. Voilà tout. D'anciens vestiges pas un. Du mur d'enceinte de Philippe-Auguste qui courait de la porte Saint-Michel à la rue Saint-Jacques, en longeant l'enclos du couvent des Jacobins, il reste à peine un pan isolé qui se cache et s'empâte sous des masures parasites. De l'ancienne porte Saint-Jacques, qui s'élevait à quelque distance de la moderne rue Soufflot, et qu'on appela ensuite *Porte de Notre-Dame-des-Champs*, parce qu'elle donnait passage vers le monastère de ce nom, pas une pierre, pas une trace. Et cependant il y eut là, le 10 septembre 1590, un terrible engagement entre les jésuites et les soldats huguenots de Henri IV. Les jésuites furent les plus forts, et jetèrent bas les échelles des assaillants.

Enfin il est impossible d'assigner une direction précise à la muraille d'enceinte de Louis-le-Gros, qui fortifiait Paris de ce côté. M. Dulaure pense qu'elle devait s'étendre à peu près dans le parallélisme de la rue des Mathurins, et aboutir à la rue Saint-Jacques. Sur cette rue, et dans l'espace qui se trouve entre l'extrémité de la rue des Mathurins et celle de la rue du Foin, devait se trouver une porte, comme dans toute *Voie royale* ou *Grande rue*. Lorsque la chapelle de *Saint-Jacques* fut construite dans la partie supérieure de la rue qui porte aujourd'hui ce nom dans toute sa longueur, plusieurs dénominations furent données à diverses fractions, à divers tronçons de cet incommensurable serpent. Ce fut d'abord et surtout la rue Saint-Jacques proprement dite, ensuite celle *Saint-Benoît*, puis la rue *Saint-Mathelin*. La partie inférieure conserva le nom de rue du *Petit-Pont*. — Ces trois ou quatre appellations, qui baptisaient une même rue, font conjecturer à l'historien de Paris qu'une moitié du serpent Saint-Jacques était couchée dans la ville, en-deçà de l'enceinte de Louis-le-Gros, et que l'autre moitié, séparée de la première par une porte, s'allongeait paresseusement sur la pente du faubourg.

Nous partageons volontiers cet avis.

Et maintenant que nous savons à quoi nous en tenir sur cette longue rue latine et son faubourg; maintenant que nous pouvons nous faire une opinion définitive sur cette longue traînée

détails d'une contredanse; on ne les voyait pas courir à droite et à gauche, pour dénicher un vis-à-vis qui se cachait dans l'embrasure d'une croisée. Au milieu du bal, les portes s'ouvraient, comme par la baguette d'une fée invisible, et un souper splendide, qui s'offrait aux regards, sous les feux étincelants de mille bougies, réalisait tous les enchantements de la sensualité orientale. Quand on sort d'une soirée bourgeoise, la bouche empâtée de méringues et de sucreries, et qu'on vient à se souvenir de ces nuits brillantes, dont tous les flambeaux se sont éteints, on croit avoir rêvé des *Mille et une Nuits*.

Les préoccupations politiques et une ridicule manie de singer partout la gravité représentative, comme on disait alors, introduisirent en France l'usage de *raouts* anglais, qui ont joui, pendant un certain temps, d'une faveur que nous refusons rarement aux innovations. Au faubourg Saint-Germain, la réunion des hommes politiques qui jouaient alors un rôle à la cour, ailleurs, celle des littérateurs et des artistes, à une époque où l'on s'occupait encore d'arts et de littérature, répandaient parmi ces assemblées, auxquelles on invitait rarement moins de mille à douze cents personnes, un attrait particulier d'intérêt et de curiosité. La foule fashionable s'y portait avidement. C'était un magnifique pa-

norama, où l'on allait passer en revue toutes les célébrités de l'époque. L'observateur, perdu dans la foule, se sentait tout à l'aise de coudoyer des princes et des ducs. C'était une aisance et un laisser-aller de bonne compagnie. Il y avait une certaine heure de la nuit où la circulation devenait impraticable. Bientôt les voitures défilaient rapidement, et le lendemain on se racontait les détails, on citait les noms des hauts personnages qu'on avait remarqués. Quatre ou cinq de ces raouts aux proportions gigantesques suffisaient pour alimenter le caquetage des salons pour l'hiver.

Je ne parlerai pas des jolies matinées à l'ambassade d'Autriche, où chaque coterie s'asseyait à sa table, comme chez un restaurateur. Cette innovation charmante fit fureur; et personne, que je sache, n'a rivalisé en ce genre d'élégance, de bon goût et de grâce, avec la comtesse d'Appony.

En ce temps-là la duchesse de Berri donnait ses bals, où la famille d'Orléans était si bien reçue.

Le faubourg Saint-Germain émigrait souvent aux soirées semi-aristocratiques et semi-bourgeoises de la finance; M. Laffitte mariait sa fille à un prince de l'empire, et donnait un splendide souper, dont le fumet empêchait son voisin *Carême* de dormir.

de maisons qui s'étagent, se pressent, se masquent, se dépassent, se coudoient, se contrarient dans cet interminable espace qui sépare le Petit-Pont de la barrière d'Arcueil; maintenant que tout est expliqué, visité, exploré;—oh, dites-moi, monsieur l'observateur qui lisez ce chapitre, n'êtes-vous pas d'avis que la rue Saint-Jacques était bien plus belle avec ses portes, ses jacobins, ses hospitaliers, ses religieux de Saint-Magloire, son petit Châtelet, ses intraitables hordes d'écoliers qui forçaient les boutiques et battaient le guet du parlement; ne trouvez-vous pas qu'elle valait ainsi beaucoup mieux, notre rue, vue du côté artiste, que la rue Saint-Jacques actuelle, avec ses bottiers, ses restaurateurs à 22 sous, ses grainetiers, sa perpétuelle *Marseillaise*, ses ravaudeuses, ses brocheuses et ses étudiants?

CORDELIER DELANOUE.

de maisons qui s'étagent, se pressent, se masquent, se dépassent, se coudoient, se contrarient dans cet interminable espace qui sépare le Petit-Pont de la barrière d'Arcueil ; maintenant que tout est expliqué, visité, exploré ;—oh, dites-moi, monsieur l'observateur qui lisez ce chapitre, n'êtes-vous pas d'avis que la rue Saint-Jacques était bien plus belle avec ses portes, ses jacobins, ses hospitaliers, ses religieux de Saint-Magloire, son petit Châtelet, ses intraitables hordes d'écoliers qui forçaient les boutiques et battaient le guet du parlement; ne trouvez-vous pas qu'elle valait ainsi beaucoup mieux, notre rue, vue du côté artiste, que la rue Saint-Jacques actuelle, avec ses bottiers, ses restaurateurs à 22 sous, ses grainetiers, sa perpétuelle *Marseillaise*, ses ravaudeuses, ses brocheuses et ses étudiants ?

CORDELIER DELANOUE.

de maisons qui s'étagent, se pressent, se masquent, se dépassent, se coudoient, se contrarient dans cet interminable espace qui sépare le Petit-Pont de la barrière d'Arcueil ; maintenant que tout est expliqué, visité, exploré ;—oh, dites-moi, monsieur l'observateur qui lisez ce chapitre, n'êtes-vous pas d'avis que la rue Saint-Jacques était bien plus belle avec ses portes, ses jacobins, ses hospitaliers, ses religieux de Saint-Magloire, son petit Châtelet, ses intraitables hordes d'écoliers qui forçaient les boutiques et battaient le guet du parlement; ne trouvez-vous pas qu'elle valait ainsi beaucoup mieux, notre rue, vue du côté artiste, que la rue Saint-Jacques actuelle, avec ses bottiers, ses restaurateurs à 22 sous, ses grainetiers, sa perpétuelle *Marseillaise*, ses ravaudeuses, ses brocheuses et ses étudiants ?

CORDELIER DELANOUE.

que la poche garnie de papillotes et la mémoire farcie de rébus et de calembourgs; être prédestiné à être pincé par les petites filles, et à faire sauter les petits garçons sur ses genoux?

Au besoin, l'homme aimable conte très-naïvement l'anecdote graveleuse. C'est un animal précieux pour l'éducation des jeunes demoiselles, et la consommation des végétaux. Il mange beaucoup de légumes, et ne boit ni café ni liqueur; en revanche, il découpe très-bien.

L'homme aimable est un type bourgeois. J'ai connu jusqu'à des épiciers retirés du commerce qui étaient très-aimables. C'est en parlant de ces gens-là que certaines femmes disent:

« Monsieur un tel a toujours le petit mot pour rire. »

Dans quel coin de leur boutique avaient-ils appris de si jolies choses? je l'ignore. Mais cela me tintait dans les oreilles, comme le bourdon de Notre-Dame un jour de fête. Ajoutez-y cet éclat de rire en zigzag, qui ressemble au gloussement nazillard d'une canne au bain.

Et les beaux-esprits de société — et les joueurs de charades en actions — et surtout... ces conteurs de contes fantastiques, qui me font toujours l'effet d'une bûche noire qui fume dans la cheminée, et qui finit par vous rouler sur les jambes!

A cette époque de l'année où un fol esprit de vertige et de danse s'empare de toutes les têtes et de toutes les jambes féminines, l'homme aimable, l'homme machine, l'homme qui danse, devient une spécialité, une individualité, une nécessité ; c'est l'indispensable des soirées bourgeoises. On lui loue ses deux jambes pour quelques verres de sirop et de punch ; métier fort peu lucratif, à moins qu'on ne fasse entrer en ligne de gain les courbatures, les rhumatismes et les fluxions de poitrine.

— « Maman, dit mademoiselle Élisa à sa mère, il faudra envoyer une invitation à M. Alfred. A la dernière soirée de ma tante il n'a pas manqué une seule contredanse. »

— « Mon cousin, vous nous amènerez des danseurs, n'est-ce pas ? »

Un danseur ! ça se commande comme une glace chez le glacier ; c'est l'accompagnement obligé des lustres et des banquettes. Pourvu qu'il ait des jambes, des mains, une apparence de corps et une mise décente ; qu'il ait les articulations souples, le jarret solide et l'oreille pas trop rebelle... bon ! la recrue est de prise. On acceptera son invitation à danser avec reconnaissance, et même on pourra, à la rigueur, lui jeter par compensation un gracieux sourire.

A lui permis de prendre de temps en temps

un petit gâteau entre la walse et la contredanse. Aussi, il faut le voir, ce bon jeune homme, ôter ses gants jaunes avec précaution, avancer une main tremblante sur le plateau, et quand il est parvenu à enlever un biscuit, sans renverser les verres, rentrer bien vite dans la foule, comme le chien qui s'enfuit, un os à la gueule. C'est l'affaire de deux bouchées ; ce que c'est que l'exercice et l'appétit... d'un danseur.

Je crois que le danseur porte le gilet blanc de fondation, le satin et le velours! créations bâtardes avec lesquelles il se familiarise lentement. Ce n'est qu'à la seconde ou troisième année de ses succès dans le monde qu'il se permet le chapeau claque, le pantalon collant et les souliers à boucles. Mais alors, adieu sa candeur primitive! sa jambe se gâte, son tendon se roidit; il se fatigue !... il se repose! déjà il choisit ses danseuses ; s'éloigne des vieilles filles, et a des distractions en dansant. Qu'il jette une seule fois sa pièce de cinq francs à l'écarté, voilà un homme démâté, coulé.

Je ne parle pas ici, on s'en doute bien, de ces belles fêtes du faubourg Saint-Germain et de la Chaussée-d'Antin, où, dans les dernières années de la restauration, se pressait l'élite de la meilleure compagnie de Paris. Ces riches maîtresses de maison ne descendaient pas jusqu'aux menus

détails d'une contredanse; on ne les voyait pas courir à droite et à gauche, pour dénicher un vis-à-vis qui se cachait dans l'embrasure d'une croisée. Au milieu du bal, les portes s'ouvraient, comme par la baguette d'une fée invisible, et un souper splendide, qui s'offrait aux regards, sous les feux étincelants de mille bougies, réalisait tous les enchantements de la sensualité orientale. Quand on sort d'une soirée bourgeoise, la bouche empâtée de méringues et de sucreries, et qu'on vient à se souvenir de ces nuits brillantes, dont tous les flambeaux se sont éteints, on croit avoir rêvé des *Mille et une Nuits*.

Les préoccupations politiques et une ridicule manie de singer partout la gravité représentative, comme on disait alors, introduisirent en France l'usage de *raouts* anglais, qui ont joui, pendant un certain temps, d'une faveur que nous refusons rarement aux innovations. Au faubourg Saint-Germain, la réunion des hommes politiques qui jouaient alors un rôle à la cour, ailleurs, celle des littérateurs et des artistes, à une époque où l'on s'occupait encore d'arts et de littérature, répandaient parmi ces assemblées, auxquelles on invitait rarement moins de mille à douze cents personnes, un attrait particulier d'intérêt et de curiosité. La foule fashionable s'y portait avidement. C'était un magnifique pa-

norama, où l'on allait passer en revue toutes les célébrités de l'époque. L'observateur, perdu dans la foule, se sentait tout à l'aise de coudoyer des princes et des ducs. C'était une aisance et un laisser-aller de bonne compagnie. Il y avait une certaine heure de la nuit où la circulation devenait impraticable. Bientôt les voitures défilaient rapidement, et le lendemain on se racontait les détails, on citait les noms des hauts personnages qu'on avait remarqués. Quatre ou cinq de ces raouts aux proportions gigantesques suffisaient pour alimenter le caquetage des salons pour l'hiver.

Je ne parlerai pas des jolies matinées à l'ambassade d'Autriche, où chaque coterie s'asseyait à sa table, comme chez un restaurateur. Cette innovation charmante fit fureur; et personne, que je sache, n'a rivalisé en ce genre d'élégance, de bon goût et de grâce, avec la comtesse d'Appony.

En ce temps-là la duchesse de Berri donnait ses bals, où la famille d'Orléans était si bien reçue.

Le faubourg Saint-Germain émigrait souvent aux soirées semi-aristocratiques et semi-bourgeoises de la finance; M. Laffitte mariait sa fille à un prince de l'empire, et donnait un splendide souper, dont le fumet empêchait son voisin *Carême* de dormir.

LES SOIRÉES DANSANTES.

A dix-huit ans, on jouit naïvement de la danse comme d'un plaisir; mais il n'en est pas qui cesse plus vite pour les hommes, ni qui dure plus long-temps chez les femmes. Je me rappelle quelquefois, avec un soupir de regret, cette époque si tôt passée de ma vie, où le lendemain d'un bal, je me réveillais à midi en disant: « Dieu! que je me suis amusé! »

Et je contemplais, avec un délicieux souvenir de pensées, les débris de ma brillante toilette de la veille épars au milieu de ma chambre; les bas de soie roulés autour d'un bras de fauteuil, le pantalon gisant sur le tapis, les gants accrochés au cou d'une théière, et les mignons souliers, à la doublure de soie puce, dormant sur les cendres de ma cheminée, comme un chat qui se chauffe.

Alors, je ne m'amusais jamais à demi. L'approche d'un bal vidait mon cœur de tous ses petits chagrins; j'aurais fait danser le diable en cornette et battu vingt entrechats pour une soirée au quatrième étage. Si le matin ma distraction me valait quelque *pensum* de mon professeur, en revanche le soir quand je me trouvais au milieu d'un grand salon, et que la maîtresse de la maison, enchantée de l'intrépidité de mes petites jambes, me faisait trotter à droite et à gauche, pour inviter à danser toutes les vieilles filles de sa connaissance qui ne dansaient pas, je croyais être déja un personnage de quelque importance aux yeux des dames, et j'oubliais bien vite les petits désappointements du collége.

Hélas! à présent, je ne vais plus au bal que pour y jouer le rôle passif d'observateur. Mes jambes se reposent dans un coin obscur du salon, et, semblable à un vieux soldat invalide qui pend son sabre rouillé au chevet de son lit, je cloue mes mollets dans l'angle d'une embrasure de croisée. Si je danse, c'est comme une toupie qui tourne, en grondant; si je joue, c'est par désœuvrement. J'adresse de temps en temps la parole aux vieilles femmes, ce qui me raccommode quelquefois avec les jeunes. Du reste, je suis pétri d'une pâte assez ingrate, et peu propre à faire ce qu'on appelle un homme aimable.

Aimable! entendons-nous.

Un homme aimable; — pour beaucoup de femmes, c'est celui qui, dans un bal, danse toujours et ne se repose jamais, dansant également avec toutes, les jolies et les laides; bon jeune homme qui fait de la philantropie de menuet, à l'usage des vieilles filles, et se croit obligé envers une maîtresse de maison qui le prie à son bal.

C'est encore celui qui fait la cour aux mamans, pour avoir le droit de la faire à leurs filles, et qui a toujours ses deux bras, ses deux jambes et un fiacre à la disposition de celles qui n'ont ni voiture ni mari;

Qui ramasse les gants, les éventails et les mouchoirs de ces dames, porte leur cachemire, leur flacon, leur ombrelle, leur offre des coupons de loge, et perd toujours son argent à l'écarté.

N'est-ce pas un homme bien aimable que cet élégant suranné qui débite des compliments à l'eau de rose, et n'entre jamais dans un salon que la poche garnie de papillotes et la mémoire farcie de rébus et de calembourgs; être prédestiné à être pincé par les petites filles, et à faire sauter les petits garçons sur ses genoux?

Au besoin, l'homme aimable conte très-naïvement l'anecdote graveleuse. C'est un animal précieux pour l'éducation des jeunes demoiselles, et la consommation des végétaux. Il mange beaucoup de légumes, et ne boit ni café ni liqueur; en revanche, il découpe très-bien.

L'homme aimable est un type bourgeois. J'ai connu jusqu'à des épiciers retirés du commerce qui étaient très-aimables. C'est en parlant de ces gens-là que certaines femmes disent:

« Monsieur un tel a toujours le petit mot pour rire. »

Dans quel coin de leur boutique avaient-ils appris de si jolies choses? je l'ignore. Mais cela me tintait dans les oreilles, comme le bourdon de Notre-Dame un jour de fête. Ajoutez-y cet éclat de rire en zigzag, qui ressemble au gloussement nazillard d'une canne au bain.

Et les beaux-esprits de société — et les joueurs de charades en actions — et surtout... ces conteurs de contes fantastiques, qui me font toujours l'effet d'une bûche noire qui fume dans la cheminée, et qui finit par vous rouler sur les jambes!

A cette époque de l'année où un fol esprit de vertige et de danse s'empare de toutes les têtes et de toutes les jambes féminines, l'homme aimable, l'homme machine, l'homme qui danse, devient une spécialité, une individualité, une nécessité ; c'est l'indispensable des soirées bourgeoises. On lui loue ses deux jambes pour quelques verres de sirop et de punch ; métier fort peu lucratif, à moins qu'on ne fasse entrer en ligne de gain les courbatures, les rhumatismes et les fluxions de poitrine.

— « Maman, dit mademoiselle Élisa à sa mère, il faudra envoyer une invitation à M. Alfred. A la dernière soirée de ma tante il n'a pas manqué une seule contredanse. »

— « Mon cousin, vous nous amènerez des danseurs, n'est-ce pas ? »

Un danseur ! ça se commande comme une glace chez le glacier ; c'est l'accompagnement obligé des lustres et des banquettes. Pourvu qu'il ait des jambes, des mains, une apparence de corps et une mise décente ; qu'il ait les articulations souples, le jarret solide et l'oreille pas trop rebelle... bon ! la recrue est de prise. On acceptera son invitation à danser avec reconnaissance, et même on pourra, à la rigueur, lui jeter par compensation un gracieux sourire.

A lui permis de prendre de temps en temps

un petit gâteau entre la walse et la contredanse. Aussi, il faut le voir, ce bon jeune homme, ôter ses gants jaunes avec précaution, avancer une main tremblante sur le plateau, et quand il est parvenu à enlever un biscuit, sans renverser les verres, rentrer bien vite dans la foule, comme le chien qui s'enfuit, un os à la gueule. C'est l'affaire de deux bouchées; ce que c'est que l'exercice et l'appétit... d'un danseur.

Je crois que le danseur porte le gilet blanc de fondation, le satin et le velours! créations bâtardes avec lesquelles il se familiarise lentement. Ce n'est qu'à la seconde ou troisième année de ses succès dans le monde qu'il se permet le chapeau claque, le pantalon collant et les souliers à boucles. Mais alors, adieu sa candeur primitive! sa jambe se gâte, son tendon se roidit; il se fatigue!... il se repose! déja il choisit ses danseuses; s'éloigne des vieilles filles, et a des distractions en dansant. Qu'il jette une seule fois sa pièce de cinq francs à l'écarté, voilà un homme démâté, coulé.

Je ne parle pas ici, on s'en doute bien, de ces belles fêtes du faubourg Saint-Germain et de la Chaussée-d'Antin, où, dans les dernières années de la restauration, se pressait l'élite de la meilleure compagnie de Paris. Ces riches maîtresses de maison ne descendaient pas jusqu'aux menus

détails d'une contredanse; on ne les voyait pas courir à droite et à gauche, pour dénicher un vis-à-vis qui se cachait dans l'embrasure d'une croisée. Au milieu du bal, les portes s'ouvraient, comme par la baguette d'une fée invisible, et un souper splendide, qui s'offrait aux regards, sous les feux étincelants de mille bougies, réalisait tous les enchantements de la sensualité orientale. Quand on sort d'une soirée bourgeoise, la bouche empâtée de méringues et de sucreries, et qu'on vient à se souvenir de ces nuits brillantes, dont tous les flambeaux se sont éteints, on croit avoir rêvé des *Mille et une Nuits*.

Les préoccupations politiques et une ridicule manie de singer partout la gravité représentative, comme on disait alors, introduisirent en France l'usage de *raouts* anglais, qui ont joui, pendant un certain temps, d'une faveur que nous refusons rarement aux innovations. Au faubourg Saint-Germain, la réunion des hommes politiques qui jouaient alors un rôle à la cour, ailleurs, celle des littérateurs et des artistes, à une époque où l'on s'occupait encore d'arts et de littérature, répandaient parmi ces assemblées, auxquelles on invitait rarement moins de mille à douze cents personnes, un attrait particulier d'intérêt et de curiosité. La foule fashionable s'y portait avidement. C'était un magnifique pa-

norama, où l'on allait passer en revue toutes les célébrités de l'époque. L'observateur, perdu dans la foule, se sentait tout à l'aise de coudoyer des princes et des ducs. C'était une aisance et un laisser-aller de bonne compagnie. Il y avait une certaine heure de la nuit où la circulation devenait impraticable. Bientôt les voitures défilaient rapidement, et le lendemain on se racontait les détails, on citait les noms des hauts personnages qu'on avait remarqués. Quatre ou cinq de ces raouts aux proportions gigantesques suffisaient pour alimenter le caquetage des salons pour l'hiver.

Je ne parlerai pas des jolies matinées à l'ambassade d'Autriche, où chaque coterie s'asseyait à sa table, comme chez un restaurateur. Cette innovation charmante fit fureur; et personne, que je sache, n'a rivalisé en ce genre d'élégance, de bon goût et de grâce, avec la comtesse d'Appony.

En ce temps-là la duchesse de Berri donnait ses bals, où la famille d'Orléans était si bien reçue.

Le faubourg Saint-Germain émigrait souvent aux soirées semi-aristocratiques et semi-bourgeoises de la finance; M. Laffitte mariait sa fille à un prince de l'empire, et donnait un splendide souper, dont le fumet empêchait son voisin *Carême* de dormir.

Je vous ferai grâce, après cela, des concerts d'amateurs, un peu décriés, aujourd'hui qu'on a tant crié contre eux. J'ai vécu, pendant deux ans, côte à côte d'un impitoyable ténor et d'une basse-taille classique, qui m'ont si rudement écorché les oreilles qu'elles en saignent encore. Paix donc aux ténors, aux basses-tailles, et surtout.... aux chanteurs de romances; ces gros rougeauds à mine fleurie, qui se plissent le gosier pour se rendre la voix fluette, comme une femme se met un corset pour se faire la taille fine.

Les grands bals ont passé avec leurs lampions et les gendarmes; mais les soirées dansantes subsistent encore dans tout leur éclat, car la soirée dansante appartient essentiellement au juste-milieu; elle se balance entre les mansardes et le premier étage, comme la grande affiche d'un magasin à prix fixe. C'est le bal de la petite propriété, le raout du troisième étage; demi-fortune en bas de soie et en robe de crêpe, dansant au bruit d'un piano et d'un flageolet, accompagné parfois d'un violon et d'une basse d'amateur. Cela s'organise en deux heures, avec quelques bougies et quatre banquettes, dans un salon de moyenne dimension. Des sirops, de la pâtisserie et des verres d'eau sucrée, discrètement alignés sur un plateau, circulent, de demi-heure en demi-heure, autour de l'appartement. A minuit, le punch flanqué de tranches de brioche, ou le thé escorté de *sandwich*, fait son entrée triomphale..... et puis, ils sont là cinquante ou soixante gaillards bien ingambes, dansant comme des bienheureux, au son de l'orchestre de famille. Le reste fait tapisserie, regarde, critique, approuve; on joue à l'écarté et à la bouillote, en parlant du cours de la bourse et des dernières élections de la garde nationale.

Or, tout ce monde, c'est une vraie macédoine en rubans et en habits noirs, — en bérets et en chapeaux ronds; chefs de bureau, avocats, médecins, commerçants, tous électeurs, tous de la garde citoyenne; les femmes assez jolies, sauf quelques figures communes, dont la teinte écarlate fait tache au milieu de toutes ces jeunes filles, comme un coquelicot dans un champ de bluets.

Les hommes parlent beaucoup affaires, procès et ventes de maisons. Presque tous ces gens-là sont propriétaires, ayant pignon sur rue. D'un bout à l'autre du salon, on entend leur conversation, ce qui est fort intéressant, je vous assure.

Prudemment caché à l'ombre des épais marabouts de quelque contemporaine en robe de satin bariolé, j'examine, j'observe. Passez-moi quelques portraits.

D'abord, cette jeune personne dont la coiffure est si bizarrement *entre-fagotée* de fleurs et d'épis d'or, comme une Cérès ; grande fille au teint pâle et au sourire niais, qui sort, à dix-huit ans, de sa pension, où elle a remporté tous les prix de sa classe. C'était le petit phénix de la rue des Blancs-Manteaux : elle déchiffre passablement la musique, et dessine supérieurement l'académie ; toutefois son plus beau talent est d'avoir deux cent mille francs de dot. Aux yeux de sa mère, cette grosse femme en robe de velours, qui semble remercier si gracieusement ceux qui invitent sa fille, Célestine est un prodige, une petite merveille. Entrent-elles dans un salon, Célestine passe toujours la première ; aux Tuileries, il faut que Célestine, parée comme une châsse, s'asseye en travers de l'allée, et lui tourne le dos, afin d'être plus en vue des promeneurs ; au spectacle, elle occupe encore le devant de la loge. Si on la prie de chanter une romance, sa mère prend son mouchoir, et fait *chut !*... avant tout le monde ; elle crie bien haut : « Vous allez « l'entendre, elle chante comme un ange ! » Célestine est au piano ; alors la pauvre femme, n'y pouvant tenir, quitte sa place, et se tient debout derrière la chaise de sa fille ; elle bat la mesure, elle accompagne à mi-voix ; puis, ses yeux s'humectent de larmes ; elle a besoin de pleurer ; elle pleure. — Applaudit-on, elle jette ses bras autour du cou de sa Célestine ; elle la baise, elle se pâme. Demain, elle fera des visites pour se donner le plaisir de raconter partout les succès de sa fille.

Cette autre, en robe rose, qui danse, ou plutôt qui saute avec tant de plaisir, dont les grosses joues sont animées de si vives couleurs, qui rit sans cesse, qui part avant la mesure, et pousse son danseur par le bras quand il a des distractions, c'est ce qu'on appelle trivialement *une bonne fille*. Elle se bourre de méringues et de petits gâteaux, au risque de se donner une indigestion ; elle parle la bouche pleine, et renverse du punch sur sa robe ; elle conte à ses danseurs ses espiègleries de pension, éclate de rire en leur parlant, et leur serre la main en dansant. Demandez-lui si elle aime le bal, elle vous répondra qu'*elle s'y amuse joliment*. Demi-type de grisette ! frais bouton de rose de la rue Quincampoix !

Vis-à-vis, et pour former contraste sans doute, car il faut des contrastes partout, admirez la muse bourgeoise du quartier Poissonnière, ballottée dans sa grande robe bleue parsemée d'étoiles d'argent, comme une vierge de village dans son sayon de satin broché ; la tête haute, le corps en arrière, roucoulant du regard, soupirant et se parlant à elle-même, ayant toujours l'air de se réveiller d'un rêve, répliquant tout de travers aux questions qu'on lui fait, menant de front une discussion sur la peinture et sur la poésie, citant Lamartine, Châteaubriand, Victor Hugo, madame Tastu, et n'oubliant pas surtout de vous apprendre qu'elle était à la première représentation du *Roi s'amuse*, dans la même loge que madame Émile de Girardin, et, à la dernière séance académique, assise côte à côte de Casimir Delavigne. Elle est mal chaussée, et a des taches d'encre aux doigts.

Sa sœur Indiana, c'est un volcan qui fume sur un égoût de la rue Montorgueil; jeune artiste de la plus grande espérance, qui se coiffe à la Ninon, avec une féronnière sur le front; s'habille tantôt en danseuse de corde, et tantôt se drape dans les plis d'une tunique athénienne. Quand elle chante, elle tortille sa voix en roulades, se pose comme madame Malibran, et parle toujours avec certain accent italien, idiome bâtard de la Gascogne et de l'Auvergne.

Voyez encore cette grande pâle, qui regarde les jolis hommes avec des yeux mourants; celle-là reste au bain trois heures par jour, dévore un roman par matinée, et s'enivre d'amour, le soir, aux mélodrames de la Porte-Saint-Martin.

Permettez-moi de ne pas vous parler de la

demoiselle de quinze ans, la demoiselle classique du bal, danseuse obligée de tous les bambins qui se trouvent au salon, et qui répond gracieusement à toutes les questions que vous lui faites: « Oui, monsieur. — Non, monsieur. — Monsieur, « vous êtes bien bon. — Monsieur, je ne sais « pas... » Répertoire très-varié et extraordinairement récréatif!

Ni de ces petites coquettes de sept ans, à qui leurs mamans mettent des robes décolletées, qu'elles conduisent en soirée, à condition qu'elles seront bien sages, qu'elles ne dormiront pas sur leurs chaises, et qu'elles ne diront pas : « Je « veux du gâteau, nà! »

Ni de mille autres spécialités féminines qu'on rencontre dans presque toutes les soirées dansantes.

Par exemple :

Les femmes mariées qui passent pour aimer le petit mot pour rire;

Celles qui questionnent impitoyablement leurs danseurs;

Celles qui disent : « Mon époux est dans le « commerce; »

Celles dont le mari est capitaine de la garde nationale;

Celles qui sentent le musc, et portent des bérets, quand elles ont un long cou maigre.

Ou ces petites boules de graisse, chargées de diamants, qui bondissent sous le lustre, comme un ballon, suent de la tête aux pieds, et répètent continuellement : « C'est étonnant ! je ne « suis pas lasse du tout ; je danserais toute la nuit « sans me fatiguer ; »

Et les femmes qui dansent à quarante ans ;

Et les demoiselles de trente, qui ne dansent plus..... « que par complaisance, » ajoutent-elles.

Surtout que votre bon ange vous protége contre ces maîtresses de maison, qui viennent vous relancer jusque dans le salon de jeu.

— Eh bien ! vous ne dansez pas ? c'est fort mal.

Ou pis encore :

— M. Alfred, on a besoin d'un vis-à-vis. Faites-moi le plaisir d'inviter cette dame en robe rouge, qui n'a pas encore dansé de la soirée.

Oh ! les dames en robe écarlate, à qui il faut faire la charité d'une contredanse !

Libera nos, Domine!

Je répétais tout bas ce pieux refrain de je ne sais quelle litanie, quand j'aperçus, du coin de l'œil, la maîtresse de la maison qui se dirigeait de mon côté. Je fis comme les marins, quand ils voient un grain fondre sur eux du bout de l'horizon ; je carguai les voiles de ma corvette, et, courant une bordée à gauche, je me mis en sûreté dans la chambre à coucher, où les tables de jeu étaient dressées.

Il y avait bon feu dans la cheminée, et dans l'appartement un air plus pur que celui qu'on respirait dans le salon de danse. Je me mis à examiner quatre méchants portraits au pastel, magnifiquement encadrés ; ce qui me fit penser à ces vieilles femmes qui couchent dans des lits d'érable, avec des couvertures de velours noir, pour rehausser leur teint.

— Monsieur est artiste, me dit un personnage à lunettes, en s'approchant de moi.

— J'aime les arts, monsieur.

— Comment trouvez-vous ces portraits ?... ressemblants, n'est-ce pas ?

— Oh ! très-ressemblants... sans doute, monsieur.

« Je parie, me disais-je, que c'est lui qui les a faits. »

— Je suis enchanté d'avoir votre avis, reprit-il en se frottant les mains... car je sais que vous vous y connaissez.

— Très-peu, je vous l'assure.

« Où diable me suis-je fourré, m'écriai-je tout bas. »

— Vous êtes beaucoup trop modeste, je sais que vous peignez fort bien.

— Vous vous trompez, je vous jure que je ne peins pas.

— A l'huile? non, peut-être?... Mais vous faites très-joliment l'aquarelle.

— Pas davantage.

— Comptez-vous exposer cette année?... qu'est-ce que vous exposerez?...

— J'ai eu l'honneur de vous dire, monsieur...

— Je sais que les artistes n'aiment pas à divulguer à l'avance le secret de leurs compositions; cela est tout naturel... il n'y a plus de surprise, et ils ont bien raison. Mais, entre nous, entre confrères, vous pouvez bien m'avouer... d'ailleurs, moi je n'expose pas, et je vous promets d'être discret.

Je commençais à me sentir mal à l'aise avec ce sot interlocuteur, et cependant il jouait si drôlement de la prunelle à l'ombre de ses lunettes bleues que je me sentais une démangeaison violente de lui pouffer de rire au nez.

— Messieurs, s'écria un joueur, il y a de l'argent à tenir de mon côté.

— Dieu soit loué! dis-je, et m'approchant de la table, je jetai ma pièce de cinq francs du côté du joueur qui suait sang et eau, depuis un quart d'heure, pour compléter sa partie.

— Combien va la pièce?

— Je fais ce qui manque.

—Cinquante centimes... vous êtes au jeu de cinquante centimes, monsieur.

—Oui, monsieur.

C'était bien la peine de crier si haut pour cinquante centimes !

De ma vie, je ne me suis trouvé face à face d'une figure de joueur aussi ingrate. Il tient ses cartes, comme un garde national son fusil, les jette les unes à la file des autres, les dames pour les rois, les neuf pour les dix, — et gardant toujours carreau,

Afin (dit-il) de n'être pas capot.

Du reste, des atouts et des rois plein les mains ; — « aux innocents les mains pleines ! » proverbe d'écarté !

—Oh ! quel jeu d'enfer ! exclama sérieusement un gros et jovial propriétaire, en entrant dans la chambre ; paraît que ça s'échauffe !

Il y avait quatre francs cinquante centimes de chaque côté.

Prodigieux !

Tous ces gens-là étaient aussi habiles à *distiller* l'écarté (je me sers de leur expression) qu'un chat à dévider un écheveau de fil. C'était à qui se mêlerait de donner des conseils. Chaque coup était suivi d'une longue dissertation technique, très-instructive pour la jeunesse.

— Je ne connais que la règle, monsieur ; — atout, et passe mon roi ; c'est évident, — il fallait garder dame seconde, — jeu de règle. Monsieur avait raison, cela se gagne toujours. — En attaquant par atout nous faisions la volte. — Non, monsieur. — Pardon, monsieur. — Vous voyez venir... On coupe à trèfle... bon, vous gardez carreau — selon la règle. — Oh! la règle, — la règle!... je ne connais que l'inspiration, moi!

Mon petit singe de joueur, qui apparemment était inspiré, gagnait toujours avec un aplomb imperturbable de maladresse. Tous les parieurs avaient passé de son côté. Je fis le contraire, et m'asseyant en face de lui, la partie s'engagea.

J'ai toujours été beau joueur. Je tins les paris. Bientôt il y eut trente francs sur la table. Ces messieurs qui gagnaient, doublaient sans façon leur mise ; et moi, en veine de sottise et de mauvaise humeur, je doublai aussi la mienne. De mémoire d'homme, on n'avait vu pareil débordement de jeu dans cette maison.

— Madame B. vient de me dire qu'elle désirait qu'on ne jouât pas tant d'argent chez elle, me glisse impertinemment dans le tuyau de l'oreille l'ami de la maison, aux lunettes bleues, qui me gagnait une quinzaine de francs...

— Eh bien, lui dis-je, après?

— Après?... reprit-il un peu surpris, faites

comme vous voudrez. Cela ne me regarde plus. Je me suis acquitté de ma commission.

— Si la maîtresse de la maison pense que nous jouons trop cher, dit un de mes adversaires, en empochant son gain, je me retire, je ne me soucie pas de passer pour un joueur.

— Ni moi non plus, ajouta un autre...

— Ah! ah! voici le galop, s'écria-t-on, et je restai seul à la table d'écarté.

Bientôt les galopeurs débordèrent dans la chambre à coucher. Toutes ces jeunes filles étaient échevelées et haletantes de plaisir. Le flot passa rapidement devant moi et alla s'engouffrer dans un couloir étroit et sombre qui conduisait.... à la cuisine, je crois.

— Dieu! s'écria la maîtresse de la maison, en bondissant sur sa chaise, ils ont cassé mes porcelaines.

En effet, nous venions d'entendre un grand fracas. C'était Marie, la grasse cuisinière, qui s'en venait tranquillement par le couloir, un plateau à la main, un beau plateau tout chargé de tasses de thé, et à qui les valseurs avaient fait exécuter un rond de jambe vertical si rapide, que le plateau et les tasses avaient volé en éclats.

— Ce n'est rien... ce n'est rien... répétait, un quart d'heure après, madame B. qui sortait toute rouge du petit couloir.

— Néanmoins, la grosse Marie a eu un *galop*

soigné, me dit un voisin enchanté de placer un calembourg, et je ne serais pas étonné que demain on ne fît payer à la pauvre fille les pots cassés.

— S'il en est ainsi, j'ai envie d'ouvrir une souscription à son bénéfice.

— Vous parlez de la souscription au bénéfice des Polonais, dit un troisième personnage, qui vint se mêler brutalement à la conversation. C'est demain le bal... qui sera très-beau. Je ne suis pas encore bien décidé à y aller... peut-être... je verrai. Il est vrai que j'y suis forcé en quelque sorte, à cause de mes fonctions.

— Monsieur est membre du comité?

— Pas précisément, mais chargé par lui, en ma qualité de sergent-major de la garde nationale, de recueillir les souscriptions dans ma compagnie.. Si vous désirez vous faire inscrire, je me charge de vous envoyer demain une invitation par mon tambour.

— J'ai l'honneur de vous remercier, monsieur le sergent-major!...

— Ça m'a tout l'air d'un carliste, murmura mon petit homme, en me toisant, et il vira de bord.

Comme je prenais mon chapeau, l'ami de la maison, aux lunettes bleues, vint à moi.

— Déja, M. Jacques.

— Je rentre toujours de bonne heure.

— Allons, faites-moi vis-à-vis pour la prochaine..

— Impossible, je suis fatigué.

— Mais vous n'avez pas dansé.

— Pardon... au commencement de la soirée..

— Oui... deux contredanses, avec la fille de madame B., et mademoiselle Célestine...

— Vous êtes beaucoup trop bon, monsieur, d'avoir compté mes contredanses.

— Oh! ce n'est pas moi, mon cher, c'est madame B. elle-même qui me disait tout à l'heure... « Est-ce que M. Jacques est malade? il n'a dansé que deux contredanses. »... A propos, vous devez avoir gagné à l'écarté?

— En vérité, je vous trouve plaisant de me faire cette question, lorsque vous avez enlevé tout mon argent.

— Comment.., je jouais contre vous!.. j'en suis désolé, parole d'honneur... Eh bien, mon cher, vous croyez peut-être que je gagne beaucoup... j'ai perdu quarante sous, vrai. Je suis toujours malheureux au jeu.

— Monsieur, j'ai l'honneur de vous souhaiter le bonsoir.

Je restai une demi-heure avant de découvrir mon manteau, que je trouvai enfin, endormi, comme une momie, au centre d'une vaste pyramide de pelisses et de redingotes.

Dans un coin de l'antichambre, je feignis de

ne pas apercevoir un pauvre diable de provincial qui mettait des bas de coton bleu par-dessus ses bas de soie.

En bas, la portière dormait. Je fus obligé de frapper trois coups aux carreaux de la loge.

Pas un fiacre à la porte. La rue était déserte et silencieuse. Les réverbères se balançaient tristement sur leurs cordes ; Paris ressemblait à une vaste église, vue à la lueur du crépuscule. Je rentrai chez moi à pied. Je dormis bien.

— Vous arrivez bien tard aujourd'hui, dis-je à ma femme de ménage, lorsqu'elle entra le lendemain dans ma chambre.

— Dam, monsieur Jacques, je vous prie de m'excuser. C'est que j'ai fait mon carnaval cette nuit, et ça n'arrive qu'une fois par an.

— Vous vous êtes donc bien amusée ?

— Comme une reine. Ne m'en parlez pas. Les domestiques de M. le baron de Jarante, le propriétaire de la maison, ont eu la permission de donner un bal, et j'y ai été invitée avec mon mari, qui est un peu clarinette, comme vous savez. On avait arrangé une grande chambre dans les mansardes, où nous avons dansé toute la nuit. Il y avait une nombreuse société, et ma foi, c'était bien gentil. On avait des rafraîchissements gratis. Monsieur le baron avait donné soixante francs, et on s'est cotisé pour le reste. Je n'ai pas manqué une seule contredanse, jusqu'à cinq heures du matin que nous avons éteint les chandelles. Même, c'est à cause du motif que je vous prie d'avoir un peu d'égards, monsieur Jacques, si je me suis attardée ce matin.

— Il n'y a pas grand mal, madame Rigaud; moi-même d'ailleurs j'ai passé la nuit dans une soirée dansante.

— Ah! dam... vous, monsieur... c'est du grand genre...

— Hein! dis-je, en me pinçant les lèvres, si j'écris jamais l'histoire de madame B., je ne la ferai pas lire à madame Rigaud. Bal au premier étage, concert au second, soirée dansante au troisième, et bal de domestiques dans les mansardes... cela s'enfile comme les grains d'un chapelet. Si le cordon vient à casser, gare que les grains ne roulent pêle-mêle à terre. Bien adroit qui saura les mettre à leur place!

Jacques RAPHAEL.

LE PARISIEN A PÉKIN.

(ESQUISSE DE VOYAGE.)

« Le cœur de la femme est un angle aigu.
« Il faut frapper bien juste pour ne pas glisser
« le long des bords !.... »   Meng-Tsée.

« Une coquette, c'est comme un vaste fleuve ;
« les bords en sont chauds, le milieu froid !....
(*Pensées du soir*, inédit.)

Une idée est la conscience d'une sensation ; aussi j'ai toujours pensé qu'en créant notre globe l'Éternel avait dit : « Voilà pour l'homme, et j'en « fais presque un dieu !...»

En effet, n'est-ce pas notre domaine, puisque

nous pouvons le voir sans cesse, en mesurer l'étendue, jouir de sa splendeur et des richesses de ses produits, et dresser nos tentes sur tous ses points, depuis le ciel brûlant des tropiques jusqu'aux glaces du pôle?

N'est-ce pas aussi faire acte de liberté, de force, de puissance, que de s'en emparer en quelque sorte en voyageant; et MARCO-PAOLO n'était-il pas plus qu'un roi?...

Ah! si j'ai un jour du temps et du repos, si je parviens à résister à la vague qui me pousse, ou à maîtriser le goût qui m'entraîne; si je puis resserrer, fixer sur un seul point ma vie radieuse; si je puis faire oublier un moment le nom de *Touriste* qu'ils m'ont donné, je dirai, dans le calme et la paresse, pourquoi les voyages charment la jeunesse, intéressent à l'âge de raison, et déplaisent à la vieillesse. Je dirai pourquoi le poète, le savant et l'artiste y trouvent une vie nouvelle; et cela ne sera peut-être pas l'aperçu psychologique le moins intéressant....

Aujourd'hui cela m'entraînerait trop loin. Je veux seulement vous dire que je viens encore m'arrêter à Paris, qui semble être toujours mon nid d'hirondelle, d'où je m'élance dans l'espace.

Las de parcourir l'Europe en tous sens, il m'est venu l'envie de pousser jusqu'en Chine;

et bien m'en a pris de me décider de suite, car c'était l'année où la Russie renouvelait sa mission à Pékin, et j'ai pu me glisser inaperçu, comme l'un des esculapes de la caravane.

Nous partîmes de Maïma-Tschin[1], et suivîmes la route de Pékin, sans nous détourner et sans prendre de notes, le gouvernement chinois ne permettant ni l'un ni l'autre. Je ne sais pas s'il vous serait bien agréable que je répétasse tout ce que vous avez lu, sans doute, sur la statistique de ce pays : que je vous disse qu'on y compte soixante millions d'hommes : que de beaux et larges fleuves portent des villes flottantes très-considérables : que là on trouve le type primordial de l'insecte qui donne vos belles soies : que de là il passa en Perse, avec l'art d'en faire des étoffes, lesquelles étaient encore si rares du temps de JUSTINIEN, qu'elles se vendaient au poids de l'or.

Que ce papier de Chine sur lequel vous voulez avoir à Paris les épreuves des gravures des Joannot, des Porret, ou un exemplaire des œuvres d'Alexandre Dumas, n'est que du papier à sucre en comparaison de ce papier chi-

---

[1] Maïma-Tschin, ville de la Mongolie chinoise, frontière de la Russie, sur la grande route de Pékin. C'est le lieu d'où les nations du nord tirent le meilleur thé.

nois d'un blanc éclatant, fabriqué à Pékin avec des filets de bois de bambous bouillis.

Que, depuis plus de deux mille ans, ce peuple connaît l'astronomie, l'imprimerie et la boussole : que, depuis la même époque, il fabrique la porcelaine, le verre, et une foule d'admirables petites choses qui font le charme de nos boudoirs.

Que les *mandarins lettrés* y sont considérés comme les protecteurs des provinces, et l'empereur comme le père de ce vaste empire. Je ne vous apprendrais rien de nouveau; ainsi passons outre, et allons droit à Pékin.

Nous arrivâmes dans cette grande ville par un beau soleil, qui se reflétait sur des toits éclatants, car toutes les tuiles en sont vernies : les jaunes pour les palais de l'empereur[1], les vertes pour les hauts personnages, et les grises pour les classes inférieures; mais j'allais retomber dans les descriptions, et il est convenu que je n'en ferai pas.

Or donc, le gouverneur de la province de Maima-Tschin, auquel j'avais rendu un service, m'avait donné des lettres de recommandation pour quelques mandarins lettrés de Pékin. Un

---

[1] Cette couleur en quelque ouvrage que ce soit est affectée au souverain.

d'eux, qui, jeune, avait connu le savant P. Bourgeois[1], me fit un accueil particulier; nous conversions en latin, et Dieu sait quel latin je lui donnais! mais il m'assurait que nous nous entendions, et alors je ne vois pas pourquoi j'aurais fait le difficile.

Un matin il me dit : « Jusqu'à ce jour je vous ai montré plusieurs manuscrits, traduits tant bien que mal par vos missionnaires ; mais tous étaient relatifs à la religion ou à la politique, et il en est résulté que vous n'avez pas de tableau de nos mœurs intérieures.

« Voilà un livre remarquable; il est de notre célèbre philosophe MENG-TSÉE. »

Je m'inclinai.

— « Je vois, continua le mandarin, que vous ne connaissez pas notre Meng-Tsée. Il parut trois siècles après KONG-FOU-TSÉE[2], qui vivait dans le cinquième et sixième siècle avant J.-C. Meng-Tsée s'attacha à attaquer les vices de son pays par la force de la raison; il ne réussit pas : il se saisit de l'arme du ridicule, et obtint le succès qu'il désirait. Voilà un volume de lui, uniquement destiné à faire connaître les vices de son épo-

---

[1] En 1774.
[2] Qu'on traduit ordinairement par *Confucius*. Euphonie aussi préférable dans sa substitution que le changement fait à *Mohamed* que nous rendons par *Mahomet*.

que et la coquetterie de certaines femmes. La première anecdote est intitulée : *Une Femme de Pékin.* Voyez, à la fin du volume, cette adjonction; c'est une traduction de cette anecdote, essayée par ce bon P. Bourgeois. »

Je pris ce manuscrit. — « Parbleu ! dis-je au mandarin, le peu que je viens d'en lire me fait naître l'idée de translater cet épisode en français; notre savant Rémuzat se pendra de n'avoir pas trouvé celui-là.

« — Comme vous voudrez, mon cher ami, » me dit l'excellent mandarin; et je me mis à l'œuvre jusqu'à mon départ pour l'Europe. Il fut trop prompt, hélas! car je n'emportai de ce riche pays que cette nouvelle, et du tabac jaune, plein mes poches.... mais je me consolai en pensant au plaisir que je ferais aux *fashionables* de Paris, en leur apportant le joli portrait d'une femme des bords de la rivière Bleue [1].

En arrivant du Havre, où nous étions débarqués, un de mes compagnons de voyage, cosmopolite comme moi, me pria de lui communiquer cette *pochade chinoise,* et voulut me per-

---

[1] Cette rivière ne traverse pas Pékin, c'est la rivière *Ta-Ho;* mais la rivière Bleue, qui est la plus belle de la Chine, comme la rivière Jaune en est la plus grande, possède sur ses bords de magnifiques palais que vont habiter pendant la belle saison les femmes les plus riches de Pékin.

suader après l'avoir lue, que la *femme de Pékin* ressemblait assez à une femme de la Chaussée-d'Antin... Quelle idée!...— En tout cas, voici mon histoire, vous en jugerez.

LA FEMME DE PÉKIN.

Oh! qui me délivrera des rêves de ma jeunesse? qui me désenchantera une bonne fois?... qui me dira enfin sans réserve: Ne crois à rien d'ici-bas, car tout y est prestiges et mensonges?...

Ces suaves créations, ces riantes fictions où le cœur s'ouvre à des félicités délicieuses,..... erreurs!

Cette existence idéale où quelques ames pures et crédules espèrent rencontrer le bonheur,..... erreur!

Cet homme d'émotions et de liberté qui va jugeant ce qui nous entoure en poète et en artiste,.... erreur!

Et cet être composé de rêveries et de sentiments qui pense qu'après l'étude de Dieu et de la nature, la femme doit remplir la plus large place dans la vie;..... erreur encore! toujours erreur!

Déceptions de tous les jours qui usent la vie en la minant par le cœur.

Ne crois à rien, et tu vivras plus pour toi. Tu

seras calme, parce que l'imagination ne se portera plus au-delà de l'atmosphère que tu respires; tu seras heureux, parce que tu trouveras tes affections en toi, ton bien-être en toi. Tu jouiras de tout, parce que tu ne désireras rien.

Tes impressions, tes jouissances se centraliseront dans toi. Pour les autres, tes sentiments seront froids, indifférents, presque négatifs, car tu n'auras pas même de place en ton cœur pour la haine; le mépris seul débordera!.....

Où est-il ce sage, ce philosophe, ce nouveau Kong-Fou-Tsée qui me dira : « Sois indifférent
« à tout ce qui t'entoure, vis tranquille, sans les
« émotions trompeuses de l'espérance, sans les
« secousses violentes des passions; ne cherche
« pas trop loin le peu de bien qu'il faut pour
« vivre isolé, prends les jouissances qui s'offrent
« sous ta main, laisse ta vie mollement bercée
« s'écouler uniformément et finir sans bruit,
« comme l'enfant rassasié de la mamelle nour-
« ricière s'endort aux mouvements monotones
« du berceau!.... et quitte sans regret la pompe
« des jours, la mélancolie des soirs, la brise des
« mers, la rosée des prairies, le frémissement du
« feuillage, et les femmes et les fleurs?..... »

C'est ainsi que le mandarin KING, qui vivait sous le roi FO-HI [1], se lamentait et broyait du

---

[1] Fo-Hi vivait 2,000 ans avant J.-C. Il favorisa toutes les con-

noir en sortant de la grande pagode de Pékin.
Et de fait son histoire était triste; mais comme
elle ressemblait à celle de beaucoup d'autres, je
pense qu'il avait tort de s'en chagriner.

Voyez plutôt :

Il y avait autrefois à Pékin une femme belle
et spirituelle, qui était alternativement pieuse et
mondaine, froide et passionnée, dénigrante et
enthousiaste, folle et raisonneuse, méchante et
bonne. Elle recevait le lévite et le guerrier, le
poète et le musicien. Elle allait régulièrement à
la pagode et sortait la dernière du bal; le tout,
disait-elle aux uns, parce que l'ennui la gagnait
et qu'il fallait bien tirer parti de cette pauvre
vie; puis, à ceux qui valaient une confidence,
parce qu'elle n'avait pas encore trouvé quelque
chose, ou quelqu'un, qui pût la captiver tout
entière, et qu'elle cherchait.....

Or, tout en cherchant, elle se faisait conduire
quelquefois dans le jardin de l'empereur, sur la
terrasse de la rivière *Tà-ho*, dont les eaux partagent la ville, et dans l'allée des grands orangers.

Là, malgré la foule, on la distinguait aisément, d'abord parce que sa tête dépassait celle
des femmes qui l'environnaient. C'était comme

naissances humaines. On lui attribue l'Y-King, le premier des
cinq livres sacrés, appelés du nom générique de King, qui veut
dire excellent.

une longue tubéreuse dominant les fleurs d'un parterre..... et puis on la remarquait encore parce qu'elle marchait lentement..... Elle avait de si petits pieds, qu'ils paraissaient n'avoir été faits que pour un enfant; aussi plus d'un mandarin revenait-il chez lui le cœur préoccupé.....

Lorsque son brillant palanquin, recouvert de riches étoffes roses comme le bout de ses doigts effilés, la conduisait au faubourg Vaï-Lo-Tching, et dans la rue Liou-Li-Tchang, pour voir les parures de son joaillier, il lui fallait passer devant le palais du fils sacré du ciel (autrement dit l'empereur); alors tous ces fiers soldats en robe qui sont là accroupis au pied de la grande muraille rouge du palais, se levaient spontanément, éblouis qu'ils étaient de tant d'éclat; puis, par un mouvement héroïque, ils abandonnaient la pipe qu'ils fumaient nonchalamment, délaissaient le bienfaisant parasol qui conservait leur teint cuivré, et se posaient fièrement appuyés sur leur fusil rouillé pour voir passer cette ravissante Périe..... Aussi la coquette, heureuse intérieurement de l'effet qu'elle produisait, soulevait-elle sans intention marquée un petit coin de son grand voile, pour laisser apercevoir des yeux fendus comme une amande, un teint comme la fleur de l'églantier, et des dents comme son collier de blanches perles.

Le mandarin King parvint un jour à être admis chez elle, je veux dire chez Li-Lia, car j'avais oublié de vous dire son nom.

Ce jour d'admission, jour heureux ou fatal, nous ne le choisissons pas ; c'est la destinée qui le donne.

Long temps s'était écoulé.... il se dit enfin :.... Le temps fuit rapide, l'hiver va poser sa main glacée sur mon front, et j'ignore encore si Li-Lia a un cœur, et s'il peut battre pour moi..... pour moi, homme pensif et solitaire comme l'étoile du soir, passionné et brûlant comme l'astre qui verse des torrents de lumière..... Après ces réflexions et autres semblables, toujours dans le style du temps, notre mandarin se décida enfin à lui faire connaître son amour.

Mais moi, voyageur inattentif, j'allais oublier, avant de vous raconter sa piteuse histoire, de vous dire qu'à Pékin les mœurs diffèrent totalement des nôtres ; et si je ne vous en esquissais pas les traits les plus saillants, vous ne pourriez plus croire à ma traduction, tant ce qui me reste à dire est opposé à notre Paris, où tout est si parfaitement bien, comme vous savez. Figurez-vous qu'une plaie profonde et incurable mine ce corps social. Le tableau de Pékin semble être à l'observateur comme un long drame sans dénoûment, comme une énigme sans mot.

Le fond de ce tableau vivant est dominé par un volcan qui menace d'engloutir acteurs et spectateurs, et l'horizon se charge de nuages épais d'où la foudre semble prête à éclater..... En vérité, je vous le dis, c'est un étrange pays!... car au milieu de l'absence de tout lien, de tout frein, de toute religion, de toute sécurité, on s'y égaie, parbleu avec insouciance, comme si l'on était sûr d'avoir le lendemain pour réfléchir..... et le grand drame va toujours son train, et chacun y déploie ses petits moyens..... le talent de feindre surtout y est porté loin..... Joies, douleurs, amitié, dévouement, amour, la beauté qui vous séduit, les parfums qui vous enivrent, jusqu'à l'air que vous respirez: tout y est factice. Il semble aussi que chacun se soit donné un rôle dont la pensée secrète est égoïsme et cupidité!

Aussi l'ignorance, le vice, le crime même, s'y montrent altiers et tranquilles dès l'instant que la richesse les couvre. Palanquins brillants, meubles élégants, vases japonais, repas somptueux, fêtes à ravir, où l'Amphitrion parle ordre, bienséance, honneur, vertu.... tout cela suffit pour ennoblir cette fortune sortie de la boue, quelquefois du sang!... Un cercle d'habitués qu'on héberge a la mission d'attaquer tout le monde, de ternir toutes les réputations, afin que l'honnête Amphitrion passe inaperçu dans la foule des calomniés.... et tout finit enfin par être pardonné, oublié, car tout se cache sous l'or!...

C'est un singulier pays! on y voit des renommées d'un jour et des célébrités qui s'arrêtent à l'issue d'un salon; prodigalité d'esprit sur rien, légèreté et médisance sur tout; charlatanisme de mots, démoralisation de faits; intrigants politiques poussant la vague pour arriver et succombant au port, à la satisfaction de quelques gens sensés qui vivent à l'écart. C'est un curieux mélange de petits amours avortés à leur naissance, de petites affections trahies en se formant, de petites extases pour une plume ou un chiffon, d'émotions nerveuses, d'affections éphémères et d'hommes blasés. Enfin c'est un *pandémonion* d'avocats bavards et ambitieux, de fous qui rêvent la plus étrange chose, l'absence *du mien et du tien*; c'est la solfatare où vont s'engloutir pêle-mêle religion, morale, institutions, rois, avenir!..

Mais ce tableau de Pékin est trop sérieux, vous préférez sans doute que je me borne à vous montrer ici sans voile une de ces créatures qui dans tous les pays sont comme un doux repos pour les yeux, un doux rêve pour la pensée, un doux baume pour le cœur!..... Eh bien, soit, va pour les femmes de Pékin; mais vous verrez bien qu'elles diffèrent aussi prodigieusement des nôtres. Chez elles, tout est piéges, séductions, tromperies. Elles cachent sous une figure candide et pure une ame stérile et fausse; ce sont des syrènes sans cœur, des corps sans passions, mais habiles à les contrefaire..... belles comme le marbre du statuaire, glacées de même lorsqu'on les touche.

Ces êtres inachevés se lèvent généralement lorsque le soleil frappe depuis long-temps d'aplomb sur la coupole du temple de Fo, et préparent leurs mines et leurs gestes au miroir pour les répéter, le soir, à la lueur des bougies.

Ces femmes sans naturel ni sensibilité ont cependant une cour assidue, car elles ont des sourires et des regards qui font rêver, des demi-mots qui font espérer; et quand elles ont rencontré un de ces hommes dont l'espèce diminue tous les jours, qui s'offre à elles avec un amour pur, dont la place est plus près du ciel que de la terre, elles s'en emparent, et par des demi-aveux qui paraissent être échappés à l'indiscrétion de leur cœur, elles l'amènent à livrer son secret, sa vie, son avenir; alors fières et dédaigneuses, elles redressent la tête et s'apprêtent à l'immoler par une plaisanterie qui pourra le rendre la risée de leur cour.... ou bien, si le jeu les amuse quelque temps, elles se plaisent à traîner cet amour à leur suite, jusqu'à ce que, se retournant brusquement, elles le laissent au milieu du chemin, le foulant aux pieds en passant..... sans craindre une vengeance, car elles se disent : Je le connais, il sera malheureux, voilà tout.

Puis passant outre, elles demandent leurs perles ou leurs diamants; et conservent de ce drame brisé un souvenir dans la mémoire comme une ritournelle de chanson, et dans le cœur comme une légère ride sur une vaste mer!.....

Les femmes de ce genre n'aiment point les hommes pour la tendresse et le dévouement qu'elles en attendent, mais pour les hommages et le lustre qu'elles en reçoivent. Aussi ont-elles classé l'amour d'une étrange manière; elles en ont fait trois grandes divisions :

1º Distraction, ou moyen de ne penser à rien;

2º Caprice, ou volonté de penser à quelque chose;

3º Occupation, sentiment sérieux qui dure des semaines entières!.....

Aussi ces femmes traitent-elles une passion avec commodité, avec tranquillité d'âme, comme on s'arrange d'une chose qui peut offrir quelque agrément, sans nuire aux autres petits plaisirs de ce monde. Il y a les heures pour la toilette, le mari et l'amant; pour la couturière, les enfants et les visites; puis aussi les instants pour se montrer en public, aller voir les jongleurs, assister aux fêtes du cirque : enfin, là tout est si bien prévu que les dames ont des heures marquées pour aller chercher des impressions qui s'échappent dans l'éclat d'un rire distrait, ou recevoir des émotions qui arrivent jusqu'à l'épiderme de leur peau.....

Vous avez voulu que je vous fisse connaître les dames de Pékin; eh bien, les voilà..... Vous voyez bien qu'elles sont à mille lieues des nôtres!...... et comme il faut pourtant que je vous finisse l'histoire du pauvre mandarin, vous aurez soin dans ce qui va suivre de continuer à vous croire transporté aux Antipodes, ou bien lisant une des pages de la rêveuse *Scheherazade*. Vous ne vous attacherez qu'au but moral de ce léger épisode; car, vous le savez, *la lettre tue et l'esprit vivifie* [1].

Or, le mandarin marchait dans l'ombre de Li-Lia (ce qui chez nous veut dire qu'il s'était attaché à ses pas). Doué d'une organisation sensible et d'un cœur élevé, la gloire, l'amour, les sentiments généreux étaient les seules passions qui remplissaient son âme; il méprisait toutes les autres..... Comme mandarin, sa po-

---

[1] Évangile selon saint Jean.

sition le forçait de pratiquer les usages des classes élevées, d'avoir les dehors de l'homme du monde et du courtisan; comme *lettré*, il vivait pour les doux rêves de l'imagination, les émotions de la pensée, les sensations de l'âme; aussi, à la vue du brillant météore qui l'avait ébloui, il avait pensé qu'un jour il pourrait atteindre jusqu'à lui et fixer sa prestigieuse apparition.

Le mandarin King donc, après avoir consulté les trente-quatre génies [1], parla, et il fut écouté avec indulgence; il écrivit, et il fut lu avec plaisir; il demanda une main qu'il n'avait encore osé serrer, elle lui fut donnée avec abandon. Tout allait au mieux pour le mandarin King, du moins il le croyait; déja les yeux de Li-Lia s'attachaient sur ses yeux, son air était pensif et tendre, sa bouche ne s'ouvrait plus pour lui qu'avec cet accent doux et mélodieux qui fait un si prompt trajet de l'oreille jusqu'au cœur. Quand il lui donnait le bras, son corps paraissait frémissant de cette crainte qui pour l'amant est le précurseur du bonheur; enfin la douce espérance exhalait pour lui son enivrant parfum.

[1] Les trente-quatre génies, en Chine, président aux différentes parties de l'année. Il faut choisir la lune et le jour le plus favorable de chaque lune pour faire une entreprise, donner un bouquet, etc., etc.

(Vidi: Alm. de Kouang-Tcheou-Fou.—Canton.)

Cependant King remarqua que Li-Lia recevait d'autres hommages que les siens et qu'elle se plaignait à lui avec affectation des larmes que sa tendresse pour le mandarin lui faisait verser. Il ne comprit plus, mais il lui écrivit :

« Li-Lia, pour la femme qui aime, les hom-
« mages de l'univers sont froids et décolorés.
« Pour la femme qui aime, l'abnégation est la
« vertu qui remplace et qui honore encore toutes
« les autres. Votre amour-propre ne se conten-
« terait-il plus de ma servitude ? ou votre cœur
« ne trouverait-il plus rien pour la récompen-
« ser?..... »

Il attendit la réponse.

Connaissez-vous le bonheur de recevoir une lettre de la femme qui vous aime, lorsque triste et malheureuse elle se plaint à vous des souffrances que vous lui causez ? Avez-vous lu alors de ces mots qui vibrent si harmonieusement dans votre âme ? mots qui rencontrent un écho dans toutes vos sensations intimes !... Avez-vous dévoré de ces lignes qui semblent un reflet brillant de la poésie de votre pensée ? de ces lignes échappées à l'amour timide, à la retenue du monde, qui répondent au cœur et le consolent par des larmes?.....

Hé bien, le mandarin rêvait ce bonheur et l'attendait avec anxiété..... Mais les femmes de

Pékin entendent autrement ces sortes de confidences ; comme elles veulent rester maîtresses de leur secret, elles répondent sans se compromettre, et on pourrait presque afficher leurs lettres, sans qu'on pût en inférer autre chose qu'une banalité de politesse affectueuse.

Li-Lia répondit donc une lettre *convenable*. « Vous vous créez des fantômes, lui disait-elle, « pour avoir le plaisir de les combattre. Comment « pouvez-vous croire que mon cœur hésite un « instant entre tous ceux qui m'entourent et « m'obsèdent?... il n'y a qu'un être pour le cœur « de la femme!..... Comment voulez-vous aussi « que j'oublie que j'ai été distinguée, aimée par « vous, qui possédez si bien tout ce que l'imagi- « nation et l'âme d'une femme peuvent désirer. »

Le lendemain lorsqu'ils se revirent, elle fut plus séduisante que jamais. Ses yeux abattus et mourants semblaient humides de mélancolie et de sentiment. Ses lèvres se coloraient par instants et s'entr'ouvraient après avec volupté; il y avait dans sa voix une combinaison si harmonieuse, si persuasive, qu'il l'écoutait encore après même qu'elle avait cessé de parler.

Le mandarin était homme de premier mouvement, il n'y put tenir.

—Ah! lui dit-il, si un être aimant a le cœur déchiré par le doute ou le soupçon, qu'il écoute tes douces paroles ou lise les lignes échappées à ton âme, et qu'il dise si ses souffrances ne sont point calmées, s'il ne s'en retourne pas bercé d'une vague et douce mélancolie, comme le voyageur qui, au déclin du jour, retrouve les lieux où ses rêves de bonheur commencèrent, où son premier amour le saisit.... Oui, ton âme répond à mon âme; un lien puissant, mystérieux, ignoré de ce monde que nous méprisons tous deux, un lien que le temps resserre, que rien ne peut briser, nous unira. Quand l'un de nous souffrira, l'autre sera là pour calmer ou partager ses douleurs..... Lorsque le chagrin assaillira ton cœur, je viendrai doucement te dire des mots d'amour, et tu souriras.... Quand les larmes terniront le cristal de tes yeux, je t'entourerai de mes bras, je te presserai contre moi, je baiserai tes larmes, et tu seras consolée...

Et le mandarin était heureux de se replacer sous le joug dont il avait voulu un instant essayer de s'affranchir. Et il reprenait le manteau et les fers de l'esclave, comme un autre aurait conquis la tunique et le bonnet de la liberté....

Les Parisiens qui s'y connaissent vont me dire que l'accoutrement différait beaucoup; moi je répondrai qu'en amour tout est bien, et pour preuve je citerai Lauzun, qui porta la livrée de postillon pour avoir *l'insigne honneur* de conduire au trot madame de Valentinois, dont il était épris. Ainsi, qu'on respecte ma traduction, car c'est d'ailleurs le mot à mot.

Le temps toujours inflexible marchait.... Le pauvre King vivait comme la plante qu'une main capricieuse priverait par intervalle de la bienfaisante rosée qui la vivifie. Cependant deux fois Li-Lia avait pressé d'une main furtive et tendre celle du mandarin... cependant deux fois il avait obtenu de la conduire dans des lieux écartés... cependant une nuit, dans l'isolement et le mystère, elle avait plus fait encore... et le mandarin, dans sa reconnaissance, lui avait dit : « Li-Lia, ange de bonté, à quoi dois-je attri-« buer tant de bien ? »

« — Au sentiment qui m'ôte la force de pou-« voir toujours feindre avec vous ! » avait répondu Li-Lia; et deux éclairs échappés de ses yeux avaient confirmé ce que deux lèvres tremblantes avaient dit à demi-voix... Mais le bonheur a la fragilité du verre !... King malheureusement observa et crut apercevoir quelques déceptions, qui, toutes patentes qu'elles sont, ne semblent aux captifs que des hallucinations pénibles et mensongères.... Cependant il devint jaloux, le mandarin. Une pensée tenace, poignante, l'obséda et ne lui laissa nul repos. « Les « voilà, s'écria-t-il, ces femmes décevantes de

« Pékin, les voilà ces météores trompeurs qui
« nous éblouissent; les voilà ces brillantes *Péries*,
« sans corps et sans âme... L'amour avec elles
« est comme un rêve pesant, commencé par une
« nuit d'orage et terminé par un coup de foudre
« qui tue. »

Il voulut enfin connaître la valeur réelle de l'attachement d'une coquette. Il envisageait bien avec une sorte d'effroi le jour où la douce terre des illusions allait manquer sous ses pas et lui laisser quelque triste réalité. Mais il fallait sortir d'un piége affreux, où il allait engloutir son repos et sa vie. Il lui écrivit donc :

« Li-Lia, jusqu'à ce jour, vous avez réglé avec
« une mesure égale l'espèce d'intermittence de
« fièvre dans laquelle se partagent mes nuits et
« mes jours; mais le doute en amour, c'est res-
« pirer sans vivre, c'est s'éteindre sans mourir!...
« Vous pouvez faire cesser cette anxiété; un
« moment seul avec vous peut expliquer bien
« des choses et fixer notre avenir. Je vous en
« supplie, puisque je ne puis vous trouver seule
« chez vous, rendez-vous ce soir, à l'heure de la
« prière, sous les colonnes du grand temple de *Fo*.
« C'est à deux genoux que je vous demande
« cette grâce... Il y va de mon repos, du vôtre
« peut-être; car lorsque chaque instant, chaque
« minute voit naître un soupçon qu'il faut dis-

« simuler, une douleur qu'il faut étouffer, la
« vie n'est plus qu'un tourment insupportable.

. . . .
. . . .
. . . .

Ici, des pages manquent au manuscrit de *Meng-Tsée*, et j'en suis désolé, car c'est bien le plus bel autographe chinois que j'aie vu..... Mais le dernier feuillet contient cette réponse de *Li-Lia*.

Au Mandarin lettré King, dans la ville impériale de Pékin.

« Un mandarin, un lettré surtout, devrait
« connaître l'état des mœurs de son temps et les
« habitudes de la vie sociale de Pékin. Je vous
« croyais plus habile; apprenez donc, puisqu'au
« milieu du foyer des lumières vous êtes resté
« avec cette fleur native d'innocence qu'on avait
« à peine aux temps primitifs, que l'amour chez
« une femme du monde est une agréable dis-
« traction, qui ne tire pas à conséquence. C'est
« une brillante bulle de savon, qui flotte suivant
« notre volition dans une atmosphère de boudoir
« parfumé, ou dans un ciel pur qui lui renvoie
« ses reflets. Si vous voulez croire à la force et
« à la durée de ce globe lumineux, libre à vous;
« mais si vous voulez mettre à l'épreuve sa con-
« sistance.... il s'évanouit!...

« Sachez aussi que j'ai retranché de ma vie
« tout ce qui serait plus pesant qu'un caprice.

« Il était temps de vous arrêter; vous alliez
« faire de nous deux personnages fades et en-
« nuyeux.... Du plaisir, de la variété, mais pas
« de liens. Que cette leçon vous profite : ne
« creusez pas la vie, vous ne savez pas ce que
« vous y trouveriez; allez, *effleurez tout, et ne*
« *vous attachez à rien.* »

LI-LIA.

Ce dernier feuillet m'a semblé suffire pour fixer l'opinion sur la généralité des femmes de Pékin, et je pense que vous vous en contenterez.

Quant aux chagrins du mandarin, vous ferez comme moi, vous en rirez.

Enfin si vous voulez absolument trouver à cet apologue une moralité...... La lettre de Li-Lia est là, cherchez.

Lord WIGMORE.

L'OBÉLISQUE DE LOUQSOR.

N'était-ce donc pas assez de détruire et de laisser détruire dans Paris, comme dans toute la France, les monuments que nous ont légués nos ancêtres? N'était-ce donc pas assez d'avoir laissé abattre Saint-Landry, que, pour soixante mille francs, on eût pu sauver du marteau; d'avoir laissé s'établir un teinturier dans Saint-Pierre-aux-Bœufs, un tourneur de chaises dans la chapelle de Cluny, un mauvais lieu dans Saint-Benoît; d'avoir dit à Saint-Germain-l'Auxerrois : Tu périras! à la tour Saint-Jacques : Tu crouleras! d'avoir soupiré après la démolition de la Sainte-Chapelle de Vincennes, d'avoir fait des jardinets et des rigoles en travers de la majestueuse composition de Le Nôtre, et d'avoir rapetassé les Tuileries? N'était-ce donc pas assez de vendre à qui en voudra le manoir de Saint-Leu-Taverny?

N'était-ce donc pas assez de tous ces attentats? Fallait-il encore que la dévastation étendît ses ravages jusqu'aux rives du Nil!

Le devoir de l'homme est de s'opposer par toutes les ressources de son génie à l'anéantissement de ses travaux; de contre-balancer, de retarder, de suspendre les opérations de la nature, qui ne sait donner l'existence à de nouveaux êtres qu'aux dépens de ceux qui les ont précédés. La loi de l'homme est, conservation : la loi du temps est, destruction. L'homme et le temps doivent donc être en lutte constante. Malheureusement, le premier fait souvent abnégation de sa mission pour aider l'autre dans la sienne, et, comme lui, s'arme d'une faux et d'une épée. Une fois entré dans cette voie, l'homme devient plus redoutable que le temps; car, les détériorations de celui-ci sont lentes, rien ne le hâte, il a l'éternité devant lui.

Qu'on n'accuse pas les Vandales et l'ignorance de destruction : les Vandales ne font pas la guerre aux monuments, l'ignorance est respectueuse. C'est au nom de la science et du progrès que la plupart de ces crimes sont consommés. C'est la science, et non point l'ignorance, qui dit : — « Ceci est gothique, ceci est barbare, ren- « versez !.... » — C'est la science qui parcourt l'univers une pioche ou une hache à la main ; qui va spoliant Thèbes de ses ruines imposantes qui faisaient depuis tant de siècles l'admiration du voyageur, dont elles élevaient l'âme et élargissaient l'esprit par la méditation. C'est la science qui va ravageant les nécropoles de la Thébaïde, démolissant les hypogées, effondrant les sépulcres, criblant la poussière des tombeaux pour en extraire quelques scarabées, quelques papyrus inintelligibles, quelques amulettes, quelques ossements ; c'est la science, qui n'arrêtera ses profanations que lorsqu'elle aura nivelé aux sables des déserts les berceaux des civilisations primordiales.

C'est la science qui a dépouillé et qui dépouille, chaque jour, Athènes de ses débris magnifiques ; qui lui arrache ses bas-reliefs et ses métopes ; qui lui dérobe ses statues ; qui emballe et expédie ses colonnes et ses portiques pour la terre du négoce, pour l'Angleterre, où ils vont s'engloutir dans les bosquets biscornus d'un raffineur enrichi.

C'est la science qui ne tardera pas à dépouiller l'Inde de ses monuments de la gloire mogole; qui ne tardera pas à dépecer le mausolée de Taage-Mahal, le palais d'Akbar, le Mouti-Mutjid, la perle des mosquées; c'est la science qui laisse dépérir les mausolées d'Akbar et d'Ulla-Madoula, pour s'autoriser bientôt à les démanteler et à les charrier en Europe.

Mon Dieu! quelle manie de prendre et de transporter! Ne pouvez-vous donc laisser à chaque latitude, à chaque zone sa gloire et ses ornements? Ne pouvez-vous donc rien contempler sur une plage lointaine sans le convoiter et sans vouloir le soustraire?

Je ne serais pas surpris si l'on venait m'annoncer un jour que les Anglais ont pris la lune pour la mettre au musée de la Tour de Londres.

Croirez-vous avoir donné beaucoup d'éclat à votre nation, croirez-vous l'avoir fort rehaussée, quand vous aurez enfoui dans la vase de la Tamise, ou dans la boue de la Seine, l'œuvre de deux ou trois mille ans, les chefs-d'œuvre de quinze ou vingt peuples; quand vous aurez empilé dans vos carrefours, et dans vos magasins, Romains sur Étrusques, Égyptiens sur Hindous, Italiens sur Arabes, Grecs sur Mexicains?

Chaque chose n'a de valeur qu'en son lieu propre, que sur son sol natal, que sous son ciel. Il y a une corrélation, une harmonie intime entre les monuments et le pays qui les a érigés, qu'on ne saurait intervertir impunément.

Il faut à la pyramide un ciel bleu, un sol chauve, l'horizontalité monotone du désert; il faut la caravane qui passe à ses pieds; il faut les cris d'une population éthiopienne qui se meut, ou il faut la solitude et les hurlements du chacal.

Il faut aux sphinx de granit les longues avenues des temples des Pharaons; il faut, ou ces hordes bizarres qui s'entre-tuèrent à leur ombre, ou les ruines silencieuses de Karnac.

Il faut aux obélisques les pilones du temple; il faut le culte du soleil; il faut l'idolâtrie de la multitude, ou il faut le désert.

Ces monuments qui versent tant de sublime poésie sur les sables arides des Sahara, qui proclament la grandeur, la puissance, le génie des races passées, traînés dans le sein de nos villes, deviennent mornes, muets, stupides comme elles.

La belle tournure que vous a un sphinx dans un impasse, entre un cordonnier et un estaminet! Le bel effet que celui d'un obélisque se profilant sur un hôtel garni, entre un corps-de-garde et une marchande de tisane!

Hélas! nonobstant toutes ces raisons, voici la France qui se met aussi de la partie pour faire la traite des monuments, et qui s'en met à toute outrance. Elle vient d'importer un monolithe arraché aux ruines de Louqsor. Pauvre France!... Combien elle est heureuse, maintenant qu'elle possède un obélisque! quelle gloire! Réjouis-t'en bien long-temps, ma patrie! L'enfant qui secoue son hochet oublie ses chagrins : puisse ce hochet de granit assoupir aussi tes douleurs, et verser du baume sur tes plaies.

Mais si, comme à l'enfant, il te faut des jouets, souvent aussi, comme lui, tu en désires dont tu ne sais que faire, quand tu les possèdes. Que vas-tu faire de celui-là?

Pour lui trouver un emploi, depuis un an bientôt, les raisonneurs s'évertuent : jusqu'à nos députés qui agitent cette haute question dans leur chambre. Autrefois, à Rome, dans une perplexité semblable,

> Le sénat mit aux voix cette affaire importante,
> Et le turbot fut mis à la sauce piquante.

Berchoux, à quelle sauce mettre cet obélisque? Berchoux, inspire messieurs de notre sénat! —En attendant, par voies et par chemins, par monts et par vaux, on ne voit qu'ardélions obséquieux, errants, lanterne en main, non pour trouver un homme, mais pour trouver où jucher ce coquet, *emblême des rayons du soleil*. Celui-ci veut qu'on le place dans la cour du Louvre; celui-là, au mitan de l'esplanade des Invalides; celui-ci, à Montmartre, entre deux moulins; celui-là, sur le terre-plein du Pont-Neuf, à la place de cet insipide Henri IV. Au fait, qu'est-ce que signifie un Henri IV ? A la bonne heure un obélisque, rien n'est plus spirituel ! Le plus grand nombre, pourtant, opine en faveur de la place de la Concorde; sans doute, parce que là il aurait l'avantage de couper quatre façades en huit.—Pour contenter tout le monde, pour ménager la chèvre et le chou, le gouvernement, qui ne veut décevoir personne de son espérance, vient d'ordonner qu'il en soit mis partout; et, pour cela, il aurait, dit-on, octroyé des lettres de marque à une compagnie de sapeurs chargés de capturer et de mettre l'embargo sur tous les obélisques qu'elle pourra rencontrer. On ajoute même qu'il doit être fondé un grenier d'abondance, pour en mettre en réserve et prévenir toute disette de cette denrée si nécessaire au peuple, et qu'il doit être ouvert un marché pour la vente de ceux en surcroît et l'approvisionnement de la province. Toutes les quinzaines on affichera leur taxe périodique avec celle du pain.

Je cherche à plaisanter, mais ma plaisanterie grimace, mon rire est jaune ; j'ai le cœur trop navré ; et qui ne devrait l'avoir en songeant au sot emploi de l'argent destiné à la protection des arts ; en songeant aux sommes considérables dépensées pour l'importation de cette pierre ; tandis qu'on refuse à de jeunes et grands artistes un peu de marbre, un peu d'or, pour immortaliser la France orgueilleuse, et leur génie qui s'éteint dans le désœuvrement et la douleur ! en songeant que tous nos édifices restent inachevés, qu'on leur refuse un ouvrier, tandis qu'on occupe, pendant plus de trois mois, plus de huit cents hommes rien qu'à la fouille et au percement de la tranchée, en pente douce, faite à partir du dé de l'obélisque jusqu'à l'embarcadère ; en songeant à l'amour faux et désordonné de quelques hommes pour les pierrailles antiques, et au dédain professé généralement pour nos antiquailles à nous, dont nous devrions être si glorieux, pour lesquelles nous devrions être si tutélaires !

Malheureux ! pendant que vous épuisez le trésor par vos conquêtes de sphinx verts ou roses, nos cathédrales tombent en ruine, nos châteaux se démantèlent ; l'abbaye de Royaumont, le plus admirable édifice élevé par la munificence de Louis IX, qui en éleva tant d'admirables, est à demi détruite et dévastée par une blanchisserie de toiles. Pendant que vous remettez des béquets ou des empeignes à des Bacchus et des Hermès mutilés, vos tombereaux brisent et pulvérisent, dans le palais même des beaux-arts, les piédestaux de l'arc du château de Gaillon.

Tout votre bruyant étalage d'affection pour l'art et l'antiquité n'est qu'une impudente parade. Si vous aviez réellement quelque sentiment du bien et du beau, repousseriez-vous les Raphaël ou le Rembrandt qu'on vous offre pour vos galeries? Laisseriez-vous disperser les collections des chefs-d'œuvre des maîtres, et souffririez-vous que l'étranger en fît sa proie? Vous n'avez que des sentiments feints et faux. Votre cœur n'a jamais battu sous les voûtes d'un temple; vous n'avez jamais tressailli à l'aspect d'un Murillo ou d'un Corrège; vous n'avez jamais compris Puget; vous ne savez ce qu'est Jean Bullant, Jean Joconde, ou Philibert Delorme; vous êtes des cuistres aux bords de la Seine, et vous faites les poëtes aux bords du Nil. Pitié!... Celui qui ne comprend pas Saint-Vandrille, Blois, Chambord, Gaillon, Royaumont, Brou; celui-là ne peut comprendre Thèbes. Comment celui qui troque la Diane de Poitiers de Jean Goujon contre un Ajax de Dupaty, comment celui-là comprendrait-il un obélisque? Vous n'avez pas la religion des aïeux, vous n'avez ni la religion de l'art, ni la religion de la patrie : vous voulez simuler ce que vous n'éprouvez pas; vous voulez paraître protecteurs et jouer les Mécènes, vous affectez de la sollicitude, et pour faire remarquer votre sollicitude affectée, vous faites des extravagances; vous voulez étonner le vulgaire par des bizarreries. Peu vous importe que vos commis brisent à coups de liasses de papiers les vitraux magnifiques de la Sainte-Chapelle, vous ne vous occupez pas de si mesquines affaires, où vos soins resteraient obscurs; il vous faut des actes retentissants. Il vous faut attirer les regards de la foule, et lui extirper son admiration. Vous savez très-bien que ce n'est pas le sage et le beau qui l'ébahit : vous voulez l'ébahir : vous agissez pour cela, à merveille.

Qu'on amène ici un superbe cheval arabe, la plus belle créature de Dieu, le plus bel être; nul ne détournera seulement la tête pour le voir : qu'on amène une girafe, ridicule animal, la multitude se levera aussitôt, accourra en masse sur son passage, et son entrée sera un triomphe. Qu'on importe une œuvre de Michel-Ange, qui s'en occupera, qui se détournera pour la voir? Mais qu'on importe un obélisque, la multitude se ruera à l'entour. Un obélisque, c'est une girafe de pierre : votre obélisque aura beaucoup de succès! Quelques cent mille niais feront

Ho!!! en l'apercevant pour la première fois. Quelques centaines de paysans de la banlieue, venant vendre leurs légumes, s'arrêteront devant, bouche béante, et demanderont ce que c'est que ce *machin orné de canards et de zigzags* : on se gardera bien de leur répondre en français : C'est une broche de pierre ; avec emphase on leur dira, en grec : C'est un obélisque monolithe. (Quelle bonne chose que le grec pour boursoufler les platitudes, et pour obscurcir ce qui est clair.) Jarnidieu! sauf votre respect, répliqueront ces braves gens, je prenions ça pour une cheminée de pompe à feu.

Goguenarderies à part, que trouvez-vous de si beau à un obélisque? Comme art, comme exécution, comme invention, comme galbe, comme effet, c'est un monument laid et nul. Voulez-vous donner une idée avantageuse des Égyptiens et de leur génie? Pourquoi donc alors choisir entre leurs œuvres une borne? car, vous savez tout aussi bien que moi, et mieux que moi, car vous êtes des savants, qu'un obélisque n'était point un monument, mais une grande borne placée vis-à-vis des temples ou des palais, pour y inscrire tout du long les noms et prénoms des fondateurs, des agrandisseurs, et des restaurateurs de ces palais ou de ces temples.

Voulez-vous prouver jusqu'à quel point les

Égyptiens étaient habiles à transporter et mettre debout d'énormes blocs ? Bon Dieu ! qui vous conteste l'habileté des Égyptiens ! nous savons parfaitement qu'ils étaient très-adroits.

Voulez-vous nous prouver que, sur ce point, vous êtes aussi forts qu'eux, et que vous pouvez, comme eux, dresser sans efforts de lourdes masses ? Bon Dieu ! qui vous conteste votre habileté ! nous savons parfaitement que vous êtes aussi adroits que des Égyptiens. Le pont suspendu des Invalides et la fontaine de la Michodière nous ont solidement convaincus de la supériorité de nos ingénieurs.

On fait courir le bruit, depuis quelques jours, qu'il a été juré, quelque part, un serment solennel de contrefaire le plus servilement possible Rome et les Romains; pas en toutes choses, entendons-nous. Rome avait la colonne trajane, on a la colonne trajane de la place Vendôme. Rome a la colonne antonine, on vient de commander une colonne antonine pour la place de la Bastille. Les Romains, qui ne surent faire autre chose que piller et imiter, transportèrent en Italie une vingtaine d'obélisques : on va en transporter ici indéfiniment. Cela fait très-bien d'imiter Auguste et Constance; cela donne une tournure impériale. Sixte-Quint fit redresser l'obélisque de Caligula : vite, il faut redresser aussi un obélisque; mais comment redresser un obélisque quand on n'en a point? la chose est simple : on en va chercher. Méhémed-Ali est très-aimable; il en donne à qui en veut. Toutefois, vous n'en avez encore qu'un seul, et Rome, en ce moment, en possède juste un demi-quarteron : vous êtes loin de compte.

Tenez-vous opiniâtrément à compléter le demi-quarteron? sérieusement affectionnez-vous les obélisques? (car, pour moi, je ne puis vous le dissimuler, j'ai le malheur de préférer long comme le bras de flèche de Strasbourg à deux cents aunes de monolithe). Suivez mon conseil, faites-en vous-mêmes. Qui vous empêche d'en faire? vous ne manquez pas d'artisans qui vous demandent de l'ouvrage. Il faudrait avoir une très-insultante opinion d'eux pour les croire incapables d'un pareil travail. Allez en Provence, dans le diocèse de Fréjus, où le porphyre abonde; à l'Esterel et à Roquebrune. En allant de Roquebrune au Muy, vous rencontrerez une montagne qui en contient des masses de plus de soixante pieds de haut, sur une largeur considérable. Vous pourrez y tailler, comme les Romains le firent autrefois, des colonnes semblables à celles qu'ils tiraient de la haute Égypte; vous pourrez y fabriquer à foison des obélisques; et, certainement, des obélisques de porphyre français, travaillés par des artistes français, vaudront tout autant que des obélisques de granit et d'Égypte.

Haro! haro sur le baudet! vont, à ce mauvais propos, s'écrier les savants; imbécile! vont-ils me dire, les obélisques n'ont point une valeur intrinsèque; ils n'ont de valeur seulement que par les souvenirs qu'ils renferment, les souvenirs dont ils regorgent. Songez donc, idiot, que l'obélisque de Louqsor, par exemple, rappelle Ramsès ou Rhamessès III (M. Marle n'a point encore fixé l'orthographe de ce nom; d'ailleurs, il n'y a d'orthographe que pour les noms impropres). Rhamessès III, quinzième roi de la dix-huitième dynastie! Comment? vous ne vous attendrissez pas au souvenir de Ramsès ou Rhamessès, le même selon les uns, tout autre selon les autres que Sésostris, que le grand Sésostris! Cruel, insensible! comment? vous ne fondez pas en larmes à la mémoire de Ramsès III, quinzième roi de la dix-huitième dynastie! comment, votre cœur ne palpite pas à son seul nom, tenez, que voici écrit sur l'estomac de ces huit singes cynocéphales!...

Hélas! messieurs, je vous en demande bien pardon; mais je ne puis sympathiser avec vous à ce point. Mon cœur n'est pas assez vaste, ni assez élastique pour étendre aussi loin son amour et ses affections. Votre Ramsès ou Rhamessès III, quinzième roi de la dix-huitième dynastie, était sans doute un fort bon homme (il ne faut jamais mal parler des absents); mais, pour moi, sincèrement, lui et sa grande borne sont fort peu de chose.

Ne pensez pas d'ailleurs, messieurs, que la France plus que moi raffole de votre Pharaon, ni qu'elle ait jamais eu la pensée de lui élever un autel; et tenez-vous pour certains que ce n'est pas le souvenir de votre Rhamessès III qui viendra l'assaillir lorsqu'elle jettera les yeux sur cette borne, plantée au milieu d'une place encore fumante du sang de Louis XVI.

Pétrus BOREL.

DE L'INFLUENCE LITTÉRAIRE

DES FEMMES A PARIS.

Les femmes doivent marquer dans les lettres par la grâce et la facilité; c'est là leur attribut; elles n'ont pas les qualités opposées. Lorsqu'elles écrivent, il faut qu'elles aient plus de naturel et de délicatesse que nous, et surtout qu'elles ne sortent pas de ce langage simple, limpide et vrai que la société ne leur impose que parce que la nature leur en a donné le secret à un degré éminent.

Depuis l'ère chrétienne, et surtout depuis la

chevalerie, elles ont été associées particulièrement à l'existence de l'homme, et ont augmenté ses plaisirs. Ces mêmes plaisirs, il les a partagés avec elles; solution infinie.

Les femmes ont créé la vie privée comme nous l'avons aujourd'hui, qui n'a été connue ni chez les Grecs, ni chez les Romains, ni à Carthage si riche, si luxueuse, mais enfermée en grande partie dans sa vie d'affaires : elles règnent chez nous par le charme d'habitudes plus douces, par le droit chrétien, et comme des êtres dont l'intervention apaise les maux de la vie.

Avec la venue de leur influence finirent la dureté et l'agitation républicaines des vieilles civilisations. Plus tard, à travers le moyen âge, elles adoucirent l'humeur sauvage et inquiète des suzerains, et firent tomber la férocité du donjon. La douce vie de la famille, pleine primitivement d'habitudes de guerre, fut leur ouvrage. Grâces à elles, nous avons donc un intérieur plus affectueux, mieux lié, une société plus étroite de parents et d'amis.

Cette influence subite des femmes fut secondée par la religion. Elle n'énerva point le génie humain; au contraire, elle lui imprima un véhicule de plus et des formes nouvelles d'éloquence, et communiqua à sa renaissance, dans des âges grossiers, une beauté, une douceur et une politesse qui lui avaient manqué dans les sociétés anciennes les plus policées. Les Gaules devinrent en particulier, sous cette action morale, le pays de l'Europe où l'expression de la chevalerie présenta le plus de hauteur morale et de physionomie spirituelle et élégante. Cette expression est incontestablement l'œuvre des femmes. Elles l'ont fait solliciter tous les jours durant des siècles, par une opinion publique, leur œuvre, laquelle nous a demandé sans cesse des progrès.

Précisons ce fait : Leur influence, à elles, se puise dans l'exaltation intellectuelle qui prépare une civilisation nouvelle avec la foi chrétienne, et ce sentiment du sublime qui se réveille confusément après des siècles d'arrêt dans les races humaines. Considérez-les à ces moments du renouvellement social par les idées chrétiennes. Partout elles poussent l'homme aux actions généreuses ; partout les conseils qu'elles lui donnent sont les plus beaux et les plus sûrs pour nos destinées ; elles n'aiment qu'à la condition que l'on se surpassera. Le chevalier obéit à leur voix, et porte leur image et leurs douces et fières paroles jusque dans les combats. Rien de grand n'a lieu sans que leur pensée n'y prenne une part ; elles jettent nos pères sur toutes les routes de la science et de l'héroïsme, encouragent toutes les conquêtes morales, et suscitent chez eux, en éveillant les plus doux sentiments, la pensée ardente d'atteindre à une perfection jusque-là idéale : nos ancêtres s'y élèvent. — Grâces à elles donc, la société française marche plus rapidement dans les routes de la civilisation.

Lorsque cette civilisation devint plus générale, la splendeur théâtrale des mœurs chevaleresques s'affaiblit ; l'influence des femmes ne se produisit plus de même, changea de formes; elle parut moins manifeste aux yeux de la foule, parce qu'elle devint plus intime ; au fond, elle se rapprocha seulement de l'homme, et entra dans son cœur. Ce second rôle qui était plus grand, plus actif, quant au pouvoir, les fixa dans les châteaux ; avec la paix et la prédominance définitive de la couronne, elles volèrent à la cour, « dans cette demeure douce et opulente, où leur absence eût ressemblé à un printemps sans roses », comme l'a dit le plus galant de nos monarques. Là, était leur empire ! là, elles reprirent, à tous les yeux, leur ascendant, et nous donnèrent des leçons d'une politesse charmante. Elles y portèrent les goûts paisibles, distingués et plus élevés d'une civilisation avancée. Elles y perfectionnèrent les idées et le langage, et y simplifièrent encore la vie puissante, de manière à lui imprimer un charme inexprimable ; elles *firent aimer la cour*, ce qui aida singulièrement les Richelieu, les Mazarin, les Louis XIV à jeter à terre le reste de la puissance féodale, ce berceau de leur influence et de leur gloire.

Sous Louis XIV et Louis XV, les femmes maintinrent leur influence sous des formes encore plus simplifiées, en se soumettant, en apparence, à des opinions de supériorité masculine qui s'étaient établies. Comme avant, leur influence n'y perdit pas. Une éducation de jeune homme n'était suffisamment faite, sous cette monarchie, que lorsqu'elle s'était achevée dans ces sociétés polies, où quelques femmes, et souvent les plus âgées, régnaient au nom de l'autorité du goût, de la raison et des plus aimables vertus. Qui ne s'explique donc comment, soutenues d'une manière aussi vivace par les idées et les habitudes des classes les plus éclairées, bien qu'étrangères à l'art proprement dit, les femmes aient dû écrire souvent des *lettres* admirables de naturel, d'éloquence et de finesse d'observation ?

Sous Louis XIV même, les femmes ne furent pas, en général, pédantes. Aussi ne firent-elles pas de cette *poésie classique* qui dépassait leurs forces, bien qu'elles eussent pu faire les *vers* aussi bien qu'aujourd'hui.

Elles font maintenant de la poésie en écoutant leurs inspirations dans une langue assouplie et plus libre, dont elles connaissent les secrets, et conseillées seulement par ce sentiment des choses et des convenances qui précise tous leurs entretiens. La poésie de Boileau devait leur être rebelle; et en effet, si elles ont pu exceller à écrire des *lettres*, c'est par les moyens contraires, par des qualités spontanées; c'est qu'elles se sont traduites sans appareil, avec vivacité, et sans autre guide que leurs pensées, avec cette facilité à se développer que trouvent les belles plantes naturelles sur les terrains qui leur sont propres. Le sujet, et l'émotion éveillée par lui, leur donnent le reste, ce style rapide et naturel comme la parole : c'est dans leurs habitudes sociales qu'elles puisèrent les grâces et la délicatesse de leur style. Aujourd'hui, laissez-les écrire de cette façon la poésie, et elles s'y élèveront (quels que soient les sujets, pourvu qu'ils tombent sous leur observation, et qu'elles puissent y laisser quelque chose d'elles-mêmes) à un vers plein, naturel et libre, à des beautés touchantes; laissez-les faire, et vous aurez une poésie facile et riche comme la prose, capable de rendre ce qu'elles sentent comme elles le sentent, et non les produits d'un art aride qu'elles ne savent pas.

La nouvelle école littéraire des femmes est entrée dans ces voies libres, fécondes; et l'opinion qui essaie de nouveaux *systèmes* pour agrandir l'art, l'y a soutenue. Ces voies nouvelles sont frayées par elles ; nous trouvons déjà dans leurs poésies des peintures vraies de la vie privée et beaucoup de sentiments intimes. La poésie n'est plus dans leurs mains qu'une langue précise et pittoresque. Sous les mains même des plus habiles, elle peut donner jusqu'à l'expression des nuances les plus fugitives, des sentiments et des faits. Elle peint des choses que l'ancienne poésie ne savait pas dire. Cette poésie simple, langage et reflet de la vie intérieure, est celle des femmes qui tiennent le sceptre poétique, de mesdames Desbordes Walmore, Tastu, Delphine Gay, madame Ségalas. Je m'arrêterai à la dernière de ces dames, dont les premières pièces me semblent appartenir pleinement à la nouvelle direction. Elle a moins d'expérience, mais elle se lance plus franchement d'elle-même. Puisse une obscure approbation lui donner foi en son génie, en sa poésie, en son éloquence ! Les dames que je viens de nommer, et auxquelles se lie son avenir, sont douées de talents charmants, mobiles, assouplis, et profonds sur quelques questions, comme des pensées et des âmes de femmes.

Madame Ségalas a des sentiments profonds, et des pages nettes et animées; elle élève son vers et ses images, quand la poésie du sujet s'élève. Son vers, cela est manifeste, vient après sa pensée; et pour son drame, il est simple, coloré, harmonieux, et toujours libre : il n'est qu'une forme avec laquelle ce poëte peint et anime son sujet. Ce n'est pas son tour seul qui vous émeut, mais ce sont les pensées qu'il exprime, et une empreinte de grâce qui a passé de l'imagination de l'écrivain sur lui. Dans tout cela, mon Dieu! si madame Ségalas a songé à ce que vous appelez l'art, ça été judicieusement, rapidement, comme on songe à une règle de grammaire, de nombre, à l'accessoire d'une chose, lorsqu'on veut surtout montrer le principal, cette chose même.

Madame Ségalas aura un jour toute sa part de gloire dans cette simplification de la poésie. Il faut la compter, malgré sa jeunesse, et à cause de ses ouvrages, au nombre des habiles esprits qui nous donnent la poésie intime, le vers sans lisières[1]. Il y a là un titre, une fleur charmante pour sa couronne!

Mais, en vérité, ce n'était pas chose facile que ces changements délicats et si justes dans le langage, que ces perfectionnements des règles par l'âme qui les a revues au milieu des trésors d'émotions, de souvenirs, de comparaisons? non

[1]. La Pologne, considérée dans ses antiquités, dans ses malheurs héroïques, dans ses espérances, vient de lui fournir le sujet d'une bien belle élégie, où la parole polonaise a passé avec toute sa vie, sa couleur locale. Voyez la *Vieille Pologne*, recueil touchant, monument élevé à sa gloire par M. Forster, un de ses braves officiers, passé des batailles aux muses héroïques.

certainement, et ces changements sont trop heureux, trop brillants, pour que la critique n'en rende pas la douce gloire à qui de droit, à quelques jeunes femmes! Laisser la langue d'une époque comme la nôtre, pleine de nuances déliées comme ses besoins moraux de société vieillie, d'expressions vivantes, lui laisser un tour plus naturel, plus pur et plus vif, lui ôter les langueurs d'un art qui ne sait pas assez puisqu'il est toujours le même, et comme mort, et donner à sa place la pensée dans toute sa chaleur, c'est faire beaucoup! c'est toute une révolution littéraire! et par des femmes, et à petit bruit! le fait mérite d'être noté.

L'influence de ces délicatesses de la diction se communique aux esprits les plus vigoureux, qu'elles ornent et douent de plus de tact; et puis comme c'est la conversation privée, la parole avec toutes ses facilités, son jeu croisé d'expressions animées sur les mêmes sentiments et les mêmes pensées qui enrichit réellement la langue parlée, les femmes qui savent la tempérer, en s'y mêlant, par des traits plus doux, donnent à l'improvisation des effets gracieux et naturels qui lui manqueraient sans elles. Là, le détail est leur grand objet, leur grand succès; elles lui prêtent leur feu et leur délicatesse d'esprit, et tous les charmes d'une faiblesse charmante. Ne croyez pas que tout cela soit l'effet de la seule commotion intellectuelle, et soyez certain que leur esprit a fait des combinaisons rapides, mais sûres. Le propre des facultés distinguées est de s'étudier, après quelques premières expériences, pour tirer d'elles-mêmes des vues et marcher. Pour cela, j'aurais confiance dans les directions de ces esprits délicats qui sont tout sensibilité, raison rapide. Les femmes renouvellent aujourd'hui quelques parties du champ littéraire; tenons-leur compte de ces efforts et de leurs succès. Elles ne viennent pas avec des récits d'une élocution charmante nous régenter; elles viennent simplement définir des choses de tact et déliées, nous approcher d'objets aimables qu'elles peignent mieux que nous, mettre sous nos sens des beautés que nous n'apercevrions pas si elles ne les avaient pas vues; et remarquez comme elles les ont vues nettement!

Nous devrons à leur influence présente qui, comme au sein de toutes les sociétés polies, nous ramène à une simplicité artistique de langage, une prose plus naturelle et plus expressive dans les relations sociales et privées, et une poésie plus vraie pour retracer nos sentiments ordinaires.

Jusqu'à présent on s'était trop exagéré les difficultés nécessaires de l'art des vers. Ce sont précisément ces difficultés qui faisaient de la poésie un langage fatigant pour tout le monde, et sans vérité comme reproduction. Abaissez pour les femmes les difficultés à la simple connaissance de la langue, comme les gens bien nés l'écrivent, et aux règles du rhythme, et elles feront des vers dont le sentiment et la texture seront palpitants, qui copieront des sensations, des pensées, des nuances bien démêlées; comme cela, elles vous traduiront dans une douce et belle langue le drame de quelques parties de la vie actuelle, exprimé comme elles l'ont vu et senti. Ce drame, pour se déployer puissant, n'aura besoin que de la seule éloquence que ses traits principaux gardent dans leur cœur; car, en elles, la vie passée privée s'éteint moins vite, car elle a été leur grande affaire. Les peintures en vers qui étaient faites autrefois par les femmes, étaient trop soumises aux arrangements de l'art. — Où perdaient-elles leur caractère original? dans ce travail. — A la dernière épuration, vous aviez les formes et les idées convenues de l'école, mais vous n'aviez pas l'objet que vous aviez voulu peindre, le sentiment que vous pensiez traduire. Laissons donc les femmes faire librement les peintures naturelles.

Quelques traits signalent souvent, selon nous, dans une jeune femme le don de la poésie. Précisons nos conjectures : des traits délicats que vous voyez changer facilement, au son de la voix, sous l'impression des objets, l'attention timide du regard, mais l'attention prolongée, une parole coupée qui néglige souvent les transitions pour se montrer rapide, pour montrer cette intelligence du grand qui ne saisit que ce qui a de la supériorité. — Dans la constitution, cette énergie fébrile et supérieure que vous voyez toujours, qui use, mais communique l'inspiration, et que les belles santés ne se donnent qu'à leur détriment, jointes à certaines mollesses enivrantes du corps, du regard, à une spontanéité de mouvement dans la figure qui indique que la vie intérieure est active. Chez les personnes nées pour parler éloquemment, que de fois l'âme, sans cesse éveillée à tout, ne copie-t-elle pas la figure? Jamais la structure de celles-là ne tient fortement à la vie, tant il est vrai qu'il n'y a qu'une sorte de sur-excitation intellectuelle, de lassant labeur qui nous permette d'exceller. Vous n'êtes pas éloquent avec des sensations calmes; vous ne l'êtes pas par d'habiles combinaisons de phrases sonores et d'idées froides; mais vous l'êtes si le cœur vous bat vivement, si vous sentez avec énergie! J'ai connu une dame qui personnifiait admirablement cette théorie de poésie, madame Brunton d'Édimbourg. Sa mémoire est à jamais le plus touchant profil pour ceux qui l'ont connue. Elle est morte très-jeune, il y a quelques années.

— Je la vois encore à Édimbourg, timide et spirituelle, jolie, mais sans beauté très-régulière, frappant par le jeu fin et doux des traits. Il n'y avait rien d'intéressant qu'elle pût voir sans émotion, et rien qu'elle ne sût exprimer avec une heureuse vivacité de langage. Ses manières étaient bonnes, élégamment simples, sa taille gracieuse avec ces lignes indolentes et faibles qui excitent l'intérêt, parce qu'elles révèlent, au milieu de la vie même, que cette faiblesse active fléchira sous l'ardeur de l'âme et la force du travail. — Sa conversation n'était rien si vous l'écoutiez autrement que comme un interlocuteur ordinaire et attentif. — Elle savait vous écouter, elle, avec la même attention, et prêter je ne sais quoi de son esprit à la saillie du vôtre, et rendre, elle, sa répartie plus lucide ; cette réponse était souvent profonde et toujours en rapport avec ce que vous disiez. Bien qu'à ce moment son esprit vous parût très-habile et eût pénétré avec beaucoup de sagacité les mobiles de quelques passions, il avait conservé une grande candeur, et il y avait pour cette intelligence fine et rapide des côtés de choses matérielles et d'idées tristes et perverses qu'elle ne saisissait pas : sa compréhension s'y brisait. Elle charmait du côté où elle allait d'elle-même, et vous emportiez d'auprès de cette charmante jeune femme des impressions d'une douceur indéfinissable, venant du caractère, des manières, d'une pensée qui leur était identique; ce n'était pas sa beauté qui vous avait ému, mais l'influence des qualités les plus rares et les plus complètes; vous aviez été frappé par l'union d'une raison fine et abondante à une mémoire ornée par l'observation. Son élocution, que la liberté rendait séduisante, brillait particulièrement dans un petit cercle, devant quelques amis, dans un jardin, auprès d'un balcon couvert de belles fleurs, comme on en remarque à Édimbourg; ou assise chez une amie, en face des belles eaux bleues du lac de Forth, à la lumière d'un soleil mourant, ou durant une belle soirée. — A Édimbourg, les impressions qu'elle laissait ne sont pas effacées. Le charme de sa personne vit toujours dans la société; quand on parle d'elle, son souvenir émeut comme si sa personne était encore sur les lieux où elle a passé et brillé doucement pendant quelques années.

Une dame, qui est aujourd'hui la gloire poétique d'Écosse, madame Baillie, a été l'interprète de ces regrets de tout le monde, dans une pièce de vers dont la forme et les sentiments appartiennent exclusivement à la nouvelle poésie.

La voici traduite par une autre main de dame,

mais de notre société. Ce traducteur a caché modestement son nom, et a voulu nous donner un plaisir sans remporter un applaudissement.

> Le malade qui veille et qu'on entend gémir
> Avec l'aube du jour ne la voit plus venir.
> En vain croit-il encor, lorsque l'horloge sonne,
> Reconnaître ses pas sur les feuilles d'automne.
> Elle ne viendra plus ! Du lit des malheureux
> L'ange consolateur a volé vers les cieux,
> Et le vieillard infirme, isolé sur la terre,
> A reçu de sa main son aumône dernière.
> Au sein de l'opulence, un monde plus brillant
> Partage la douleur de l'humble paysan,
> Et l'on pleure en ces lieux, où s'animant par elle
> Tous les discours prenaient une grâce nouvelle.
> Mais qui peut exprimer les angoisses du cœur
> De cet époux veillant près du lit de douleur,
> Qui, rendant grâce au ciel d'une union chérie,
> Trouvait dans son amour le bonheur de la vie?
> Il reçut d'un regard l'adieu silencieux,
> Et déja comme un ange elle entrait dans les cieux.
> O vous qui me lisez, et dont l'âme est émue,
> Vous à qui cependant elle fut inconnue,
> Vous qui, fixant vos yeux sur l'horizon lointain,
> N'avez pu contempler sous un beau ciel serein
> La chaîne de ces monts, par la neige blanchie,
> Dont s'orne à nos regards notre heureuse patrie;
> Étrangers, dans vos mains tournent rapidement
> Les pages de ce livre où son talent charmant[1],
> Sous ces accents du cœur qui savent toujours plaire,
> Nous cache cependant une leçon sévère;

---

[1] *Laure de Montreville.*

Où souvent un seul mot, baume consolateur,
Pénètre doucement dans les replis du cœur.
Sa vie et son génie étaient à leur aurore;
Heureuse et confiante, elle écrivait encore.
Mais, hélas! étrangers, les mots sont suspendus,
Et sur le papier blanc que de pleurs répandus!
Dans les climats lointains, dans la vieille Angleterre,
Étrangers comme amis, tous l'aimaient sur la terre!
Peut-être en ce moment, ange, esprit radieux,
Les accents de ta voix pénètrent dans les cieux;
Dans ces parvis sacrés ton âme simple et pure
S'enivre près de Dieu du seul bonheur qui dure.
Oui, le cœur a besoin, quand il a vu mourir,
De croire à la patrie où rien ne doit finir;
Et cet être créé par le Dieu de puissance,
Auquel le sang d'un dieu rendit son innocence,
Doit vivre plus d'un jour. Appui des malheureux,
Douce et sainte croyance, ouvre-lui donc les cieux.
Dis-lui : « Tu sus remplir ta mission d'amour;
Tu vivais pour aimer : on t'aimait à ton tour.
Qu'aurais-tu donc encore à faire sur la terre?
Ange venu du ciel, retourne vers ton père! »

L'Auteur

D'*Élisa Rivers* et des *Scènes du grand monde.*

LA SALLE DES PAS PERDUS.

Elle a deux cent vingt-deux pieds de long sur quatre-vingt-quatre pieds de large. C'est, dit-on, la plus vaste salle qui existe. Là trônèrent les premiers capétiens, ces rois de fer qui jalonnent notre histoire comme des trophées d'armes. Là trônent les rois de notre époque, les avocats.

La vieille salle, la grand'-salle du moyen âge n'existe plus. Un incendie la consuma dans la nuit du 5 au 6 mars 1618. Ce fut, dit *le Consti-*

tutionnel du temps, l'œuvre des jésuites, qui voulaient anéantir les pièces du procès de Ravaillac. Pauvres jésuites! ils sentent le soufre d'une lieue : pas de brûlure d'hommes ou d'écrits où l'on ne s'obstine à voir leur mèche! Mais le greffier Voisin, homme prudent et soigneux comme tous les greffiers du monde, s'empressa de mettre ses archives en sûreté. Il justifia les jésuites, l'honnête plumitif, puisque les pièces du procès sauvées, il n'y eut pas contre eux le plus petit mot à dire. Qu'auraient-ils donc voulu brûler? Le greffier?

Les révérends pères blancs comme neige, la grand'salle n'en demeura pas moins brûlée, et ce fut dommage. Mieux eût valu voir arder toute la paperasserie de maître Voisin, qui sait? maître Voisin lui-même, et une demi-douzaine de robes noires appartenant à la très-sainte société, que de perdre ainsi en une nuit, en quelques heures, le plus vénérable monument de cette guerrière et chevaleresque époque qu'avait effacée la renaissance, et qu'allait reléguer dans la nuit des temps, sur les confins des époques grecque et romaine, ce siècle roide, guindé, aligné comme une allée de Le Nôtre, qui prit le nom de grand, pour lui et pour son roi, l'héritier de Richelieu, qui n'était pas grand!

Là, debout, immobiles, appuyés sur leur framée, ou leur glaive, ou leur sceptre, vêtus de fer ou d'hermine, chevelus ou barbus, figuraient tous les rois de France, conquérants ou nationaux, Francs ou Gaulois, depuis l'inamovible Pharamond jusqu'au roi chevalier, qui se laissa battre et prendre par Charles-Quint, prendre et tuer par la belle Ferronière. Dans ce silencieux congrès, l'usurpateur coudoyait le légitime, et, suivant l'ordre invariable des dynasties, le maire du palais, passé roi, flanquait le dernier des Merewig, l'héritier royal des ducs de Paris avait pour serre-file le dernier des avortons couronnés de Karl-le-Grand. L'incendie confondit tout, consuma tout, rois et dynasties.

Ne nous faisons pas toutefois les *pleureurs d'Homère*. Leur heure serait plus tard venue à ces rois de bronze, et le spectacle du colossal médaillier n'eût pas réjoui les yeux de nos jeunes remueurs de moyen âge. Le puritanisme de nos premiers républicains était tant soit peu iconoclaste : il n'avait pas pour les fleurs de lis royales les yeux de M. de Salvandy.

Mais sans doute il eût épargné l'innocente table de marbre qui remplissait tout entière l'une des extrémités de la salle, cette table où les enfants de Robert-le-Fort donnaient leurs festins royaux, où la basoche *régnante et triomphante* représentait, aux jours des grands *ébás-*

tements et *joyeusetés*, ses *farces*, ses *moralités*, ses *sotties*. Curieux objet d'analyse que cette royauté qui, encore à fleur de terre, partageait familièrement avec le menu peuple ses salles de cérémonie, tenait ses assises en personne au pied d'un chêne, pour s'élever plus tard, invisible et toute-puissante, jusqu'à son apogée de Versailles, puis redescendre, modeste et bien apprise, jusqu'à la promenade bourgeoise et aux poignées de main : arc de cercle mystérieux qui s'écarte peu à peu de la tangente populaire, et qui revient invinciblement s'y perdre pour obéir aux lois de sa nature.

Le bon vouloir des rois de France pour la basoche tenait du reste un peu du cousinage ; car la basoche aussi avait son roi, roi librement élu, roi aveuglément obéi, qui traitait parfois de puissance à puissance avec son cousin du Louvre, et qui, en bon et loyal allié, lui prêtait au besoin l'assistance de ses dix mille sujets, hardis garçons, toujours d'humeur à déserter l'huis du procureur, et à changer la plume pour la lance. Les armes royales de la basoche témoignaient de l'estime qu'on faisait de ses vertus guerrières. Un casque surmontait son écusson chargé de trois écritoires, et supporté par deux jeunes filles nues. Aux basochiens, comme à leurs héritiers, les joyeuses amours, les amours de mansarde, les jeunes filles dont la toilette n'est jamais si belle que lorsqu'elles n'ont pas même un cotillon!

Heureux roi de la basoche qui percevait ses impôts sur son cousin de France, lequel, pour prix de féaux services, l'autorisait à couper trois arbres par an dans ses forêts, qui rançonnait le parlement, et qui ne levait d'autre contribution sur ses sujets que le béjaune des nouveaux venus! Heureux état dont le budget entier s'écoulait en ébattements joyeux, en frais de costume et de musique, en galas, le jour où, leurs drapeaux écussonnés en tête, les enfants de la basoche allaient donner des aubades à leurs dignitaires et aux gros bonnets du parlement!

Pauvre basoche! on lui vola son roi. Henri III, d'équivoque mémoire, s'avisa d'en prendre ombrage. Lui, roi à deux couronnes, lui qui avait été roi élu, il supprima d'un signe de tête le rival modeste qu'élevaient sur le pavois des clercs de procureur! Le roi de la basoche disparut, avec son confrère l'empereur de Galilée, comme avait disparu le roi des ribauds, comme disparurent ces myriades de rois qui gouvernaient les corps de métier de ce Paris aujourd'hui révolutionnaire, et qui a tant de peine à en souffrir un.

Mais le royaume ne périt pas avec son chef : régie par un chancelier, la basoche conserva force et vigueur jusqu'à la révolution ; arrivée là, elle s'engouffra dans l'hécatombe des institutions du passé : elle s'y précipita joyeuse, avec son uniforme rouge et ses épaulettes d'argent. Héroïque et dévouée, elle déterra des fusils aux Invalides, et vint avec le peuple prendre la Bastille : en la nivelant au sol, elle sapait son privilége, et ce fut de grand cœur. L'uniforme rouge fit place à l'habit noir, le basochien au clerc d'avoué. C'est bien terne un clerc d'avoué !

Tout s'en va et tout vient à point en ce monde. Nous vivons en un temps nivelé, monotone, qui ne rit plus. C'est merveille comme ces centres de joyeuseté et d'autorité que le vieux régime avait créés ont perdu toute analogie avec nos mœurs, en disparaissant de nos usages. Qu'auraient affaire avec nous les gais basochiens? Un saute-ruisseau d'huissier se regimberait tout rouge contre un roi, n'eût-il qu'un sceptre de papier, et pour écusson trois écritoires.

Je reviens à ma grand' salle : brûlée, on la rebâtit, on fit du grandiose et du beau : à la simple couverture en charpente succéda une double voûte en pierres de taille, divisée en deux nefs égales par un rang de piliers et d'arcades. De grandes ouvertures cintrées et vitrées aux extrémités de la salle, des œils de bœuf pratiqués dans les flancs des deux voûtes pourvoient suffisamment de lumière ce vaste promenoir : telle fut l'œuvre architecturale de Jacques Desbrosses. Quant à la décoration intérieure, aucun ouvrage de la statuaire ne vint remplacer la royale généalogie, et ce n'est que de nos jours qu'on a installé dans une niche une statue de Malesherbes, sauvée, dit-on, en 1830, de la fureur du peuple, et qu'on aurait dû immoler aux antipathies des connaisseurs. A propos de Malesherbes et de sa statue, un savant littérateur qui m'honore de sa bienveillance, infatigable compulseur et redresseur de faits, grand dénicheur de réputations usurpées, comme l'abbé Delaunay était un grand dénicheur de saints, m'a expressément recommandé de protester, dans cet article, contre un éloge donné à l'ancien ministre de Louis XVI, par l'inscription placée au bas de la statue. Il y est dit en latin, pour que tout le monde le comprenne, que Malesherbes donna *la liberté aux prisonniers*. Or il résulte d'un ouvrage publié sous Louis XVI, par un intendant-général du roi, que, pendant la durée de son ministère, Maleshesbes fit mettre en liberté *trois individus* détenus par lettres de cachet. Je devais à mon savant ami cette satisfaction. Adviendra ce que pourra de la réputation de Malesherbes.

Finissons-en avec les murs et les plâtres : parlerai-je de l'étage immédiatement placé sous la salle des Pas-Perdus? demanderai-je à ces chambres, les unes sans jour, les autres pourvues d'un jour blafard, les mystères gastronomiques du pot au feu de nos pères, car là étaient les cuisines de saint Louis? vraiment non. Le cœur manque à l'aspect de ces salles. Là naguère encore étaient les prisons et les cachots de la Conciergerie. Ces murailles nues ont long-temps suinté le sang; là eurent lieu les massacres de septembre..

La salle des Pas-Perdus n'a pas ces horribles stigmates, ces sanglantes traditions. De l'ancien régime elle n'a guère perdu que sa *messe rouge* qui se célébrait naguère à Notre-Dame, et qui, je crois, ne se célèbre plus du tout. C'était pour la rentrée solennelle du parlement, fixée au lendemain de la Saint-Martin. « Dans la grand'salle,
« dit Dulaure, était alors déployé un autel dédié
« à saint Nicolas, où l'on célébrait la messe du
« Saint-Esprit, dite aussi la *messe rouge*, parce
« que les présidents et conseillers y assistaient
« en robes de cette couleur. MM. les gens du roi
« recevaient les serments des avocats et des pro-
« cureurs. Les présidents et les conseillers, dans
« cette cérémonie, se saluaient réciproquement,
« non à la manière des hommes, mais comme
« le font encore quelques femmes, en fléchissant
« et en écartant les genoux. » Singulier spectacle,

et qui prouve jusqu'à quel point l'étiquette et l'esprit de corps peuvent façonner aux plus stupides bizarreries. Qu'on se figure soixante graves personnages vêtus de rouge, se repliant sans rire sur eux-mêmes comme des écrevisses !

Privée aujourd'hui de messe rouge et de salutations féminines, la salle des Pas-Perdus n'est plus qu'un vaste vomitoire, où va déborder pêle-mêle, marchant, courant, se heurtant, se coudoyant, musant, causant, déclamant, gesticulant, toute cette population à part qui vit des tribunaux et qui les fait vivre. Là circulent, s'entre-choquent, aux heures d'audience, la magistrature assise et la magistrature debout, l'avocat qui fut ministre, côte à côte de l'imberbe licencié, l'avoué riche et l'avoué à enrichir, la partie demanderesse et la défenderesse, qui se dévorent des yeux en s'apercevant, pendant que leurs avocats se donnent une fraternelle poignée de mains ; les gendarmes de la banlieue, les gardes municipaux, les huissiers, les témoins, les prévenus, les plaignants, tout ce mobilier des cours et tribunaux de justice, les clercs d'avoué, depuis le saute-ruisseau musard qui s'en va, les mains dans les poches, chercher une expédition au greffe, jusqu'au grave maître-clerc qui rumine l'*Oratio pro Murena*, qu'il va prononcer à l'audience de référé. C'est un mouvement continu et régulier dans sa diversité; c'est un bruissement monotone, où aucune voix ne prédomine, et qui ressemble assez au mugissement périodique de la mer. Tout passe, s'en va et repasse, affairé ou non, les plus désœuvrés paraissant les plus pressés, pour l'honneur de la robe. Seuls immobiles à leur poste, les écrivains publics voient circuler ce tumultueux bourdonnement, sans s'en émouvoir. Assis au coin des piliers, à de maigres échoppes, dont la voûte de la salle leur économise la couverture, s'éventant l'été, pompant l'hiver la chaleur bienfaisante d'un réchaud, ils taillent leurs plumes, quêtant la pratique d'un œil fin, et sans déroger à leur dignité.

« Où donc est-ce la police correctionnelle, monsieur l'écrivain, s'il vous plaît? Voyez le malheur! je suis citée pour témoigner. — Devant quelle chambre, madame? (et l'écrivain règle son papier sans lever les yeux.) — Plaît-il? c'est une vilaine femme qui demeure sur mon carré, et qui a affronté la portière et sa demoiselle, fi, l'horreur! Je viens témoigner contre elle, comme de juste. Mais, pardon, mon bon monsieur, c'est pour dix heures; où est-ce donc la police correctionnelle? — On ne peut donc pas savoir devant quelle chambre? (Il regarde la bonne femme et remarque d'un clin d'œil non son visage de soixante ans, mais son schall de laine à fond noir, sa robe de mérinos fraîche et proprette, ses souliers neufs, il radoucit la voix.) La septième chambre! en face à droite, madame, vous monterez ce perron à double rampe. — Merci, mon bon monsieur. — Pardon, madame, vous vous intéressez à la plaignante, à votre portière? — Dame, monsieur l'écrivain, quand on est depuis vingt ans dans la même maison; et puis c'est une femme agréable, honnête, et qui a de quoi! — A-t-elle un avocat? — Nenni, monsieur, elle n'aime pas la dépense; mais son affronteuse en a pris un fameux, qu'on dit : tenez, la voilà là-bas, avec lui, ce petit, gros, rouge. — Il faut dire à madame votre portière de se faire défendre, de prendre un avocat; autrement elle perdra pour sûr, et Dieu sait si elle s'en trouvera mal au logis. — Je le lui ai dit bien des fois. Est-ce qu'il est encore temps? — Certainement, madame; les avocats, c'est toujours prêt, les bons, s'entend. Tenez, voici une carte, elle n'a qu'à demander ce monsieur aux huissiers. Ils le connaissent tous. C'est un habile homme, je vous le donne de confiance. » La pauvre femme se confond en remerciements, et rejoint en courant son amie la portière. L'adroit proxénète se rengorge; c'est à peine si, durant ce dialogue, il a levé un instant les yeux de son papier, sur lequel il vient de tracer un M majuscule. Quand la vieille a tourné les talons, il la désigne prestement du regard à un grand efflanqué d'avocat, qui allonge le pas en sifflant un air de Pont-Neuf, et a déja rattrapé les deux commères, et entamé ses ouvertures avant d'être au haut du perron.

Ce n'est pas seulement par le compérage des écrivains publics, des huissiers-colporteurs de cartes qu'une certaine catégorie d'avocats cherche ses causes, on les voit souvent faire l'article en personne; c'est moins coûteux et plus prompt. La salle des Pas-Perdus leur sert de principal théâtre. Ils sont là, le flair au vent, épiant le gibier que la police correctionnelle va leur fournir, happant au passage ces bonnes et innocentes figures qu'un geste trop prompt, une parole trop crue livrent en holocauste à la vindicte publique. Ils se font compendieusement raconter toute l'affaire, ils s'apitoyent sur la position du prévenu, ils trouvent la cause grave, les questions épineuses; mais il y a moyen de sortir de ce mauvais pas. Si l'affaire reste sans défense, elle tournera mal. Qu'on dise seulement un mot, ils s'en chargent; qu'on ne dise rien, ils s'en chargent encore; le pauvre diable est, quoi qu'il en ait, muni d'un avocat. Il en serait quitte pour quelques francs d'amende, pour les frais peut-être ; il lui faudra débourser trois fois plus, les joies d'une dixaine de dimanches, pour les honoraires de l'avocat, heureux si l'habileté du Cicéron de police correctionnelle ne lui vaut pas quelques jours de prison, auxquels le tribunal n'eût pas pensé sans la défense !

Il est vrai que, parmi ces happeurs de cause, il s'en trouve qui se contenteraient au besoin d'un fromage. On en a vu qui poussaient l'humilité jusqu'à ramasser à quatre pattes, en face du client, les pièces de cent sous que le client leur jetait tout bonnement à la figure.

Plus d'un de ces racoleurs ne dédaigne pas de se populariser avec les guichetiers pour qu'ils lui livrent le gibier d'assises. Il leur serre cordialement la main ; s'il dîne, il les invite à dîner ; au besoin, il les voiturera avec mesdames leurs épouses à une partie de campagne. Le détenu un peu étoffé paiera tout cela.

Ce n'est là que la boue des avocats, il faut se hâter de le dire : juger de la moralité du barreau par cette moralité ordurière, serait une chose aussi absurde que de mesurer sa capacité à la capacité de ce porte-robe, qui, dans je ne sais quelle affaire d'escroquerie, posa et développa gravement des conclusions où il demandait, avant dire droit, que monsieur le procureur du roi fût tenu de rapporter la preuve légale du décès de Napoléon.

Faut-il au fond s'indigner bien fort contre ces pauvres diables, qui ne sachant ni scier du bois ni battre l'enclume, se sont faits avocats en désespoir de cause, et luttent par tous les moyens possibles contre la faim? C'est une chose respectable que la faim! Que font-ils de plus au reste que ces médecins, charlatans ou non, qui couvrent Paris d'affiches d'une aune, et vous assassinent dans les rues de leurs consultations gratuites?

Ce n'est pas là le barreau, ce n'est pas là la faculté parisienne. Bien que l'esprit avocat soit mon antipathie la plus prononcée, je reconnais de grand cœur que la probité, le désintéressement, le dévouement même ne font pas faute à la majeure partie du barreau et aux notabilités de l'ordre. C'est injure de parler de ces qualités morales, car c'est injure d'en douter.

Les gros bonnets de l'ordre vont régulièrement s'ébattre et secouer la poudre de l'audience dans la salle des Pas-Perdus. Là, ces messieurs, dont ailleurs la presse recueille religieusement les paroles, causent familièrement avec le bourgeois leur client, ou devisent avec leurs confrères. Dans la foule, pour n'en citer qu'un, remarquez-vous cette physionomie régulière et fine, voyez-vous ces poignées de main données à droite et à gauche au plus inaperçu des stagiaires, comme pour faire oublier qu'on a été ministre et pis encore.

Polis, aimables et froids, ils se piquent surtout d'être gens du monde sous leur robe noire. Les beaux causeurs ne manquent pas dans le nombre, toujours un peu s'écoutant parler, mais valant qu'on les écoute. Qu'est-ce en effet que la plaidoirie parisienne, autre chose qu'une spirituelle causerie?

Peut-on parler de l'avocat, sans dire un mot de l'homme qui s'était placé le premier de l'ordre, et dont le talent fait le désespoir de ses jeunes confrères, comme sa haute fortune est leur plus puissant mobile d'émulation? Trois qualités qu'il possédait à un degré éminent l'avaient mis hors de ligne : c'était la parole ferme et âpre, mordante, incisive, l'érudition sagace, abondante, variée, la mémoire fidèle, prompte, pleine d'à-propos. La souplesse de cette dernière faculté lui faisait trouver au moment même la part d'érudition dont sa cause avait besoin. C'étaient d'abord des citations toutes crues : il vous rapportait dans un plaidoyer la moitié d'une églogue de

Virgile : il n'était qu'un pédant phrasier. Plus tard il a appris à broyer habilement dans son discours cette science indigeste, à la colorer, à se la rendre propre. Il est devenu un orateur.

Puisque j'ai cité le type de l'avocat, je dois dire sur la profession toute ma pensée.

L'avocat est le symbole de notre époque : quand la confusion des langues est arrivée, l'avocat règne : il règne aujourd'hui. Qu'est-ce que nos assemblées législatives ? une Babel. Qui s'y dispute l'influence par la parole ? des avocats. Au profit de qui a été exploitée, s'il vous plaît, la révolution ? au profit des avocats. L'avocat est partout, touchant à tout, brouillant tout, prenant tout. L'avocat est ministre, chargé du bavardage officiel. L'avocat est essentiellement député. Pour lui a été inventé le représentatif. C'était un peu de l'avocasserie déjà que notre grande assemblée constituante. N'était la colossale figure de Mirabeau, n'étaient ces trois grands corps aux prises, n'était la sainteté de l'œuvre, la netteté du but tracé, les Target, les Chapelier, les Thouret eussent bien pu nous faire de la fluide syllogistique de barre. Aujourd'hui que ces grandes nécessités ne se présentent pas, que toutes les questions épuisées de débats gisent haletantes dans l'arène, qu'à force d'avoir faibli devant les faits, la foi s'est émoussée ; aujourd'hui l'empire de la parole est aux avocats. Pourquoi M. A., l'avocat, s'est-il placé en tête de l'opposition ? c'est que M. B., l'avocat, occupait pour le parti ministériel. Et pourquoi l'opposition s'est-elle scindée ? C'est que deux avocats, MM. A. et C. ne pouvaient trôner ensemble.

Dans tous les degrés de la hiérarchie sociale, ils se sont infiltrés, versant leur goutte d'eau pour creuser leur nid. Il serait long le compte des avocats qui se sont faits conseillers d'état, préfets, sous-préfets, receveurs des finances, entreposeurs de tabac; des avocats chefs, sous-chefs, rédacteurs aux ministères; des avocats présidents, conseillers, juges, procureurs-généraux et royaux, substituts, juges de paix : je n'oserai jurer qu'il n'y en a pas parmi les sergents de ville. A l'étranger, nous avons des avocats, sinon ambassadeurs, les titres leur manquent, au moins chargés d'affaires, consuls, vice-consuls, chanceliers. Nous étions naguère pour l'Europe un peuple danseur et cuisinier, nous sommes aujourd'hui un peuple avocat.

La robe et le chaperon, l'hermine et la toque indiquent moins aujourd'hui aux curieux l'avocat que l'adepte gouvernemental. Il s'agit bien de murs mitoyens et même de questions d'état; l'échappé de licences est l'homme politique par excellence. Il est le phare qui doit éclairer nos débats, les réchauffer; car à lui est dévolue la gloire de tout nier et de tout prouver, de trouver à chaque question le pour et le contre, et de tenir la conviction indécise. A ses débuts il se fait au hasard journaliste, l'avocat sans cause est l'avocat de toutes les causes : puis comme il n'y a que les mots qui retentissent, il parle, il parle : la publicité a bientôt stéréotypé son nom, et le voilà en route.

L'avocat a sa tribune à lui : l'avocat a accaparé la seule scène où il y ait aujourd'hui du drame : il a la *Gazette des Tribunaux* et la cour d'assises.

Mirabeau plaidait contre Portalis, alors simple avocat au parlement d'Aix, depuis ministre et père de ministre. Le célèbre avocat, après avoir épuisé contre son effrayant adversaire toutes les formes de l'éloquence, termina ses périodes indignées par cette apostrophe : *Fils ingrat, époux barbare, père dénaturé!* Mirabeau, hideux de dédain et de colère, la lèvre contractée, l'œil terrifiant, se lève et s'écrie : *Vil marchand de paroles!* Au fait, Portalis n'eût-il pas plaidé pour Mirabeau comme pour sa femme.

Ceci n'est pas une satire contre la profession,

c'est une boutade contre le siècle, qui n'en ira pas moins son chemin. Notre établissement politique nous a fait une vie en relief qui a mis, par la force seule des choses, l'avocat sur le chandelier. C'est la parole qui gouverne, et la parole c'est le bavardage. Les sociétés ne vont pas loin avec ce mobile. Démosthènes et Cicéron ont enterré Rome et Athènes.

Avec notre merveilleuse mobilité, une transformation est chose facile : déja une fois nous avons vu le règne des avocats, c'était le directoire : les bavards ! comme ils se sont tus devant le génie !

Je compte sur cette transformation, et tout me fait croire que le mouvement des esprits vers les applications matérielles est un indice de sa venue. S'il faut à la société une tête qui la dirige, qu'elle tombe aux mains des savants plutôt que des avocats. Aux uns la conviction est mobile et multiforme, aux autres elle est invariable, basée qu'elle est sur les démonstrations sans réplique, et sur l'observation. Chez les premiers, les doctrines se sont continuellement modifiées, altérées, renouvelées, sans qu'il soit bien clair qu'il y ait eu amélioration : chez les autres les modifications sont toujours des progrès constatés ; le corps de doctrine s'accroît constamment, comme les eaux d'un fleuve où les alluvions se déversent. Une direction pareille convient seule à une société en progrès.

Vienne donc le règne des savants après le règne des avocats!

Charles REYBAUD.

LA NOUVELLE
CHRONIQUE DE SAINT-SÉVERIN.

J'avais pourtant, ô mon église, secoué contre votre portail la poussière de mes pieds. Honteux de la plébéienne destinée de leur patron, vos prêtres avaient introduit par surprise un autre Séverin dans le sanctuaire, et peu à peu ils avaient étendu sur le tombeau du pauvre moine le riche manteau de l'abbé. Seul, j'étais demeuré fidèle à la légitimité exilée de Séverin-le-Solitaire.

J'avais donc repris derrière la porte mon bâton de pélerin, moi, l'humble chroniqueur des paisibles révolutions de cette église, et j'emportais avec moi la légende oubliée des miracles du bienheureux, comme autrefois les clercs emportèrent ses reliques à Notre-Dame, pour les dérober aux barbares. Chemin faisant, je rebâtissais en idée, telle que l'ont vue nos pères, cette rue Saint-Jacques que je laissais déroulant derrière moi sa spirale immense, cité vivante élevée sur une cité morte, monde bruyant dont l'histoire, comme toute histoire de l'homme, aboutit à des catacombes. J'arrivai ainsi au pont Notre-Dame, qui a remplacé le Petit-Pont d'autrefois. En face de ce pont, je me mis à reconstruire pierre à pierre le Petit-Châtelet du moyen âge. Mais je ne sais quelle mystérieuse inquiétude ramenait sans cesse mes yeux en arrière vers ce Saint-Séverin dont l'histoire demeurait inachevée. Sans cesse je me retournais, m'arrêtant immobile à contempler au-dessus des maisons voisines ce que leurs cinq étages me laissaient voir encore de la gracieuse basilique. Mon regard, pour la contempler, perçait la noire épaisseur de ces maisons jalouses. Insensiblement, je m'imaginais la voir s'animer et grandir, et ses deux ailes s'allonger vers moi comme deux bras suppliants. Les personnages des vitraux se dessinaient peu à peu dans le brouillard du matin, et je croyais voir briller des larmes dans leurs yeux.

Je m'arrachai cependant à ce spectacle qui commençait à s'emparer de mon imagination, pour retourner au Châtelet. Mais j'étais comme un amant jaloux que le dépit semble précipiter dans une passion nouvelle, et qu'un regret involontaire enchaîne toujours à son premier culte.

Cependant le Châtelet sortait lentement de ses ruines. Il n'était à son origine qu'une tour de bois, gardienne vigilante de la cité. La première, elle jeta le cri de guerre à l'approche des Normands, et les barbares l'incendièrent, comme on égorge la sentinelle qui a donné l'alarme au camp. Relevée après l'invasion, la tour devint un châtelet, ce châtelet était une prison lorsqu'on le démolit. Son premier hôte recevait, au nom de la ville, le denier des passants et des voyageurs. Les malfaiteurs l'en délogèrent; mais avant de trouver le lourd édifice assez formidable pour le convertir en prison, Charles VI l'avait jugé assez sombre pour en faire la demeure du prévôt de Paris. Lorsqu'un marchand forain se présentait au guichet pour passer le pont, avec un singe qu'il menait vendre, il payait d'ordinaire quatre deniers pour le singe ; était-ce un bateleur, le singe alors payait pour le bateleur, mais il payait de sa monnaie, en sauts et en grimaces.

J'en étais là de mon voyage dans le vieux Paris, et, le Châtelet reconstruit, j'allais passer la Seine avec permission du prévôt, lorsqu'un son de cloches se fit entendre : c'était encore Saint-Séverin. Bercée dans ce bruit aérien, une voix mélancolique semblait me dire : « Où vas-tu porter ta rêverie ? Ingrat, pourquoi oublies-tu quelles heures délicieuses tu as passées dans ma nef, demandant leur âge à mes piliers, et leurs mystères à mes chapelles ? Ailleurs tu retrouveras un baptistère de saint Jean et une confrérie de saint Martin, car chaque église a son baptistère, et saint Martin est l'hôte de toutes les églises. Mais la première tu m'as aimée, et ce pieux amour de ton jeune âge, qui te le rendra ? Ah ! reviens... » Et la cloche prenait un accent plus doux, un son plus vibrant, une voix plus tendre ; quand cette voix acheva de se perdre, faible et gémissante, dans le bruit confus de la cité, je heurtais à la porte de Saint-Séverin.

Reprenons donc, où nous l'avons quittée, la chronique de Saint-Séverin, et, laissant les deux saints débattre leur procès devant Dieu, poursuivons l'histoire de l'église.

Saint-Séverin, comme toutes les paroisses de Paris, paya son tribut à la Ligue. Un de ses curés figure au nombre des docteurs de Sorbonne qui se prêtèrent d'abord avec le plus d'emportement aux tragiques fureurs de l'époque. Il se nommait Jean Prevost. C'était un homme à la dévotion de la sœur des Guise, la fameuse duchesse de Montpensier. On sait jusqu'où cette princesse poussa la vengeance du meurtre commis sur son frère; ce qu'on sait moins, c'est le moyen qu'elle employa pour soulever la paroisse de Saint-Séverin contre le parti qui réclamait l'aide des Anglais. Écoutons Pierre de l'Estoile:
« A l'instigation des pédants de Sorbonne et mangeurs des pauvres novices de la théologie, elle fit faire un tableau qui représentoit au vif plusieurs étranges inhumanités exercées par la reine d'Angleterre contre les bons catholiques, et ce, pour animer le peuple à la guerre contre les huguenots; de fait, alloit ce sot peuple de Paris voir tous les jours ce tableau, et en le voyant, crioit qu'il falloit exterminer tous ces méchants politiques et hérétiques. »

En vérité, lorsqu'on vient à penser que ce tableau fut placé dans le cimetière de Saint-Séverin, le 24 juin de l'année 1587, et que le 8 février de cette même année, dans une salle tendue de noir, du château de Fortheringay, avait été mise à mort, par l'ordre de cette même Élisabeth, Marie-Stuart, reine de France et d'Écosse, on ne sait plus comment accuser la duchesse de Montpensier, et volontiers on oublie qu'à la tête des huguenots combattait Henri IV.

Quoi qu'il en soit, le tableau ne resta que treize jours à Saint-Séverin. Henri III envoya au parlement l'ordre de le faire enlever en secret. Le parlement chargea de cette expédition le conseiller Anroux, qui était en même temps marguillier de la paroisse.

Vint la journée des Barricades. Quoique le résultat de cette journée ait été nul en apparence, il en resta néanmoins aux Ligueurs un sentiment exalté de leur force. Ils s'emparèrent du tableau, et cette fois ne se contentèrent plus de l'exposer à Saint-Séverin, ils le portèrent à Notre-Dame.

« Paris vaut bien une messe, » disait Henri IV, la veille du jour où il signa le traité qui lui livrait Paris et la couronne. Toutefois, il ne se sentit pas assez sûr de la sincérité de sa conversion, pour aller entendre cette messe en face d'un tableau où ses ennemis pouvaient lire de pareils enseignements, et le tableau disparut. La duchesse de Montpensier, qui l'avait imaginé, étant venue saluer Henri IV, le soir même de son entrée dans Paris, « le roi, dit Sully, lui fit aussi bonne chère et l'entretint aussi doucement et familièrement que si elle ne se fust jamais meslée que de dire son chapellet. » Rien ne nous dit que la sœur des Guise ait gardé rancune au Béarnais, et se soit souvenue, dans sa retraite, de ces ciseaux d'or qu'elle portait jadis à sa ceinture pour *bailler* sa troisième couronne au Valois.

Jean Prévost, le curé de Saint-Séverin, qui s'était montré si docile aux volontés de madame de Montpensier, ne servit pas jusqu'au bout les fureurs de cette princesse. Dans les temps de révolution, le courage politique manque souvent aux hommes modérés ; mais la fatigue et le besoin de repos, qui leur en tiennent lieu, les rallient bientôt, sinon dans une résolution, du moins dans une espérance commune, et un parti se trouve formé sans que la masse de ceux qui le composent y ait songé. Pendant la Ligue, on nommait ces gens-là les *Politiques*, comme plus tard on les a nommés les *Modérés*. Le curé de Saint-Séverin était entré si chaudement dans ce parti, qu'on ne l'appelait plus que le *Politique*, comme celui de Saint-Sulpice, le *Ministre*, comme celui de Saint-Eustache, le *Pape des Halles*. Sa modération faillit lui coûter cher, et voici à quelle occasion :

C'était au mois d'août 1590; Henri IV était

aux portes de la ville, et la faim était entrée dans les maisons. Les placards injurieux que les habitants lisaient chaque matin sur leurs murailles leur firent trouver d'abord quelque force dans leur amour-propre offensé. Mais bientôt, les bourgeois craignant de se voir réduits au pain de madame de Montpensier (on appelait ainsi celui qu'on faisait avec des os), se portèrent en armes au Palais-de-Justice, et demandèrent à grands cris la paix et du pain. Les Seize, au lieu de l'un et de l'autre, leur envoyèrent des coups d'arquebuse. Dans la mêlée qui s'ensuivit, un des capitaines qui tenaient pour les Seize, ayant été tué, les siens s'emportèrent à de violents excès, « et eus-t-on bien de la peine, dit l'Estoile, de les retenir de mettre les mains bien avant au sang. » Les exécutions juridiques suivirent le combat; plusieurs furent pendus, beaucoup ne se rachetèrent qu'à prix d'or.

Ce fut dans cette *journée du Pain*, comme la nomment énergiquement les mémoires de l'époque, que la populace se saisit du curé de Saint-Séverin. Sénault, un des Seize, l'arracha aux mains de ses ennemis; mais en le reconduisant jusques en sa maison, il lui fit bien promettre de revenir au parti de la Ligue. On peut douter que le spectacle de cette journée ait fortement ébranlé la conviction nouvelle de Jean Prévost.

Je croirais plus volontiers que plus d'une fois, avant d'arriver à sa maison, il jeta furtivement les yeux vers la porte de la ville qui menait au camp de Henri IV.

Ce qui me le ferait croire, c'est que les Seize ayant résolu la mort du président Brisson, Jean Prévost s'en alla trouver en toute hâte le président, son ami, pour l'avertir de ce qui se tramait contre lui et ses confrères au parlement; « car autrement, ajouta-t-il, je n'eusse sceu dormir la nuit à mon aise. » La réponse du président fut digne et calme; les paroles du curé de Saint-Séverin étaient celles d'un homme qui avait long-temps vécu parmi les Seize : il y avait au fond de la tristesse et de l'épouvante.

— « Je congnois les Seize, » dit Brisson.

— « Je les pense aussi congnoistre quelque peu, » répliqua Jean Prévost, avec un grand soupir qui accusait bien des remords; « ce sont mauvaises bestes quand on ne leur montre pas les dents. »

— « Vous dites vrai de cela; et, pour mon regard, je sçai qu'ils m'en veulent, et n'en suis que trop averti; mais avant que commencer ceste besongne, ils y penseront à deux fois : car ce n'est pas chose qui s'exécute ainsi, ni qui se jette en moule; on ne meine pas ainsi tous les ans une cour prisonnière. »

Le président persista dans son dédain généreux. Cela se passait un jeudi, et le samedi d'après, un peu avant le jour, trois misérables s'acheminaient vers la Grève, portant trois cadavres détachés du gibet: c'étaient les restes de Brisson et de deux conseillers. Celui qui les avait jugés marchait en avant, portant une lanterne en sa main, « de laquelle il esclairoit les porteurs. »

Jean Prévost mourut le 23 juin de l'année suivante. A ses funérailles assistèrent messieurs de la faculté de théologie, dont il était membre, et aussi messieurs de la cour du parlement, sans doute pour faire honneur à un homme qui, autant qu'il avait été en lui, avait sauvé leur président.

La duchesse de Montpensier mourut quatre ans après, par une nuit de tempête.

Ce n'est pas la seule princesse de ce nom que nous présentent les fastes de Saint-Séverin; une autre encore y figure, la fille de Gaston d'Orléans, cette célèbre mademoiselle de Montpensier, qui aimait assez madame de Sévigné pour pleurer devant elle, après la rupture de son mariage. La première fois qu'elle apparaît dans l'histoire, c'est pour tirer de la Bastille, sur l'armée du roi, ce coup de canon qui tua son mari, selon le mot spirituel de Mazarin. Vers la fin de sa vie, les souvenirs amers de son aventureuse destinée, et de l'odieuse ingratitude de Lauzun, ce cadet de Gascogne, cousin de Louis XIV, lui rendirent plus chère la solitude du Luxembourg. Elle y écrivait ses mémoires. Mécontente de Saint-Sulpice, sa paroisse, elle obtint de l'archevêque de Paris la permission d'en choisir une autre. La porte d'entrée de son palais donnait sur la rue de Tournon; il lui suffit de condamner cette porte et d'en ouvrir une nouvelle, rue d'Enfer, sur le territoire de Saint-Séverin.

Cette paroisse ne tarda pas à s'apercevoir du glorieux patronage qui lui était venu. Mademoiselle de Montpensier enrichit le maître-autel de cette charmante coupole en marbre qui l'enveloppe si gracieusement de ses huit colonnes de bronze. Lebrun en traça le dessin, et Tubi l'exécuta.

Ce n'est pas là l'unique ornement que l'art ait eu à revendiquer dans l'église de Saint-Séverin. Au-dessus de ce même autel, on venait admirer la cène de Philippe de Champagne, et, dans l'une des chapelles, une sainte Geneviève du même artiste. Cette image de l'antique patronne de Paris était là comme un de ces pieux souvenirs d'hospitalité qui passaient d'une génération à l'autre dans les familles de la Grèce. Nous avons dit quelle intime alliance existait autrefois entre Sainte-Geneviève-du-Mont et notre église.

Naples aussi a son Saint-Séverin, noble et majestueuse basilique du seizième siècle; mais celle-ci n'a pas, comme la nôtre, le merveilleux reflet des vieux âges. Le temps, en fait d'édifices religieux, est le plus grand des architectes; il répand dans les nefs les plus humbles je ne sais quelle sombre poésie que le génie seul ne saurait donner aux plus superbes. Il y a, dans l'antiquité mystérieuse des temples, quelque chose qui va bien à l'éternelle idée qui en habite le sanctuaire.

Et puis, quand vous entrez dans mon église, il semble que vous quittiez la terre, et que le monde s'arrêtant à la porte, n'ose vous suivre dans l'enceinte, tant est sublime le silence qui vous accueille. Il y a dans ce silence plus que l'absence de l'homme, il y a la présence de Dieu. Votre ame s'apaise et s'élève; rien autour d'elle ne la trouble et ne lui jette brusquement une pensée qui l'attriste. Ce petit tableau devant lequel vous vous arrêtez, et qui représente saint Pierre aux fers, n'est pas l'œuvre d'un génie sublime, mais la foi vive de l'artiste a communiqué à ses personnages une grâce de naïveté qui enchante, et la scène que reproduit le tableau se fond heureusement dans le demi-jour des chapelles. Allez maintenant à San-Severino de Naples, et regardez aux voûtes du chœur; ces fresques sont admirables sans doute, mais gardez-vous bien de demander le nom du peintre; ce fut Bélisaire Corenzio. Ce nom laisse-t-il à votre enthousiasme sa primitive naïveté? Je suis bien trompé, ou votre regard semble craindre maintenant de rencontrer derrière chacune de ces figures la sombre physionomie de l'artiste. En France, l'amour de l'art est une noble et indolente passion qui ressemblerait à toutes les passions du jeune âge, si elle n'était plus durable et si elle ne puisait dans la jouissance une énergie nouvelle. Mais en Italie c'est souvent une passion terrible : elle a ses Othello qui étouffent leurs modèles, et ses Oreste qui poignardent leurs rivaux Corenzio, je crois, empoisonnait les siens. Mais, par un retour éclatant de la justice divine, il tacha de son propre sang l'œuvre jalouse de ses mains, et se tua comme il achevait ces fresques de San-Severino.

L'art à Saint-Séverin n'a pas cette tragique physionomie, et s'il ne demande aux hommes qu'une humble place dans leur admiration, du moins n'ôte-t-il rien au temple de son harmonieuse et pacifique unité.

Mais je ne sais pourquoi je dis encore Saint-Séverin. A l'époque du dix-septième siècle où nous voici parvenus, le saint véritable de notre église ce n'est plus le solitaire de la rue Saint-Jacques, ce n'est plus l'abbé d'Agaune, c'est Corneille Jansénius. Vous remarquerez bien encore sur les vitraux un vieux moine agenouillé devant saint Jean, et sur la face extérieure de l'enceinte une mitre avec des clefs en croix. Mais ce sont vestiges des vieux âges. Jansénius sera désormais le patron de Saint-Séverin.

Souvent, au dix-septième siècle, le curé de cette église servit d'intermédiaire aux jansénistes mondains auprès de messieurs de Port-Royal, et lorsque les hasards de la guerre ramenaient le triomphe des jésuites, on eût dit que la cloche de Saint-Séverin se faisait entendre au *désert*, car on voyait aussitôt les solitaires arriver un à un dans la paroisse. Aussi faut-il voir avec quel naïf orgueil se rattache à ces grands noms de Port-Royal la petite colonie janséniste, qui, groupée autour de notre église, lui est demeurée fidèle jusqu'à nos jours.

Le duc de St-Simon a résumé en un chapitre fort piquant toute l'histoire du jansénisme. Nul, comme lui, n'excelle à juger les faits par l'attitude qu'il donne à ses personnages, mais nul aussi n'a plus de pente à faire dégénérer le récit en tableau, et la réalité en comédie. D'ailleurs, c'est uniquement dans leurs rapports avec Saint-Séverin qu'il nous importe de suivre le jansénisme et ses apôtres. Le jansénisme, par l'austère gravité de ses grands hommes, autant que par l'âpreté stoïque de ses doctrines, nous apparaît au milieu des fêtes et des carrousels du régne éblouissant de Louis XIV, comme un haut et morne édifice. Il sera une des transformations du génie protestant à cette époque, si l'on veut, à toute force, voir dans les jésuites d'alors les légitimes représentants du catholicisme.

Un livre de l'évêque d'Ypres fut l'Ilion autour duquel combattirent pendant tant d'années jansénistes et molinistes. Jansénius avait résumé dans ce livre la doctrine de saint Augustin sur la grâce. S'il n'eût fait que commenter cette polémique du quatrième siècle, tout allait bien ; mais sa parole portait plus loin que Pélage, elle atteignait Molina. Ce fut un coup de fortune pour les jésuites qui, fort embarrassés de défendre les écrits du moine espagnol, cherchèrent, en attaquant ceux de son adversaire, à donner le change au monde catholique.

Or la doctrine de Jansénius n'était pas uniquement déposée dans son livre. Auprès du livre impuissant et muet, car il n'avait plus son auteur pour le défendre, veillait debout, avec le glaive de la parole, l'ami et le compagnon d'études de l'évêque d'Ypres. Jean Duverger de Hauranne, abbé de Saint-Cyran, avait reçu de la nature, avec l'éclat et l'autorité de l'éloquence, cette séduction de manières qui fait les apôtres. Les jésuites n'avaient pas eu le temps de se reconnaître que déjà Saint-Cyran avait gagné à sa cause des disciples nombreux ; il en avait à la cour, il en avait même à l'armée. Toute foi nouvelle, en religion, fait presque aussitôt des solitaires de ses prosélytes les plus ardents. Le célèbre avocat Lemaître s'enfuit tout-à-coup à six lieues de Paris, laissant vide le barreau qu'il remplissait de son éloquence. Or Lemaître c'était la famille des Arnauld, et l'on pouvait dès lors voir marquée à Port-Royal-des-Champs la place de Sacy, celle d'Antoine Arnauld, celle de Séricourt, celle enfin de d'Andilly, dès que ses cheveux blancs l'avertiraient que le monde allait se retirer de lui.

Les jésuites eurent peur, et avec raison ; ils comprirent que si le jansénisme parvenait à se constituer en société régulière, c'en était fait de leur ordre, et que si la poignée de l'épée catholique s'établissait à Port-Royal, ce serait eux que la pointe atteindrait partout. Ils le comprirent si bien, que l'abbé de Saint-Cyran fut, un beau jour, mené à la Bastille.

La persécution est féconde : elle peupla le

Désert; mais la même main qui poussait Saint-Cyran à la Bastille, vint briser les portes de Port-Royal, et en chasser les solitaires.

Cependant, Richelieu mort, et après lui Louis XIII, la régente fit rendre à Saint-Cyran sa liberté : ce fut un triomphe.

Tout parti qui ne fait que plier sous la main qui le frappe, grandit démesurément le jour où cette main se retire. Les solitaires, rentrés dans Port-Royal, créèrent des écoles; c'était faire servir leur prospérité présente à la conquête de l'avenir. L'enseignement fut la gloire véritable de cette libre communauté d'hommes. Lorsqu'on eut dispersé les élèves de Nicolle et de Lancelot, il resta leurs livres, qui s'emparèrent de toutes les écoles du royaume. Il était devenu de bon ton de protéger Port-Royal. De beaux noms lui prêtèrent leur éclat, et, avant tout le monde, cette Marie de Gonzague, qui eut besoin du trône de Pologne, pour oublier l'amour qu'elle avait eu, dit-on, pour Cinq-Mars.

A côté du désert où les solitaires n'étaient retenus que par leur pieuse volonté, vivaient, sous la loi régulière de saint Benoît et sous la direction d'Angélique Arnauld, des religieuses animées de l'esprit de Jansénius. Là aussi florissaient des écoles pour les jeunes filles.

Tant de prospérité réveilla des inimitiés mal éteintes. Les jésuites accusèrent devant le pape le livre du théologien d'Ypres, et, par leur crédit, firent condamner à Rome une doctrine que Rome, en d'autres temps, avait approuvée.

Les troubles de la Fronde qui suivirent empêchèrent la société de tirer, à sa manière, les conclusions de la bulle pontificale. La Fronde apaisée, le héros de cette *ligue* bouffonne s'enfuit à Rome, d'où il fit hautement la réserve de tous ses droits sur l'archevêché de Paris. Bientôt même parut en son nom une circulaire suivie d'un acte par lequel il confiait à deux grands-vicaires le soin de son diocèse. L'un était Chassebras, curé de la Madeleine, l'autre, Haudencq, curé de Saint-Séverin. Condamnés et poursuivis par le Châtelet, ils échappèrent à toutes les recherches. Du fond de leur retraite, ils lançaient dans Paris d'énergiques appels à leurs partisans, et à messieurs du Châtelet de véhémentes menaces d'excommunication. Rien de piquant comme le procédé qu'ils employaient pour répandre leurs proclamations. La nuit, leurs affidés parcouraient paisiblement les rues mal éclairées de Paris, portant sur leur dos des placards enduits de colle. Rencontraient-ils les gens du guet, ils se rangeaient avec un respect hypocrite le plus près du mur qu'ils pouvaient, et quand, la patrouille passée, ils continuaient leur chemin, les feuilles séditieuses se trouvaient affichées à la muraille. La démission du cardinal de Retz mit fin à cette fronde des pamphlets.

Le pape avait condamné Jansénius, mais c'était peu s'il ne condamnait aussitôt les jansénistes.

« Le pape a condamné ces cinq propositions, disaient les jésuites.

—Et, à notre sens, elles sont condamnables, répondaient les jansénistes.

—Même dans Jansénius, reprenaient les jésuites.

— Là comme partout où elles peuvent se rencontrer, répliquaient les jansénistes.

—Et elles se trouvent dans Jansénius, continuaient les jésuites.

—Qu'elles y soient ou non, disaient les jansénistes.

—Mais elles y sont, poursuivaient les jésuites.

—Qu'importe, si nous les condamnons? ajoutaient les jansénistes.

—Mais elles y sont bien, insistaient les jésuites.

—Non, dirent tout-à-coup les jansénistes. »

Ce *non* fut toute une hérésie. D'accord avec Rome sur le point de droit, les jansénistes niaient le fait. Leurs adversaires n'avaient plus qu'un moyen, c'était de soutenir l'indivisibilité du fait et du droit ; ils le firent. Un formulaire fut dressé, qu'on dut présenter à la signature de tous les ordres religieux. Mais le ridicule en fit justice, et on se vit forcé de le mettre en réserve pour d'autres temps.

Il y eut une trêve de quelques années.

La guerre se ralluma à l'occasion d'une lettre d'Antoine Arnauld. Condamné par la Sorbonne, il fut rayé du nombre des docteurs. L'orage allait s'étendre aux deux communautés de Port-Royal : Pascal vint et les sauva. Mais, en apparaissant au milieu de la discussion, tantôt avec une comédie bouffonne, tantôt avec de sublimes réquisitoires au nom de la morale publique, Pascal envenima la querelle. Une fois le ridicule entré dans la question, ce fut un duel à mort. La lutte fut longue, et mêlée de part et d'autre de victoires et de revers. Port-Royal essuya de tragiques défaites. Une nuit, entre autres, le lieutenant de police se présenta au couvent des religieuses avec ses archers, et les enleva, dit Saint-Simon, comme on enlève des créatures publiques d'un mauvais lieu. Les solitaires, avertis à temps, n'échappèrent à la prison que par la fuite, et toute la faveur de la duchesse de Longueville ne put sauver de Sacy de la Bastille. Il en sortit au bout de deux ans pour assister au triomphe de sa cause. Le P. Annat était mort, et le marquis de Pompone était ministre. Louis XIV voulut voir des hommes qui jetaient ainsi à travers sa gloire la renommée de leur science et de leur vertu. De Sacy, Antoine Arnauld, et son oncle d'Andilly, parurent à Versailles. Versailles leur fit bon accueil, à l'exemple du maître, et la noblesse compara avec malice l'austère simplicité de leurs vêtements et de leur langage au luxe et aux grands airs des évêques de cour.

Cette réconciliation apparente, que l'histoire a nommée la paix de Clément IX, fut loin d'avoir étouffé les haines. La faveur de madame de Longueville avait été le refuge des jansénistes ; la mort de cette princesse fut le présage de leur ruine. Arnauld et Nicole s'exilèrent à Bruxelles ; découragé par une si longue lutte, bientôt Nicole s'en revint mourir à Paris, laissant le plus fougueux défenseur de la doctrine s'éteindre solitairement aux lieux d'où cette doctrine était venue.

Les *Solitaires* étaient dispersés, mais leurs regards se tournaient encore avec espérance vers le monastère de Port-Royal, que vainement l'archevêque de Harlai avait essayé de détruire. Ce couvent était alors dirigé par une tante de Jean Racine. Harlai mort, sœur Racine crut le moment venu de demander à son successeur un directeur à sa convenance, et jeta les yeux sur le curé de Saint-Séverin. Le cardinal de Noailles avait pour Port-Royal une partialité cachée; mais c'était la révéler à tout le monde que d'arrêter son choix sur un curé de cette paroisse. Jean Racine ne put l'obtenir. Si le grand poète se chargea de cette négociation, ce ne fut pas seulement pour faire office de bon neveu; toutes ses amitiés étaient jansénistes, et peut-être aussi ses convictions. Le 29 octobre 1615, il écrivit dans une lettre, qui devait au besoin passer pour un testament: « Je donne une somme de cinq cents livres aux pauvres de Saint-André. » Le 12 novembre de l'année suivante il effaça Saint-André, et écrivit Saint-Séverin. Il est vrai que plus tard encore il remplaça ce dernier nom par celui de Saint-Sulpice. C'étaient là tout simplement les trois paroisses qu'il avait successivement habitées. Mais on remarquera avec quelle pieuse persévérance il demeurait fidèle à ce quartier Saint-Jacques, l'autre Port-Royal du jansénisme.

Une bulle de Clément XI ordonna la suppres-

et une teinte d'autrefois qui a bien sa grâce et son charme.

Un Français entra un beau matin dans la capitale du roi de Prusse, à la suite d'une armée française. Il reçut l'hospitalité dans l'une de ces familles protestantes que la révocation de l'édit de Nantes obligea de porter leur industrie à l'étranger. Vivant tout-à-fait à part dans la patrie nouvelle qu'elle s'était faite, cette famille avait conservé le costume, les habitudes, les nuances même du langage de l'ancienne patrie. On eût dit une petite France protestante du dix-septième siècle, qui avait traversé tout le dix-huitième, sans lui rien prendre de ses nouvelles mœurs et de sa langue nouvelle. Qui fut bien étonné? ce fut elle, lorsqu'elle se retrouva face à face avec cette autre France qui l'avait bannie, ou qui du moins l'avait laissé bannir. Cette France encore alors catholique au fond, elle la retrouvait incrédule et moqueuse. Cette belle et majestueuse langue de France que nos fugitifs avaient admirée, même dans les livres où Bossuet leur lançait l'anathême, elle était maintenant dans la bouche de leurs compatriotes vive et alerte comme les voltigeurs, rapide et ferme comme les dragons, étincelante et colorée comme les hussards de la grande armée.

sion du couvent des religieuses, et le lieutenant de police fit une fois encore, avec ses archers, le commentaire brutal de la bulle émanée de Rome. Briser quelques portes et abattre quelques restes de murs, fut chose facile à d'Argenson; mais sa colère fut impuissante à éteindre la foi proscrite. Bientôt elle reparut sous une forme nouvelle : au dix-huitième siècle le jansénisme se fit journaliste. Ses ennemis le reconnurent aisément sous ce masque, et les persécutions recommencèrent. Savez-vous alors où se réfugia Jacques Fontaine, le rédacteur des *Nouvelles ecclésiastiques?* dans cette petite rue de la Parcheminerie, qui enveloppe toute une moitié de Saint-Séverin. Il semblait qu'un nouvel Énée fût venu déposer dans le sanctuaire le palladium de Port-Royal.

C'est le propre des sectes vaincues de perpétuer leur esprit dans un petit nombre de familles choisies. Trop rares et trop isolées parmi les hommes pour compter sur un avenir qui leur échappe, ces familles vivent dans le passé, qui du moins leur appartient tout entier. Elles en conservent les mœurs et le langage. Tournées sans cesse vers ces jours qui ne reviendront plus, elles contractent dans l'isolement de leur croyance une sorte de résignation mélancolique,

Le militaire, homme d'esprit, et qui, chemin faisant, s'arrêtait volontiers à regarder aux choses originales, se plut au milieu de ces bonnes gens, qui portaient la main à leur bonnet en nommant le ministre Claude, et qui parlaient encore la prose quelque peu traînante de Mélanchton. Ils se prenaient encore parfois de bonne et naïve colère contre l'histoire des variations, et, pour peu qu'on les eût poussés, ils auraient chargé leur hôte d'aller dire aux gens de Meaux ce qu'ils pensaient de leur évêque.

Eh bien! ce charme singulier qu'éprouva notre Français de Paris, vous l'éprouverez à votre tour, s'il vous prend fantaisie de visiter certaines maisons de la paroisse Saint-Séverin. Autour de cette église se pressent les derniers débris du jansénisme. Il est donc un petit coin dans le monde où ce grave dix-septième siècle s'est survécu à lui-même. Louis XIV ne vit plus que par ses monuments; ses armoiries ont disparu des Tuileries, et si sa statue n'a pas été brisée au mois de juillet 1830, c'est que nul n'a reconnu le roi de France sous le manteau de l'empereur romain, ou, pour parler plus sérieusement, c'est que le peuple s'est senti assez fort pour n'avoir plus rien à craindre, même de l'image du grand roi. Marly n'est plus qu'un parc à demi sauvage dont une pauvre veuve garde la porte. Si Versailles long-temps désert va livrer à toutes les gloires nationales l'immensité de ses galeries, Louis XIV n'y entrera que pêle-mêle avec ses devanciers. La royauté de Louis XIV n'a plus de palais en France, Jansénius le proscrit à sa paroisse dans Paris.

Antoine DE LATOUR.

UN PARISIEN

A QUINZE CENTS PIEDS SOUS TERRE.

Parisien ne voit rien, dit-on. C'est qu'à Paris nous avons tant de choses à voir, qu'il est bien difficile de nous arrêter long-temps sur chacune d'elles; nous voyons en courant, emportés par le tourbillon, mais avec l'intention de revenir à ce que nous avons effleuré; intention qui, à la vérité, demeure quelquefois sans effet, à moins que quelque circonstance ne nous y ramène; c'est ce qui m'arrive; et je me promets bien, de retour à Paris, d'aller visiter tels établissements devant lesquels j'ai passé cent fois, et d'examiner d'un œil attentif des monuments que je connais trop peu, nos antiques églises, par exemple, la Sainte-Chapelle que je n'ai jamais vue, quoique né dans la cour du Palais.

Obligé de rester un mois à Valenciennes, où je n'aurais pas voulu jadis être en peinture, et où je me trouve si bien à présent en réalité; n'ayant pu emporter avec moi Paris, j'emportai du moins mes *Cent-et-Un*, qui jamais ne pouvaient m'être plus utiles pour répondre aux mille et une questions qui me sont adressées : « Monsieur connaît-il le grand Bazar et l'Église française? la nouvelle Chambre et les Invalides? le Club des républicains? les Jeunes aveugles? Ménilmontant et l'Hôpital des fous? Le Théâtre-Français où en est-il? Avons-nous enfin la monnaie de Talma? Aurons-nous un jour l'héritier de Monrose? Et Châtel, Anzou, qu'en dit-on? Et ce pauvre Mayeux, est-il vrai qu'il soit mort? »

Pour n'avoir pas l'air d'un *Béotien* en Flandre, je me suis mis tous les matins à feuilleter mon *vade-mecum*, et je puis dire que je n'ai jamais si bien vu Paris qu'à Valenciennes.

Ce n'est pas que cette ville frontière ne mérite aussi notre attention, car je ne veux point encourir le reproche fait aux Parisiens de ne parler qu'avec dédain, quand ils voyagent, de tout ce qu'on leur montre, et de rapporter tout à la grande ville.

Quoique nos amis de province nous jugent assez mal, et prétendent que le Parisien le plus raisonnable a souvent quelque grain de frivolité, je dois le déclarer, j'ai rencontré à Valenciennes des hommes qui, vraiment, ne seraient pas déplacés dans un cercle de la capitale; des femmes presque aussi jolies que nos Parisiennes, avec autant d'éclat, et des yeux que, sur mon honneur, on admirerait à Paris.

Quant au bon goût, j'en ai trouvé en Picardie et dans la Flandre, jusque sur les murailles, où vous voyez inscrit partout ce nom magique de *Paris : Paris! Rue de Paris! Café de Paris! Modes de Paris!*

Rome n'est plus dans Rome, elle est toute où je suis!

m'écrié-je souvent, surtout quand il m'arrive de retrouver dans quelque rue de la province ce parfum de la capitale qui nous enivre, nous.

Ravi de me voir dans une ville civilisée, qui d'ailleurs nous a payé son tribut en artistes tels que Duchésnois, Abel de Pujol, Lemaire, je visitai, en arrivant, le musée, les remparts, l'hôpital, et la citadelle de Vauban, sans oublier la bibliothèque, où je parcourus d'excellents ouvrages, de vieux manuscrits de Froissart et de Jacques de Guyse. Je vis ensuite les chiens contrebandiers, et puis les fouilles de Famars, *et campos ubi Troja fuit*, c'est-à-dire la place de ces vieux monuments dont *les ruines mêmes ont péri*, comme dit notre Ovide; enfin un édifice plus grand, mais moins remarquable que Saint-Germain-l'Auxerrois, l'ancienne église des Récollets où se trouvent plusieurs Rubens, qu'on devrait bien envoyer à Paris, ainsi qu'un Christ en bronze, le chef-d'œuvre de Bra, dont la famille des Maingoval a enrichi l'église du collége.

Mais ce qu'on ne peut pas déplacer, et ce que pourtant nous n'avons pas à Paris, il faut bien l'avouer, ce sont les mines de charbon d'Anzin, exploitées par une machine à vapeur, comparable à notre pompe de Chaillot.

J'ai voulu d'autant plus m'occuper de ces mines, situées à la porte de Valenciennes, que Paris vient d'y porter son attention, et que, d'une autre part, nous commençons à ressentir l'utilité d'un combustible dédaigné trop long-temps. Or, il ne faut pas qu'en voyant cet hiver, dans l'élégante corbeille de notre foyer, la houille scintiller ou se liquéfier, on ait à demander: *Comment cela vient-il?* Question qui, au reste, n'est pas aussi facile à résoudre qu'on pourrait le croire : quand un naturaliste prétend avoir trouvé dans les entrailles de la terre, sur le schiste qui couvre le charbon, des configurations de plantes, d'arbustes et de coquillages marins, il est permis de se livrer à bien des conjectures et à des systèmes sur la formation de ces sortes de mines, et sur les révolutions du globe.

Vous voyez que j'ai assez approfondi la matière. Reste à vous parler de l'émeute d'Anzin ; après quoi je vous conterai comment votre serviteur s'est trouvé avoir par-dessus la tête quinze cents pieds de terre.

Quand j'arrivai à Valenciennes, la ville était tout en émoi par le procès célèbre dont Paris même s'occupait. Les ouvriers mineurs s'étaient tout à coup soulevés, au nombre de quatre à cinq mille, ce qui, pour une émeute de province, n'était déja pas mal.

Au premier bruit de ce sourd remuement, des gens qui mettent la politique partout, la faisant descendre où je voudrais la voir, à quinze cents pieds sous terre, allaient exploitant cette mine si creuse ; ils en tiraient un énorme complot, dont l'explosion était inévitable, et déja la lave d'une révolution nouvelle en sortait. Peu s'en fallut qu'on ne fît de nos charbonniers autant de *carbonari*, et de ce peuple souterrain un peuple-roi, tout prêt à revendiquer sa souveraineté formidable.

Hélas! les pauvres gens n'ont pas eu besoin d'abdiquer. Loin d'élever si haut leurs prétentions, c'est à peine s'ils connaissent de nom notre pacte politique. Croirez-vous qu'un d'eux demandait ce que c'était que *de la charte*, dont il avait entendu parler, et si cela se mangeait?

Mais enfin, quel était le but de leur soulèvement, et qu'espéraient-ils? Quatre sous, pas davantage; les quatre sous qu'on avait cru pouvoir, en 1823, ôter à leur journée.

Or, dans ce *procès des quatre sous* (c'est ainsi qu'on l'appelle), il vient d'être prouvé que les actionnaires des mines d'Anzin ont chaque année de bénéfice *plus de trois millions et demi!* Dans cette affaire, où dix-neuf mineurs comparaissaient sous la menace (pour eux peu effrayante) d'une prison plus commode cent fois que leur prison de tous les jours, ce n'étaient point ces pauvres gens, entourés de l'intérêt public, mais la puissante compagnie d'Anzin que l'on voyait sur la sellette. Des voix éloquentes, et qui ont trouvé de l'écho, se sont élevées contre la dureté des maîtres, sans pourtant approuver la révolte des ouvriers. Six mineurs ont été condamnés à quelques jours de détention; et la compagnie d'Anzin vient de s'exécuter d'elle-même, en accordant les quatre sous, ce qui a satisfait nos houilleurs. Tel de ces pauvres diables, avec ses quatre sous, se croit maintenant l'homme le plus heureux qui soit *sous* la terre; car, quoi qu'on en dise, je ne les crois pas aussi méchants qu'ils sont noirs.

Napoléon en jugea autrement : un jour qu'il arrivait à Valenciennes, la compagnie lui fit la galanterie d'envoyer à sa rencontre quelques centaines de charbonniers en *uniforme*. En voyant tous ces hommes noirs, mains noires, figure noire, chandelle au chapeau, se précipiter sur sa voiture, en vouloir dételer les chevaux, pour la traîner avec leurs chaînes, on dit que le vainqueur de l'Europe recula; du moins il ne voulut pas être traîné : par respect peut-être pour la race humaine.

Charles X agit différemment, non qu'il se laissât voiturer par des hommes; mais au dernier voyage qu'il fit à Valenciennes, en 1827, il voulut visiter l'exploitation d'Anzin, voir ces pompes à feu, ces machines étonnantes, et descendre, ou plutôt s'élever à quelques détails sur les grands travaux des ouvriers. Ayant aperçu parmi les actionnaires Casimir Perrier, il lui adressa, en souriant, ces mots qui furent commentés par tous les politiques présents: « Monsieur Perrier, conduisez-moi.... » Jamais les charbonniers ne s'étaient trouvés à pareille fête. Le roi, avant de les quitter, leur donna trois mille francs, et le chef de la compagnie, ou, si vous voulez, de l'opposition, quatre mille : générosité qui pourtant ne valait pas les quatre sous.

Après Napoléon et Charles X, qui ne descendirent pas dans ces fosses, mais qui depuis tombèrent de bien haut, vous parler de moi, quelle chute! Il faut pourtant bien que je vous en dise quelque chose.

Je dînais, il y a deux jours, avec une jolie Parisienne et avec son mari. La conversation tomba sur les mines d'Anzin, sur ces profondeurs effrayantes, où néanmoins quelques voyageurs curieux n'ont pas craint de se hasarder. Tout ce que j'entendais me faisait songer à ces cavités, lorsque tout-à-coup notre Parisienne s'écrie : « J'y veux aussi descendre, moi! — Y songes-tu, mon ange? lui dit son mari effrayé. — Oui, monsieur, j'y songe : vous m'avez empêchée de suivre Élisa Garnerin dans les nues; vous disiez que c'était trop haut : eh bien! je descendrai au plus bas; voilà ma revanche! — Oh! voilà bien les femmes! dit le pauvre mari; toujours extrêmes! tantôt haut, tantôt bas.... Mais avec tes nerfs et ta délicatesse, tu devrais frémir à la seule idée.... — Frémir, monsieur!

je ne hais pas cela. J'aime mieux frémir que de ne rien sentir. Mais quel homme déraisonnable! Vouloir m'empêcher d'aller dans ces fosses!—Eh bien, tu iras seule.—Seule? oh! que non! voilà monsieur qui va m'accompagner. » Au mouvement d'adhésion que je fais, le mari me dit : « Comment! monsieur, vous iriez avec madame dans cet enfer?—Monsieur! ce serait pour moi le paradis. »

La partie ainsi engagée, je ne pouvais plus m'en dédire, et je n'étais pas, je l'avoue, sans inquiétude sur ce dangereux pélerinage.

Cependant le mari donnait son *ange* au diable, et lui parlait santé, nerfs, raison, crispations et autres dangers.... Rien n'y faisait ; quand un gros actionnaire des mines, qui dînait avec nous, dit au pauvre homme : « Laissez donc aller madame où elle le désire : cette escapade dans nos fosses va vous la changer du blanc au noir. — Que signifie cela? dit la jolie fantasque. — Cela signifie, madame, que vous ne serez pas plus tôt sous terre, que vous en reviendrez, malgré vos cheveux blonds, noire comme une taupe. — Ciel! que me dites-vous!—Oui, madame; certaines vapeurs qui flétrissent, qui brûlent.... Mais vous ne tenez pas beaucoup à votre teint? Et quant à cette chevelure, on peut l'envelopper. —L'envelopper!—Sans doute, et voici justement une calotte de cuir bouilli; voulez-vous l'essayer, madame? — Moi! mettre cette horreur! mais je serais à faire peur.— Oh! madame, les charbonniers n'ont peur de rien. — Allez, monsieur, avec vos charbonniers et vos vilaines fosses! je ne veux plus en entendre parler [1]. »

Le mari fut ainsi délivré de son embarras. Mais moi, au lieu de ce joli voyage dont je me berçais, on m'en a fait faire un autre!...

Figurez-vous que les gens chez lesquels je suis, quand ils peuvent tenir à table un Parisien, n'ont pas de plus grand plaisir que de l'enivrer. Ils appellent cela *nous mettre dedans*. Vous allez voir comme quoi ils m'ont *mis dedans* en effet, en chair et en os.

Hier, à la fin d'un dîner (car on dîne toujours dans ce pays maudit), à la fin d'un ample dîner, à la porte d'Anzin, avec plusieurs de ces malins Flamands, qui vous versent sans s'arrêter, boivent sans se griser, et vous pincent sans rire, je me vis de nouveau poursuivi de questions sur Paris : « Monsieur a-t-il vu, mais bien vu la coupole de Sainte-Geneviève? et les Catacombes? et les carrières de Montmartre? A-t-il vu?... — Mais vous, messieurs, leur répondis-je, impa-

---

[1] Une autre dame vient de se montrer plus intrépide. Elle n'a pas craint, au rapport de l'*Écho de la frontière*, de s'aventurer dans ces cavités profondes, avec les préservatifs indiqués. O. L.

tienté, avez-vous vu les mines d'Anzin, qui sont là sous vos yeux, mais, je dis, vues à fond ? »

Voilà mes goguenards qui se taisent.

« Ah! vous venez me parler de Sainte-Geneviève et des Catacombes, et vous n'avez point vu les raretés qui sont à votre porte? Eh bien! un *Parisien qui ne voit rien* vous les fera voir; si vous voulez le suivre, il va vous montrer le chemin. »

En disant ces mots, je me lève et me dirige vers la fosse voisine. Les traîtres, tout en paraissant me retenir, m'animent encore plus : « Nous ne souffrirons point, s'écrient-ils en me suivant, qu'un Parisien, qui n'est pas sorti de son pays, qui n'a pas même vu les Catacombes, s'enfonce dans nos mines. »

Échauffé par leurs plaisanteries et par quelques verres de champagne, je mets aussitôt habit bas. Eux alors, avec une perfide complaisance, m'aident à endosser le costume complet d'un charbonnier.

J'avais, pour plonger dans l'abîme, à quinze cents pieds sous moi, l'échelle des houilleurs, mais ne voulant pas risquer une chute, telle que jamais auteur n'en a faite, je me mis, avec quelque effroi, je l'avoue, dans un des tonneaux qui, mus par la machine à vapeur et à rotation, après avoir monté le charbon du fond des mines, redescendent à vide.

Dès que mes gens me virent au bord de la fosse et dans cette espèce de bière, ils se mirent à entonner je ne sais quelle complainte flamande sur un ivrogne qu'on enterre; puis, voyant remuer ma voiture, les voilà qui chantent en chorus :

Malborough s'en va-t-en *terre* !

C'est aux accords de cette touchante harmonie qu'après m'être vu, avec mon tonneau, lancé dans l'espace, je me sentais descendre, descendre encore, et descendre toujours......

Je n'étais pas au quart de mon voyage; je ne voyais plus rien que la nuit; je n'entendais plus que le bruit lointain des machines et des eaux. *Les chants avaient cessé.* Je commençais à réfléchir : les fumées du vin se dissipaient. En songeant à ce vide effrayant où j'étais suspendu, à tout ce que j'avais au-dessus et au-dessous de moi, la pensée de Pascal sur notre existence, sur *ce point entre deux abîmes*, vint me frapper... Mais passant tout à coup à d'autres idées : Me voilà loin des Champs-Élysées, me dis-je; et bien plus loin encore du sommet de cette colonne où je montai dernièrement, quelque temps avant le grand homme.

Mon tonneau cependant s'étant mis à tourner, moi je me mis à rire. Et de quoi donc, me direz-vous? de l'idée la plus bouffonne!... J'allai me rappeler ce pauvre acteur qui jouait, en province, Jupiter dans *Amphitryon*. Au moment où, *deus ex machiná*, il descendait majestueusement dans ce nuage que l'on nomme une *gloire*, et dont Horace, comme par prudence, ne veut pas qu'on fasse un usage fréquent, voilà que la *gloire*, qu'apparemment on n'avait pas fixée, se met à tournoyer avec son Jupiter, et ne lui laisse que le temps de jeter quelques mots de sa harangue chaque fois qu'il repasse devant Amphitryon... Voudrait-on faire aussi de moi, me dis-je, un Jupiter-tournant...!

Heureusement mon tonneau s'arrêta. J'étais à peine au bout de mes réflexions philosophiques, que j'arrivai à ma destination.

Quel aspect m'offrirent ces lieux!... Et quel décor pour un mélodrame!

Je n'avais pas encore mis pied à terre.... Je me rappelai Talma nous découvrant les enfers ouverts sous les pas d'Oreste, et je me mis à déclamer ces vers, sur son terrible diapason :

Descendons! les enfers n'ont rien qui m'épouvante.
Suivons le noir sentier que le sort me présente,
Et plongeons dans l'horreur de l'éternelle nuit.
Quelle triste clarté dans ce moment me luit?

Qui ranime le jour dans ces retraites sombres?
Que vois-je! mon aspect épouvante les ombres.

En effet, quelques figures, qui ne ressemblaient pas mal à des ombres, me contemplaient, bouche béante.

L'un de ces spectres, cependant, se mit à me rire au nez, mais d'un rire si naturel, que je crus retrouver Odry.

Voilà des Variétés, me dis-je, et peut-être un talent enfoui!

Je lui demandai combien il gagnait par jour. « Trente sous, monsieur, » me répondit-il. — Trente sous! avec un air si bête! Il eût fait fortune à Paris.

Je lui dis de m'accompagner, et j'entrai d'abord dans une vaste plaine, sillonnée en tous sens par un nombre infini d'hommes, d'enfants, de femmes même, et tous s'agitant avec leurs lumières, et traînant leurs chaînes et leurs fardeaux roulants.

Frappé de ce spectacle, je ne pus m'empêcher de m'écrier, en battant des mains: *Pas mal! presque aussi bien qu'à l'Opéra.*

Je m'enfonçai ensuite dans de longues et basses galeries qui me firent songer en soupirant à ces brillants passages de la rue Vivienne et de nos boulevarts. Au lieu de ces jolies marchandes, à la peau si blanche, au sourire si doux, je voyais çà et là fourmiller tous ces êtres noirs, la plupart couchés sur le dos, dans une veine de charbon, et, du fond de ce canapé, piochant, martelant, minant... On est épouvanté quand on pense que les malheureux condamnés à ces travaux par la misère, ont, pendant huit heures du jour, qui pour eux est la nuit, à lutter contre tous les éléments : d'abord, contre la terre et ses éboulements, qui incessamment les menacent; ensuite contre un air méphitique et tout à la fois inflammable, qui tue avec la rapidité de la foudre; enfin contre les eaux, qui submergeraient et les ouvriers et l'ouvrage si les pompes à feu cessaient un moment de jouer.

Ces dangers, ces travaux, cet air, et d'autres causes, donnent aux houilleurs un teint étiolé, livide, terne, comme la lumière de leurs lampes, et presque toujours les malheureux s'éteignent avant d'arriver à cinquante ans. Rarement vous les voyez rire. Point de chants dans ces tristes lieux. Les houilleurs de la Belgique entonnent du moins quelque cantique, ou bien des litanies, en descendant dans leurs fosses. Ici, rien! pas même un *De profundis*, qui pourtant sortirait à propos du fond de ces abîmes.

Qu'on vienne donc parler de compensations dans les destinées humaines! chaque état a ses peines assurément: mais sont-elles égales? L'ambitieux qui, par des voies souterraines, s'efforce d'ébranler le crédit de ses concurrents, et se mine lui-même, afin d'arriver à son but, n'est pas heureux, sans doute; mais du moins un espoir le soutient. Le soldat, qui expose ses jours, est vu, et il voit en perspective des récompenses, des honneurs; il porte dans sa giberne le bâton de maréchal de France. Mais le pauvre mineur, s'il fouille dans son sac, qu'y trouve-t-il? du pain, tout au plus, et pas même au fond un ruban! Une nuit profonde couvre son dévouement de tous les jours. Qui lui en tiendra compte? Il ne voit devant lui qu'une mort obscure, et, pour comble de maux, le néant; car un homme grave, à qui j'entends faire ces réflexions au moment de finir mon chapitre, m'assure que la plupart de ces malheureux ne croient plus même à une vie meilleure, qu'ils ont pourtant bien achetée dans celle-ci. L'espoir d'un avenir qui leur allégerait le présent leur est chaque jour ravi par un matérialisme aveugle, et plus cruel pour eux que tous les éléments, puisque, pénétrant jusqu'au fond de leurs ames, il les flétrit et les dessèche.

Voilà les ennemis habituels de ces infortunés, sans compter ceux qui les emploient ou qui les exploitent; non que je croie à tout le mal qui a pu être dit d'une société où se trouvent des hommes vraiment honorables. Mon guide, lui-même, cette pauvre doublure d'Odry, me fit observer, par exemple, que la compagnie, dans l'intérêt des ouvriers, et pour prévenir les malheurs qui n'arrivaient que trop souvent par l'explosion de l'air inflammable, avait adopté depuis dix ans les lampes de Davy, dont la lumière, *moins éclatante, est aussi plus sûre*. Au moment où j'en faisais l'essai, après avoir mis la main à l'œuvre, et pioché dans la mine, je fus agréablement surpris de trouver près de moi deux de nos convives qui venaient de descendre pour m'offrir d'abord des rafraîchissements, ensuite, une lampe de sûreté, me priant malignement de l'emporter à Paris, où l'on pouvait en avoir besoin. Je reçus fort bien l'épigramme.

Pour n'être point en reste avec mes deux envoyés, je leur offris poliment, dans mon équipage, une place, qu'ils acceptèrent de même. Et comme nous remontions gaiement : « Vous pourrez vous vanter, me dirent-ils, d'avoir fait un joli voyage dans nos pays bas. — Fort bien ! leur répondis-je sur le même ton : et si je me suis d'abord vu enfoncé, je vous défie maintenant de me noircir. »

Barbouillé comme je l'étais, par la poussière du charbon, dans mon grotesque accoutrement, ma lampe à la main, mon bonnet à trois cornes et, par-dessus tout, mes bésicles, vous m'auriez pris, quand je reparus dans ma *gloire*, pour le diable des *Cent-et-Un*. Je ne me flatte pourtant point de l'avoir remplacé dans les mines. Il faudrait qu'il eût soufflé sur moi, pour que j'eusse jeté beaucoup de lumière sur un sujet aussi sombre. J'avais, il est vrai, ma lampe merveilleuse, que je rapporterai comme un trophée; mais, pour l'inspiration, cela ne vaut pourtant pas le diable, je le sens. J'écris d'ailleurs à cinquante lieues de la capitale, étonné de savoir encore l'orthographe, me croyant toujours aux antipodes, et trop content si je puis faire dire à quelque détracteur que *Parisien voit assez bien*, quand il le veut[1].

---

[1] Oui, sans doute, quand il n'étouffe pas, comme notre voyageur, ses pensées élevées sous de futiles préoccupations et l'abus de l'esprit. O. L.

Onésime LEROY.

PÉLERINAGE
AU
MONT SAINT-MICHEL.

Étendez une nappe sur le plancher de votre chambre, placez-y au milieu un château de pâtisserie, éloignez-vous d'une vingtaine de pas, et vous aurez, malgré la bizarrerie de l'expérience, une idée de l'aspect du mont Saint-Michel, vu des rives qui bordent la grève, c'est-à-dire de deux ou trois lieues de distance. Cependant, lorsqu'on réfléchit que derrière ces monceaux de pierres, qu'on aperçoit sur un roc solitaire et sans végétation, il y eut des malheureux que la justice humaine isola du reste du monde; lorsqu'on songe que de nos jours encore, dans notre siècle, où les révolutions mêmes sont devenues bienveillantes, de jeunes hommes, pleins de courage et de patriotisme, y expient une journée d'erreur, on ne peut se défendre d'un sentiment pénible, et des idées qui font mal viennent assaillir l'esprit et resserrer le cœur. L'intérêt qui s'attache à toute victime que le crime n'a point flétri, rend désireux de voir de près cette demeure, qui fut autrefois une abbaye, plus tard une abbaye et une prison d'état, et qui, plus tard encore, lorsque la grande époque de 89 eut purgé le sol de la France de la présence des moines, devint à la fois une prison civile et la demeure de ce que nous nommons des détenus politiques.

Ces dispositions d'esprit rendent fort peu joyeuse une excursion au mont Saint-Michel. Après une promenade dans un cimetière, je ne connais rien de plus triste qu'une visite dans une prison. Joignez à cela que la vue d'une grève immense, où l'on ne rencontre nulle trace de végétation, est fort peu propre à inspirer des pensées riantes.

Les curieux qui se rendent au mont viennent

ordinairement à Avranche ou à Pontorson; c'est de l'une ou de l'autre de ces deux villes que partent les voyageurs. Il est bien de se faire accompagner par un guide; les étrangers ne doivent point négliger cette mesure de prudence. Plus d'un voyageur, surpris dans les grèves par la marée montante ou par les brouillards, a trouvé son tombeau dans un sol mobile et sans consistance. Ces dangers sont plus fréquents l'hiver et pendant la durée des grandes marées.

Vers le milieu du mois de mai dernier, deux jeunes demoiselles traversaient la grève; elles se rendaient sur la côte de Bretagne; le jour baissait, et le brouillard prenait de l'intensité. Un pêcheur du mont, qui retournait chez lui, les prévint qu'elles s'égaraient, que la mer allait venir, et les engagea à le suivre. L'une d'elles le crut, mais l'autre imprudente ne tint nul compte de son avertissement, et n'atteignit point les côtes qu'elle cherchait. Le lendemain, son corps fut trouvé froid et étendu sur le sable. Ce récit, que nous fit le conducteur qui nous accompagnait, nous émut profondément. Retenue dans un sol qui cédait sous ses pas, cette malheureuse fille avait essayé de s'arracher au danger qui la menaçait; ses efforts n'avaient servi qu'à l'engager plus avant dans le sable : alors la marée était venue et l'avait entourée; le flot s'était élevé peu à peu, avait atteint ses bras, ses épaules, son cou; elle avait crié, appelé du secours, sans doute, mais nul être humain ne pouvait l'entendre; elle avait pleuré aussi, car les pleurs sont une providence qui ne faillit jamais aux femmes; elle avait supplié cette mer, qui l'environnait de toutes parts, de ne pas aller plus loin, de l'épargner; elle avait parlé de sa mère qui en mourrait de douleur; elle s'était tordu les bras de désespoir, et la mer impitoyable avait toujours marché. Bientôt la tête de la jeune fille ne se montra plus que comme un point au-dessus de la surface des ondes, une seconde ensuite on ne distingua plus rien.

Livrés aux pénibles impressions que nous avait laissées cette histoire tragique, nous cheminions depuis environ une heure dans la grève. Le mont et les édifices qui l'entourent commençaient à se dessiner distinctement. Nous avions traversé plusieurs petites rivières, entre autres les bouches du Coisures. Notre guide nous avait prévenus de ne point nous arrêter; en effet, nous avions senti dans le lit de la rivière que le fond cédait sous les pas de nos chevaux. Cette circonstance présente quelquefois des particularités assez singulières. J'ai vu autour de nous des endroits où le sol est mouvant; il serait dangereux d'y marcher, car on enfoncerait promptement. J'ai vu même en écartant les jambes, et en pesant tantôt sur un pied, tantôt sur l'autre, le sable faire l'effet d'une planche qui basculerait par son milieu. Lorsque l'étranger sent le terrain manquer sous ses pieds, il n'a d'autre ressource que de se jeter à plat ventre, et de rebrousser chemin en rampant.

On a dit depuis long-temps qu'il suffisait de regarder une de nos vieilles cathédrales pour concevoir toute la puissance du christianisme au moyen âge. Cela est très-vrai; malheureusement il est fâcheux qu'on y voie aussi empreinte la verge de fer de la féodalité. Ces deux idées, que la méditation fait naître à la vue des monuments qui remontent au-delà du seizième siècle, se présentèrent à mon esprit à l'aspect des édifices du mont Saint-Michel.

On arrive à la porte du mont Saint-Michel par une chaussée de quelques pieds de largeur, et que le sable avait tenue cachée pendant de longues années.

En 1822, une forte marée la mit à nu; sans doute qu'un jour un mouvement contraire dans la grève viendra l'ensevelir de nouveau.

Il était environ onze heures lorsque nous arrivâmes. Les détenus politiques étaient à respirer l'air sur la plate-forme; notre vue excita chez eux de vifs transports. Carlistes et républicains agitaient leurs mouchoirs. Ils nous demandaient sans doute quelques marques de sympathie. On nous avait prévenus que, dans l'intérêt des prisonniers, nous devions nous abstenir de toute manifestation extérieure. Un tel motif nous rendit l'avertissement sacré, et nous renfermâmes en nous-mêmes les sentiments qui nous animaient.

Les carlistes se mirent à chanter : nous ne pouvions distinguer que de loin en loin quelques-unes de leurs paroles. Dès qu'ils eurent fini, les républicains commencèrent; ils entonnèrent l'hymne des Marseillais. Ce chant de liberté, sorti d'une prison, avait une solennité sublime. Je l'avais entendu à Paris, dans nos grandes journées, il m'avait profondément ému; ici, il fit couler mes larmes.

Le mont Saint-Michel paraît sortir avec les bâtiments qui l'entourent du sein d'une vaste grève qui peut avoir sept ou huit lieues de superficie. Le roc tout entier de granit s'élève au-dessus du sol d'environ cinquante-cinq mètres, et l'on peut évaluer à cent dix mètres la hauteur des édifices qui le surmontent. Toutes les pierres qui ont été employées à leur construction ont été prises sur le roc, ce qui nécessairement a dû changer sa forme. Sa partie supérieure est occupée par le château; la partie basse, du côté du sud seulement, est habitée par quelques pauvres pêcheurs. On a prétendu que du temps des Celtes, le mont Saint-Michel, sous le nom de mont Bellenus, possédait un collége de druidesses, et que, vers le siècle d'Auguste, il s'appela Mont-Jovis, à cause d'un temple à Jupiter que les Romains y firent élever. Ces opinions assez hasardées ne reposent point sur des preuves historiques bien positives. Ce qui est plus certain, c'est que, vers les premières années du quatrième siècle, plusieurs ermites s'y établirent et y fondèrent un petit monastère. Vers le commencement du huitième siècle, Saint-Aubert, évêque d'Avranches, y fit construire une petite église entourée de quelques cellules et dédia le tout à saint Michel. Plus tard, lors de la conquête des Normands, Rhon ou Rollon, leur chef, fit, le quatrième jour qui suivit son baptême, un riche présent à l'église de Saint-Michel, sur le mont qui dispute contre les ondes de la mer la tempête de l'air, comme le disent les vieux titres. Ses successeurs conservèrent une grande vénération pour ce lieu saint et y laissèrent souvent des traces de leur magnificence. Dans les premières années du onzième siècle, l'église étant devenue trop petite, Richard II, troisième duc de Normandie, la fit rebâtir sur une échelle plus grande : il mourut avant de l'achever. C'est aussi vers cette époque que le mont Saint-Michel acquit une importance militaire. Les guerres des Normands avec les Anglais venaient de naître, les ducs sentirent tout l'avantage que leurs ennemis d'outre-mer pourraient tirer de la possession de ce point, et le firent fortifier. Pendant l'invasion du quinzième siècle, les Anglais vinrent en grand nombre mettre le siége devant le mont Saint-Michel. Une troupe de cent vingt seigneurs s'enferma dans le château et le défendit vaillamment, et les ennemis furent repoussés. Deux grandes pièces d'artillerie restèrent au pouvoir des assiégés. Les habitants les montrent encore aux étrangers aujourd'hui; on les voit de chaque côté de la porte d'entrée du Mont; l'une est presque complètement enterrée dans le sable, l'autre est à moitié découverte; le diamètre de leur ouverture est de plus d'un pied.

Les religieux, avant la révolution, se plaisaient à énumérer les noms de tous les rois et de tous les grands personnages qui étaient venus dévotement visiter monseigneur saint Michel archange, et avaient laissé à son église des traces de leur magnificence. Le plus remarquable de ces pélerinages est celui de Louis XI en 1469. Il s'y rendit en compagnie d'une suite nombreuse, déposa sur l'autel une somme de six cents écus d'or après avoir fait ses dévotions, donna des ordres pour réparer et mettre le château en état de défense, et le 1ᵉʳ août y institua *l'ordre de Fraternité ou aimable Compagnie de certain nombre de chevaliers, jusqu'à trente-six, lequel nous voulons être nommé de l'ordre de Saint-Michel,* paroles du préambule et des statuts. La salle où se tenait le chapitre de l'ordre, et qu'on nommait la salle des Chevaliers, existe encore; elle est vaste et trente-six colonnes de granit en soutiennent la voûte : il y avait sans doute une pensée symbolique dans ce nombre trente-six, le même que celui des chevaliers; peut-être que dans le génie de l'artiste la voûte représentait le trône dont les colonnes, figurant les plus puissants seigneurs, étaient l'appui. Aujourd'hui cette salle est transformée en un atelier, il n'est plus permis d'y entrer depuis long-temps.

C'est probablement sous le règne de Louis XI que le mont Saint-Michel devint une prison d'état. Le caractère astucieux, défiant et cruel de ce prince, ainsi que ses largesses pour les moines de cette abbaye, pourraient le faire supposer; cependant il n'y a que des conjectures à ce sujet. Ce qui est positif, c'est que François 1ᵉʳ y fit enfermer un syndic de la faculté de Sorbonne qui avait invectivé contre lui; ce malheureux y mourut.

Sous le rapport architectural, les édifices du mont Saint-Michel sont très-remarquables; plusieurs sont à citer pour leur hardiesse et leur élégance. Il ne faudrait pas néanmoins y chercher une pensée unique, il n'y en a point; au fur et à mesure des besoins, ses diverses parties se sont élevées et superposées les unes sur les autres. Depuis long-temps les inquiétudes de la geôle en ont soustrait la plupart à la curiosité des visiteurs; à cette heure même, il n'est plus permis à personne de franchir le seuil du château sans des recommandations puissantes : une consigne sévère en éloigne tous les étrangers.

La restauration, en 1816, fit enfermer au mont Saint-Michel le conventionnel Lecarpentier; il y mourut en 1829.

Nous avions fait demander à M. le directeur de la maison, par une personne qui le connaissait, la faveur d'être introduits dans toutes les parties de la maison. Il nous répondit que des ordres positifs s'opposaient formellement à l'exercice de sa volonté, et que nous devions nous contenter de ce qu'il était autorisé à nous laisser voir.

Un gardien nous conduisit dans un long corridor qui aboutit à une voûte assez spacieuse. Là se trouve une grande roue que des prisonniers font tourner et qui sert à monter les provisions du château le long d'un plan incliné de plus de vingt-cinq mètres de hauteur. C'est sous cette voûte que la tradition du pays place les oubliettes. Quelques personnes affirment que ces affreux cachots, où des malheureux étaient plongés et disparaissaient pour toujours, n'ont jamais existé. Ce qui est certain, c'est que non loin de l'endroit où est placée la roue, se trouve un grand trou dont le diamètre est d'environ un mètre et dont la profondeur est très-grande. On ignore aujourd'hui quelle pouvait être sa destination. Au reste, la controverse qui pourrait être établie sur l'existence des oubliettes serait complètement inutile. Les oubliettes étaient dans tous les souterrains de la maison qui sont en très-grand nombre. Là, des victimes pouvaient être enfermées à tout jamais pour y expirer de besoin. A la révolution, on trouva dans quelques cachots des squelettes avec leurs chaînes; d'autres ossements furent aussi trouvés dans des espaces étroits et murés de toutes parts.

Sous cette même voûte, peu d'années avant 89, se voyait encore une grande cage en bois; elle était construite en claire-voie et pouvait avoir six pieds sur chacune de ses faces, sa hauteur atteignait le sommet de la voûte.

Louis XIV, dont l'amour-propre était, comme

on sait, extrêmement chatouilleux et irritable, y fit enfermer un journaliste hollandais qui avait osé mal parler de lui. Ce malheureux, qu'au mépris du droit des gens on avait arraché de sa patrie, trouva dans le grand roi un juge ou plutôt un bourreau implacable; la mort vint le prendre dans sa cage et le ravir à la froide vengeance de l'orgueilleux et bigot époux de la veuve de Scarron.

Nous quittâmes ce lieu où chaque pierre, peut-être, porte le nom d'une victime, et qui fut le témoin muet de tant de meurtres; aussi bien avions-nous hâte de nous soustraire aux pénibles impressions qui nous assiégeaient. Nous revînmes sur nos pas : à notre gauche nous avions la salle des Chevaliers; à notre droite, des souterrains; nous nous dirigions vers l'église. On nous fit passer sous une voûte fort belle, soutenue par six énormes piliers, lesquels, posés circulairement, supportent le pourtour du chœur de l'église. C'est une construction gigantesque et des plus imposantes.

A côté de l'église et sur le même plan se trouve l'ancien cloître; il repose sur la voûte de la salle des Chevaliers, sa forme est parallélogrammique; tout autour règne une galerie formée de petites colonnettes d'une élégance et d'un fini tout-à-fait remarquables : le centre de chaque ogive est occupé par une rosace très-bien découpée. Le nombre en est très-grand, et leur forme des plus variées; je crois qu'il n'en est pas deux parfaitement semblables. Le reste du parallélogramme est rempli par une grande aire toute couverte en plomb où viennent se réunir les eaux pluviales de plusieurs bâtiments environnants, de là elles se rendent dans de vastes réservoirs destinés à les recevoir. Au-dessus de la galerie où quelques rares prisonniers se promènent quelquefois, s'élèvent de petites cellules; c'est là que les moines de l'ordre de Saint-Bruno, que la communauté voulait punir, étaient envoyés de tous les points de la France pour y observer la règle dans toute sa sévérité. L'abbaye du mont Saint-Michel était censée maison de correction monacale.

En sortant du cloître on se rend dans l'église; on n'en a conservé que le chœur, tout le reste est occupé par des ateliers, et séparé par d'énormes cloisons en planches qui s'élèvent jusqu'au plafond.

Telle qu'elle est aujourd'hui, l'église fut bâtie en 1448 par les soins du cardinal d'Estouteville, trente-unième abbé; elle ne fut achevée que quarante-un ans plus tard, en 1499. Le peu qu'on en voit fait regretter le reste; on y retrouve ce qui caractérise le style gothique, la hardiesse, la grandeur, la légèreté, et cette variété de lignes qui en font le charme. Espérons qu'un jour la geôle moins ombrageuse ne cachera plus aux curieux des objets qui font la vénération des artistes. Autrefois les pélerins qui venaient en foule visiter l'abbaye pouvaient faire leurs prières à toutes les chapelles, et les moines leur montraient avec intérêt tous les détails de la maison.

C'est aussi en pélerin que l'artiste voyagera; il a sa religion, sa foi à lui; son culte est le culte des monuments, et lui serions-nous moins hospitaliers que ne l'étaient nos aïeux.

Livré à ces pensées, j'errai silencieusement dans le petit espace où le sanctuaire est maintenant resserré; mon esprit remontait la pente des siècles, je voyais les religieux au milieu de la nuit descendre de leurs cellules; couverts de leurs grandes robes, ils venaient en silence se placer autour de l'autel, où les matines les appelaient. J'entendais leurs chants monotones et nasillards se perdre dans l'angle élevé de l'ogive; il y avait de la vie à l'entour du tabernacle : aujourd'hui plus rien, la voûte est muette, le cloître est désert; ses enfants où sont-ils? une révolution les a engloutis ou dispersés à jamais. L'esprit humain, enveloppé dans les langes que le pouvoir royal et le pouvoir religieux maintenaient autour de lui, se débattait depuis longtemps dans ses liens. Advint qu'un jour il rompit ses lisières ; alors furieux, il abattit à ses pieds ses anciens oppresseurs. Il crut dans sa victoire les avoir écrasés pour toujours ; il se trompa, plus tard ils se relevèrent, mais leurs blessures étaient incurables, tôt ou tard ils en mourront.

C'est devant le portail de l'église, ou un peu en avant, que se trouve la plate-forme où se promènent deux fois par jour les détenus politiques. De là la vue s'étend de tous côtés sur une immense grève, toute couverte en totalité par les eaux de la mer, souvent desséchée et d'une tristesse désespérante par son uniformité; au loin on aperçoit la mer, les rochers du Cancale, les côtes de Bretagne et de Normandie, qui forment le contour de la baie ; enfin, la roche de Granville.

Dans leurs promenades, les détenus ne se mêlent point, les carlistes et les républicains vont chacun de leur côté, rarement ils se réunissent: ceci peut répondre à certaines personnes qui ont fait beaucoup de bruit de l'alliance carlisto-républicaine.

Nous vîmes plusieurs de ces bons paysans de la Vendée, que des prêtres ont abusés et ont forcés de prendre les armes; ils se tiennent à l'écart, et ne partagent point les jeux de leurs compagnons. Couverts de leurs grands chapeaux, les bras croisés sur la poitrine, et les mains enfermées sous leur grossier gilet, ils paraissent, étrangers au milieu de leurs assemblées, se demander ce qu'il y a de commun entre eux et une cause qu'ils ne comprennent point.

Parmi les républicains on nous fit remarquer Jeanne et Lepage; ceux qui ont suivi les débats qui ont précédé leur jugement, peuvent se faire une idée du courage et de la force de conviction de ces deux hommes. Le père et la mère du premier ont quitté la capitale pour venir habiter auprès de leur fils : tous deux sont âgés. La femme du second, elle aussi, a dit adieu à Paris, à Paris qui l'avait vue naître, où toute sa jeunesse s'était écoulée, où ses parents sans doute ont versé des larmes en la voyant partir. Elle est venue seule s'emprisonner sur un roc froid et humide, où le moindre des désagréments est d'y mourir d'ennui. Il n'y a qu'une femme capable d'un tel dévouement. J'ai vu cette moderne Éponine, et sa figure n'a fait qu'augmenter l'intérêt que sa noble action m'avait déja inspiré. Il y a de la bonté dans ses regards, ses traits ont de la douceur et de l'affectuosité, le son de ses paroles a quelque chose qui va au cœur. S'il y avait des anges au ciel, c'est comme cela que je les concevrais.

Je n'ai jamais connu Mme de Lavalette, mais je suis persuadé que la femme de Lepage doit lui ressembler. Elle porte elle-même deux fois par jour la nourriture de son mari ; à ces heures elle peut le voir, elle peut lui parler, et, le croirait-on? quoique deux grilles et un espace de trois pieds les séparent, la consigne veut qu'un des geôliers soit toujours présent à leur entretien.

On nous signala aussi, parmi les carlistes, le jeune La Houssaye; son agilité et son adresse sont surprenantes; il paraît avoir de l'influence sur ses amis.

Nous n'avons parlé que de quelques-uns des bâtiments qui sont debout sur le mont Saint-Michel, cela vient de ce que nous n'en avons visité que fort peu ; ceux dans lesquels nous n'avons pu entrer sont nombreux, ce sont les souterrains, les chambres dites du gouverneur, le grand et le petit exil qui servent de dortoirs aux prisonniers, les appartements de l'ancienne abbatiale, occupés maintenant par le directeur et l'inspecteur de la maison ; les cuisines, le grand réfectoire, maintenant un atelier; au-dessus, la bibliothèque, l'infirmerie des anciens moines, et la salle des Chevaliers, dont nous avons dit un mot déja.

Il était près de six heures du soir lorsque nous quittâmes le Mont, les détenus étaient encore sur la plate-forme; en nous voyant partir ils nous saluèrent et nous souhaitèrent un bon voyage; il nous fut impossible de contenir nos sentiments; nous agitâmes nos mouchoirs en signe d'amitié, et nos regards ne pouvaient se détacher d'eux. Les vœux que nous portions dans nos cœurs pour leur délivrance prirent une nouvelle force. Puissent-ils se réaliser bientôt!

RELLIER.

LES FEMMES A PARIS.

D'un commun accord, Paris a été proclamé la capitale du monde civilisé; je voudrais qu'on ajoutât, et du monde féminin. En effet, autant Paris est la reine des villes, autant la Parisienne est la reine des femmes. Je n'en veux qu'une preuve : de temps immémorial, Parisien est synonyme de badaud; qui a jamais pensé à dire une badaude?

Que de nuances pourtant dans ces femmes de Paris! je trouve que c'est abuser étrangement de la faculté d'appeler du même nom tous les êtres d'une même espèce, que de dire en voyant une chiffonnière du faubourg Saint-Marceau : « Ceci est une femme », et : « Ceci est une femme » à la vue de madame R.....r, par exemple. Que l'on me comprenne bien toutefois : la première, avec son croc, sa hotte, et son aspect repoussant, est aussi remarquable, comme spécialité locale, que la seconde avec ses frêles vêtements, ses exhalaisons parfumées, et toutes ses graces si aisées, de si bon goût.

Et pour nous débarrasser tout de suite de la tâche la plus pénible, visitons un peu ces faubourgs de Paris, où vivent entassés dans une atmosphère fétide, des milliers d'individus qui ne savent pas le matin comment ils dîneront, ni le soir, où ils prendront le déjeuner du lendemain; qui ne travaillent pas à présent parce qu'ils ne trouvent pas d'ouvrage, et qui ne travaillaient pas naguères parce qu'ils n'en cherchaient pas. Là, la Parisienne est hideuse. Déguenillée autant par défaut de soin que par misère, prélevant sur le pain de sa famille de quoi se procurer du tabac et de l'eau-de-vie qu'elle nomme, Dieu sait pourquoi, du *camphre;* sans cesse battue, battante, ivre, contusionnée, se ruant à l'émeute, mais non pas pour y réclamer des libertés, n'en revenant que lorsqu'il n'y a plus de réverbère à casser, quand sa voix éraillée refuse de faire entendre les hideuses vociférations qu'elle vomit d'instinct; vice incarné; sans jeunesse et sans âge mûr; ni fille, ni épouse, ni mère, quoique à la charge d'un père et d'une mère, d'un mari et de plusieurs enfants; domiciliée, enfin, la moitié de l'année, dans les cachots de la police.

Hâtons-nous de détourner les yeux de ce hideux tableau, et quittons cette femme-populace pour nous occuper un instant de la femme-peuple. La distance est si énorme, qu'on craint d'avoir laissé échapper par mégarde quelque degré intermédiaire. Autant l'autre est sale et dégoûtante, souvent avec dix francs dans sa poche, autant une Parisienne du peuple, travailleuse, économe, est avenante et soignée, quelle que soit sa misère; et malheureusement elle n'est pas rare. Vous la rencontrez partout, cette femme, avec un tablier devant elle, portant un panier au bras, ou un enfant au maillot; leste, trottant menu et vite, car on l'attend; elle a un mari, et ils s'aiment, parce que l'un et l'autre sont bons et honnêtes; elle a des enfants, elle en a beaucoup, et elle le dit à tout le monde, parce que c'est sa joie, à elle; c'est son orgueil, son espérance, son trésor, à elle! Malgré son panier et son tablier, vous ne la prendrez pas pour une cuisinière, parce qu'il y a je ne sais quoi dans son air, dans toute sa personne, de libre et de dégagé, qui semble crier tout haut: Je suis contribuable.

Et nos poissardes donc, ces dames de la Halle, avec leur reine de Hongrie, et leur langage à elles, et leurs bonnets de dentelle qui valent souvent seuls plus d'argent que la toilette de deux femmes de notre monde! où trouve-t-on leur pendant? n'est-ce pas là une originalité toute parisienne?

Regardez dans cette petite chambre de la rue de La Harpe; près d'une tête de mort, ou d'un volume de Toullier, n'apercevez-vous pas, sur une table, les débris d'un repas de la veille, un chapeau rose ou bleu, une paire de bretelles, un schall et une cravate? Eh bien! au milieu de ce chaos, il y a de l'amour heureux, de l'amour jeune, avide du présent, et oublieux du passé et de l'avenir! Cette petite chambre, si nue, si froide, si étroite, elle suffit au cœur de cette grisette qui vient y trouver un amant qu'elle aime et qui l'aime! oui, il y a là de l'amour vrai; eh! c'est qu'ils ont vingt ans! c'est que Gustave est étudiant en droit ou en médecine, et que mademoiselle Agathe n'est qu'une petite grisette sans prétentions, sans ambition, qui fait l'amour, parce qu'une grisette de dix-huit ans doit faire l'amour, comme un député du centre doit crier pour la clôture et dîner chez les ministres. Mais laissez-les vivre quelques années encore! que monsieur Gustave prenne le grade de docteur! que mademoiselle Agathe quitte la rue de La Harpe pour la rue du Helder ou la rue de Provence, et puis allez encore demander de l'amour à ces cœurs blasés et déshérités de leurs illusions!

Et pourtant, cette petite personne dont je vous parle, elle est, pour la plupart du temps, la fille de cette honnête femme que je vous ai montrée avec son tablier et son petit panier au bras! Elle a commencé à travailler chez elle; puis elle a voulu passer au magasin; puis... que voulez-vous que j'y fasse?

A propos de magasin, il n'y a pas dans les comptoirs que des grisettes de dix-huit ans... Diable! faites-moi le plaisir d'avancer un peu la tête, et de contempler cette honnête figure qui fait tout ce qu'elle peut pour persuader qu'elle sourit; qui se cache sous un énorme bonnet chargé de fleurs et de rubans, et occupée pour le moment à coudre des lisérés blancs à un col d'uniforme! C'est l'estimable épouse de M. Boudard, passementier, rue Saint-Denis, électeur à cent écus, lequel M. Boudard cumule les honorables fonctions de membre du conseil municipal et de sergent-major de la garde nationale. Lorsque Dieu créa M. Boudard, je suis intimement convaincu qu'il conçut en même temps l'idée du garde national; et je ne mets pas en doute que si M. Boudard avait été plus âgé lors de la prise de la Bastille, il n'eût soufflé au général Lafayette l'idée d'organiser cette milice citoyenne. Ceci n'est pas une digression. Car il faut que vous sachiez que madame Boudard est plus *garde nationale* encore que son mari, si cela est possible. C'est elle qui l'a fait nommer sergent-major; c'est elle qui le fera nommer sous-lieutenant, lieutenant, capitaine, avec l'aide de Dieu et de ses visites aux puissances. Il y a dans cette tête de boutiquière parisienne une ambition démesurée, un désir de paraître ce qu'elle n'est pas, qui l'empêche de se montrer ce qu'elle est en effet, c'est-à-dire une très-bonne et très-excellente personne. Cependant, à tout prendre, je crois que je lui pardonnerais volontiers ce travers, et que je prendrais le parti de la laisser, sans l'écouter, parler de la *mairerie*, de la comptabilité de son époux, de l'avant-dernière revue du Champ-de-Mars, etc., etc., si elle n'avait pas la manie d'offrir à mon admiration la huitième merveille du monde. C'est mademoiselle sa fille qui sait tout, excepté tenir un comptoir; qui a été en pension avec la fille du duc de B..., du comte de M..., du marquis de C..., et qui m'écorche les oreilles d'un vieil air d'opéra-comique, ou de la bataille de Prague. « Et ça méprise le pauvre monde! » me disait dernièrement la vieille Marguerite, ma femme de ménage.

Parbleu! je crois que j'allais oublier de vous parler des femmes de ménage! Eh bien! je ne me ravise pas! A dire vrai, je ferai aussi bien de ne pas vous en étourdir, non plus que des cuisinières, portières, etc., dont Henri Monnier a si spirituellement et si complètement fait le portrait d'après nature...

Mais je ne sache pas qu'il nous ait parlé des femmes de chambre. Et à mon sens, ce serait une lacune impardonnable dans l'histoire de la Parisienne que de les passer sous silence. Qui de vous, messieurs, n'a pas senti son cœur se dilater lorsque, après une longue attente, il a vu une gentille et accorte personne, s'encadrer mystérieusement dans la porte de sa chambre, et lui sourire d'un air d'intelligence en tirant de la poche de son tablier blanc un billet de femme, à la forme triangulaire, au papier azuré et parfumé? Qui de vous, mesdames, n'a pas confié une missive comme celle que je viens de dépeindre à une petite femme comme celle dont j'ai parlé? Et remarquez un peu l'empire de la femme dans quelque circonstance qu'elle se trouve placée. De nos jours, les Crispins, les Scapins, les Frontins, seraient mis à la Force ou aux galères. Quel mari sera assez confiant dans sa sagacité pour affirmer qu'il n'a pas chez lui la copie exacte, ou plutôt l'original en personne de Lisette ou de Marton ? La plupart des femmes de chambre, à Paris, sont jolies et avenantes. Si Balzac ne nous avait pas déjà dit pourquoi, je vous dirais ce que j'en pense[1].

Je vous aurais bien aussi parlé des bourgeoises du Marais, cette ville de province dans Paris, des rentières qui dans toute la capitale passent leur vie avec deux ou trois chiens, curés, chats, etc. Mais, à mon avis, ce serait faire comme certaines gens qui disent : On m'a dit une histoire stupide, je vais vous la raconter. Comme j'ai une horreur pour ces gens-là, et que je ne veux pas qu'on me prenne en horreur, je ne vous dirai rien de nos rentières, qui du reste n'offrent rien d'original ni de caractérisé. Vous priant donc de me savoir gré de cette restriction mentale, je vais, sans précaution oratoire, vous transporter, avec votre permission, dans une jolie petite maison de la Chaussée-d'Antin ou du boulevart.

C'est près d'une femme que je vous mène ; près d'une femme que vous aimerez si vous êtes

---

[1] Physiologie du mariage. Méditation intitulée *Des Alliés*.

homme, que vous mépriserez et qui vous surprendra si vous êtes femme, femme du monde, bien entendu, et que la société a flétrie du nom de femme entretenue. Étonnant assemblage de passion et d'indifférence, elle fait de l'amour qui tue et qui la tue; un amour de tête et de coffre-fort; hideuse si vous l'analysez, ravissante si vous vous livrez sans réserve au délire qu'elle sait si bien faire naître; se donnant des airs de femme comme il faut, et échouant gauchement dans la copie, parce que c'est un rôle qui n'est pas de son emploi; elle est gauche aujourd'hui opulente, parce qu'hier encore elle était dans une humble et pauvre mansarde, et que demain, peut-être, elle sera gisante dans un hôpital, et que la plupart de ces femmes, comme l'Aquilina du *Romancier philosophe*[1], le savent et le disent tout haut au milieu des joies de l'orgie. Elle est tour à tour, selon que l'idée lui en vient, indifférente à l'âme sèche, se plaisant à torturer un cœur d'homme véritablement épris; et maîtresse passionnée, susceptible des plus beaux dévouements, allant (cela s'est vu) jusqu'à vendre les diamants et les cachemires qu'elle semble seuls aimer, pour sauver la liberté menacée d'un amant qui ne l'aime pas peut-être. J'ai toujours désiré que quelqu'un d'habile s'occupât de la physiolo-

[1] *La Peau de Chagrin.*

gie de cette classe de femmes. Le sujet est digne d'être étudié, et certes, si j'en avais le talent, je ne manquerais pas de m'en emparer. J'aimerais à rechercher les causes de ces étranges contrastes, et je me croirais bien payé de mes peines, si je parvenais à voir clair dans ces cœurs moitié marbre, moitié feu.

Eh! quel est le cœur de femme, peu importe laquelle, où il soit donné de lire! Didier n'a-t-il pas raison de s'écrier :

> Chose infidèle
> Et folle qu'une femme ! être inconstant, amer,
> Orageux et profond comme l'eau de la mer [1].

Au-dessus de cette femme dont je viens d'esquisser à peine le portrait, demeure une mère de famille. Elle est restée veuve avec trois enfants.—Trois filles.—Son mari était capitaine. La pauvre mère n'a qu'une petite rente qui ne saurait suffire à leur entretien. Elle travaille; sa fille aînée l'aide dans son ouvrage; la seconde peint pour Susse ou pour Giroux des écrans ou des boîtes de Spa; la troisième.....

Avez-vous quelquefois rencontré une jeune personne jolie, très-bien mise, l'œil baissé, et cependant pas trop de candeur, les coudes au corps, un grand livre sous le bras, ou un rou-

---

[1] Victor Hugo, *Marion Delorme*, acte V, scène 3.

leau à la main, se dirigeant vers le faubourg Poissonnière?—Sans doute.—Et qu'avez-vous dit?—J'ai dit, voilà une élève du Conservatoire. —Vous ne vous trompiez pas, et peut-être la dernière que vous avez rencontrée était-elle la troisième fille de la veuve du capitaine. On lui avait proposé de faire entrer sa fille au Conservatoire royal de musique, sa fille qui avait en effet une fort belle voix. La bonne mère n'avait vu que le beau côté de la chose, qui était de profiter d'une protection pour faire apprendre la musique à sa fille. Mademoiselle Clarice profita si bien, étudia tant, se rendit si assidûment au Conservatoire, que l'année suivante sa mère berçait un petit-fils dans ses bras; et cependant la pauvre femme n'avait jamais eu de gendre.

Mesdemoiselles, qui avez une jolie figure, une belle voix, et qui êtes dans l'intention de rester vertueuses, n'étudiez pas au Conservatoire!....

Le Conservatoire me conduit tout naturellement à parler de femmes dont il est une vraie pépinière. On a déja deviné que je veux parler des actrices.

Les actrices, à Paris, sont au ban de la société, et ce n'est pas sans motifs. En général (je parlerai plus tard des exceptions), en général dans les petits théâtres il y en a peu d'admissibles dans le monde. Dans les grands théâtres, l'exception est moins rare. Cela se conçoit. C'est là que l'actrice peut, sans se faire rire au nez, se dire artiste [1]; et de vrai, l'art élève l'âme. Aussi a-t-on vu plus d'une femme aimable quitter les planches d'une haute scène pour les salons du monde comme il faut, et déposer la couronne de Sémiramis ou d'Armide pour prendre les fleurons de comtesse ou de marquise. Certes, leur talent seul ne les a pas mises là où elles sont; et des hommes d'honneur, estimés dans le monde, n'auraient pas donné leur nom à des femmes dont la conduite n'eût pas été sans reproches. Mais voyez comme le siècle a fait des progrès! Certes, si jamais vertu a été mise en doute, c'est celle des demoiselles de

---

[1] Je me hâte d'expliquer ma pensée. L'artiste étant celui qui fait ou exécute une œuvre d'art, on sent bien que l'endroit où s'exécute cette œuvre ne constitue pas l'artiste. Ainsi l'on ne me croira pas assez stupide pour dire que les acteurs qui ont créé les rôles d'Antony, d'Israël (dans *Marino*), du Joueur, de *Marion Delorme* et d'Adèle, ne sont pas des artistes, parce qu'ils ont joué aux boulevarts; je n'ai fait, en parlant des grands théâtres, que généraliser la chose, parce que long-temps ils ont été en possession de jouer ce qu'on pouvait appeler œuvre d'art. Ce n'est d'ailleurs que depuis peu de temps que le théâtre de la Porte Saint-Martin a fait un pas dans le domaine de l'art, et qu'il nous a révélé des artistes. Tout le monde là-dessus sera de l'avis de M. Victor Hugo qui déclare, dans une note qui suit *Marion Delorme*, que cette troupe est une des plus lettrées de la capitale. Cette explication donnée, je maintiens mon dire, que les acteurs seuls des grands théâtres (et les bons bien entendu) peuvent en général se dire artistes.

l'Opéra. En conscience, il faut dire que les ronds de jambe, les pirouettes et les jetés battus ne sont pas de forts garants de la vertu d'une jolie femme. Eh bien! en nous faisant connaître une danse que nous ne soupçonnions pas, une danse tout à la fois voluptueuse et modeste, une aérienne et ravissante étrangère nous a appris aussi qu'il ne faut jamais dire : C'est impossible.

Jadis il était reçu parmi la noblesse d'aller chez les actrices; les hommes bien entendu. On en a bien rappelé, ma foi. Je ne sais pas, à vrai dire, ce que nous avons gagné à cette pruderie de notre siècle, qui nous fait prendre le manteau couleur de muraille pour aller leur rendre visite. Je crois qu'au contraire on y a beaucoup perdu. Qu'on ne vienne pas me dire que c'était immoral ; du moins on ne le dira pas sans rire. J'espère que nous n'avons pas la prétention d'être éminemment vertueux. Je le répète donc, on y a perdu. D'abord, on y rencontrait ce qu'il y avait de mieux à Paris, et il en résultait que ces femmes elles-mêmes, se frottant à toute cette fleur de société, prenaient sans s'en douter les manières et le ton du beau monde. Une femme spirituelle, et qui a associé sa gloire à celle de tous nos chefs-d'œuvre comiques, par le sublime de l'art avec lequel elle en fut l'interprète ; cette femme, dis-je, et je n'ai pas besoin de nommer mademoiselle Mars, a voulu faire revivre cet usage. Je n'ai jamais eu le plaisir d'aller à ses soirées et à ses bals, mais j'en ai beaucoup entendu parler; et l'on m'a dit que rien n'était comparable au charme de ces réunions d'artistes, de gens de lettres, d'hommes du monde, si ce n'est la manière gracieuse dont la maîtresse de la maison faisait les honneurs de chez elle. Son exemple a été suivi par madame Malibran. Mais je doute que leurs louables efforts soient couronnés de succès. Nous ne sommes plus assez liants; et puis, disons-le franchement, le corps dont elles font partie, et où elles font exception si marquante, compte-t-il beaucoup de femmes capables d'être maîtresses de maison?

Les actrices m'ont fait penser aux banquiers, notaires, et agents de change; et de ceux-ci, il n'y a pas loin à leurs femmes. Si j'étais arrivé au bout d'un article sur les femmes de Paris, sans avoir parlé de celles-là, j'aurais brûlé tout le reste, tant je les trouve curieuses à observer. De toutes les aristocraties, celle de l'argent, bien qu'elle soit la vraie par le temps qui court, est, quand elle donne de l'orgueil, la plus ridicule de toutes. L'aristocratie de la noblesse, celle du sabre, ont au moins pour elles que leurs membres peuvent dire: On aura beau faire, j'ai toujours été, je serai toujours noble, toujours brave; tandis que l'aristocrate financier ne peut pas dire : J'ai toujours été, je serai toujours riche. Et cependant, il faut le dire, c'est l'aristocratie de l'argent qui montre le plus d'orgueil et de vanité à Paris. Les femmes surtout ne croient pas le ciel assez haut pour elles; si elles osaient, elles auraient dix loges à chaque théâtre, et cent laquais dans leur antichambre, pour vous prouver qu'elles ont de l'argent à dépenser. A certaine femme de banquier, d'ex-banquier voulais-je dire, ne faut-il pas aujourd'hui des diamants de princesse? Je suis sûr que si on pouvait lire dans l'âme de ces dames de la Chaussée-d'Antin, on y verrait tout le dépit qu'elles éprouvent de la simplicité des modes de notre temps, et qu'elles voudraient qu'on ne portât que des robes de velours ou de dentelle, et des plumes de cent louis jusque sur les bonnets de nuit.

Mais comme tout a son bon côté, il faut que je me hâte de dire qu'il n'y a pas une d'entre elles qui ne soit *Dame de Charité*. Je sais bien que de méchantes langues ont prétendu qu'il y avait là plus d'ostentation que de charité chrétienne! Pure médisance! Des femmes qui donnent tous les mois un billet de mille francs à Herbot pour un chapeau ou pour une robe à Victorine, peuvent bien consacrer tous les ans une trentaine de napoléons à secourir des pauvres.

Et cependant, chose étrange! ces femmes si vaines du coffre-fort de leurs époux, qui semblent vouloir souvent humilier ceux qui n'ont pour toute fortune qu'un nom illustre et sans tache; ces femmes, dis-je, qui semblent préférer un coupon de rentes à un arbre généalogique, ou à de brillants états de services, que le mari d'une d'elles attrape à la volée un titre de baron; ah! ce sera bien une autre histoire. Pendant plus de six mois, elle ne sera pas une minute chez elle; elle sera constamment en visite, pour avoir le plaisir de s'entendre annoncer madame la baronne! Puis cette rage passée, elle se demandera bien sérieusement s'il est de sa convenance de rendre des visites! Elle vous recevra avec un petit air de protection à faire pouffer de rire. Pauvre femme! une idée, une fantaisie de roi lui tournera la tête! et, juste-milieu entre l'aristocratie financière et nobiliaire, vous la verrez sourire de pitié en parlant d'une femme riche sans titre, tout aussi bien qu'au nom d'une femme noble sans argent.

A Dieu ne plaise, cependant, que je n'aie vu que des ridicules là où il y a tant de charmes et tant de grâces à admirer; là où sont les plus agréables femmes de Paris; mais j'ai parlé en général. Malheur à qui aurait cru voir de la morgue et de l'insolence dans les regards d'une foule de jeunes femmes de la Chaussée-d'Antin, comme on dit : non, hâtons-nous de le dire hautement. Là, comme dans les salons de l'aristocratie, vous trouvez les meilleures manières, le goût le plus exquis, l'urbanité la plus parfaite. Là, vous trouvez la Parisienne dans tout son beau. Que puis-je dire de plus? vous la voyez élégante, jeune, gracieuse, instruite, rieuse, et tant soit peu coquette; qu'imaginez-vous de plus admirable, de plus séduisant? Ah! si vous avez un souhait à faire, un souhait de bonheur, de joie, désirez d'être aimé d'une de ces femmes ravissantes que vous ne pourrez vous empêcher d'aimer, vous! Mais prenez garde à cet amour! vous êtes sur un terrain glissant! ne vous laissez pas trop aller : je ne vous parle que d'une liaison du monde, et non d'un amour qui ne sait dire que *pour la vie!* La femme du monde à Paris aime avec tendresse; son amour est plein de charmes, mais il est d'une étrange nature; qui peut savoir s'il durera des jours, des mois ou des années? Écoutez un mot d'une femme charmante, d'une Parisienne enfin (Parisienne, c'est-à-dire qui habite Paris).

Un jeune homme, qui entrait dans le monde, avait été mené chez madame D. par un de ses parents, homme âgé, qui par ses relations avec la famille de la jeune femme était près d'elle dans une grande intimité. Notre jeune homme trouva madame D. très à son goût; il en parla à son parent avec enthousiasme. L'oncle était un bon vivant. Un jour qu'il était chez madame D., la conversation tomba sur le jeune homme. Parbleu, dit l'oncle en riant, mon neveu est enchanté de vous; vous devriez vous charger de son éducation, le mettre dans le monde, comme on dit. « Non, répondit-elle vivement, votre neveu est bien sans doute, mais j'ai remarqué qu'il avait une âme ardente, *il ne saurait pas se laisser quitter.* » Le mot est caractéristique.

Si l'aristocratie de l'argent a ses personnages ridicules et insupportables, il ne faut pas croire que celle de la noblesse en soit dépourvue. Non, heureusement pour Asmodée; il y a au faubourg Saint-Germain, voire même au faubourg Saint-Honoré, de quoi ne pas craindre de mourir faute de rire. C'est là qu'on trouve des femmes qui passent des heures entières à gémir sur 89, et à s'entretenir avec leurs directeurs du lieu où elles émigreront quand les jacobins (tout ce qui n'est pas légitimiste) renverseront les églises et mettront la France au pillage, si toutefois leurs petites conspirations ne réussissent pas; car à présent ces nobles dames conspirent pour le trône et l'autel. Ces femmes ne vous demanderont pas, comme la marquise des *Trois-Quartiers*, si un homme est né, mais elles ne vous répondront pas si vous leur parlez de l'empereur; ou bien elles vous diront : Ah! oui, Bonaparte. Ces femmes sont les pénitentes de l'abbé Ronsin, ou de quelque autre de même calibre.

Et c'est dommage; car elles aussi sont d'aimables Parisiennes, les jeunes femmes du noble faubourg! elles aussi, d'un regard, d'un sourire, embellissent ou brisent une existence d'homme, avec cette frivolité, cette insouciance qui est un charme de plus! Elles aussi ont de cet imprévu qui séduit et captive l'homme le plus en garde contre les séductions. Comme ces ravissantes créatures dont je viens de parler, elles sont Parisiennes dans toute la force du terme; et cependant on ne les prendra pas l'une pour l'autre. Si vous me demandez pourquoi, je vous dirai que je n'en sais trop rien. Toutes deux sont vives, élégantes, spirituelles; toutes deux coquettes, toutes deux riches; mais aux Bouffons, vous entendrez la duchesse de C...... parler haut, ou plutôt crier pendant que madame Malibran ou Rubini chantera; et cependant madame la duchesse de C...... aime la musique de passion. Vous la rencontrerez seule dans la rue, elle ou une autre femme de sa caste, et vous direz : Voilà une femme du faubourg Saint-Germain.... Cependant elle n'a pas l'air plus fier ou plus insolent qu'une autre. — Au contraire, personne n'est plus causant, plus affable. — Que voulez-vous que je vous dise? Je ne sais même pas si cela est comme je vous le dis; mais je dis ce que j'ai cru voir, et c'est tout.

Oui, il y a quelque chose dans ce sang qui n'est pas dans d'autres veines. C'est un je ne sais quoi de hardi sans effronterie, qui ne peut manquer de plaire. Qui, par exemple, eût résisté à cette charmante espièglerie d'une des plus aimables jeunes femmes du faubourg Saint-Germain?

La duchesse de F., à la suite d'une fâcheuse histoire, avait été priée de s'absenter de la cour pendant quelque temps. Elle alla passer son exil à Saint-Germain, résidence de son père. Plusieurs mois s'écoulèrent assez gaiement; enfin l'hiver approcha, et la belle exilée sentit que Paris lui manquait autant qu'elle manquait à Paris. Que faire? reparaître eût été trop hardi; demander grâce lui répugnait; mais ce que femme veut, Dieu, et à plus forte raison roi, et roi dévot, le veut aussi. C'est ce que pensa la duchesse un beau jour qu'elle apprit que le roi chassait dans la forêt de Saint-Germain.

Le matin donc elle monte en voiture, se fait conduire à une lieue environ du rendez-vous de chasse; là, elle met pied à terre, congédie sa voiture et ses gens, et gagne le rendez-vous à pied. Il ne faut pas une bien longue course à une petite femme bien frêle, bien délicate, pour la fatiguer et la mettre sur les dents. Aussi, lorsque la duchesse arriva, elle avait pris de brillantes couleurs qui ne la rendaient pas plus laide, et elle paraissait harassée: c'était ce qu'elle voulait. Charles X était en train de discourir sur la chasse, lorsqu'il sent une petite main qui lui frappe sur l'épaule. Surpris de cette familiarité inusitée, il se retourne, et reste stupéfait en voyant la petite duchesse de F., qui, levant sur lui des yeux suppliants, lui dit: « Sire, c'est moi! Il y a si long-temps que je n'avais eu le bonheur de voir votre majesté, que je suis venue ici. Vous ne m'en voudrez pas, sire? » Et en disant cela, elle faisait une de ces petites mines qu'on lui connaît, montrant ses jolies mains; enfin, elle était ravissante.

« Ah! ma chère enfant, lui dit le roi, vous avez été bien inconséquente!

—Sire, je vous assure qu'on m'a calomniée auprès de votre majesté. J'ai quelques torts....

—Mais, interrompit Charles X, comme vous voilà faite! » C'était vrai; ses cheveux étaient tout défrisés, et son malin et gentil visage tout rouge de la chaleur que lui avait causée sa marche forcée. « Est-ce que vous êtes venue à pied ?

—Oui, sire. Je me promenais dans la forêt, quand j'ai appris que votre majesté chassait, et je suis venue.... Votre majesté n'est pas fâchée, n'est-ce pas ? »

Et le moyen de l'être ? Aussi le roi qui, pour ces choses-là, n'était pas si entêté que pour les affaires de son royaume, fut désarmé sur-le-champ.

« Mais savez-vous qu'il y a fort loin d'ici à Saint-Germain. Allons, allons, je vois bien qu'il faut que je vous reconduise. »

Et en effet, deux heures après, la calèche du roi entrait au grand galop dans la cour du château de Saint-Germain, au grand étonnement de ses habitants, qui ne comprenaient pas comment il se faisait que le roi ramenât dans sa voiture découverte une femme qu'il avait exilée de la cour.... Quelques jours après, il y avait un bal aux Tuileries; la charmante duchesse, dont l'histoire avait fait du bruit, y reparut triomphante; et l'on dit que la duchesse de G. fut, à la suite de ce bal, malade pendant plus de quinze jours.

Il me resterait à parler de la noblesse impériale; qu'en dirai-je? certes, je ne puis ni n'en veux dire de mal; si je n'en dis que du bien, qui voudra me croire? je me bornerai donc à dire, et ce ne sera pas le portrait le moins exact, que de la Chaussée-d'Antin et du faubourg Saint-Germain réunis, on peut se faire une assez juste idée de la noblesse de l'empire.

J'avais envie de pousser mes observations plus haut encore; de parler de la cour. Mais avons-nous une cour? si c'est un mal, si c'est un bien, c'est ce que, Dieu merci, je ne suis pas appelé à discuter ici. Mais enfin avons-nous une cour? en avions-nous même une sous Charles X? Peut-on appeler de ce nom ces bals que donnait une jeune princesse, et où l'étiquette restait à la porte? Mais on s'y amusait; mais, si ce n'étaient pas des bals de cour, c'étaient du moins des bals parisiens, des bals où rien ne manquait, pas même la folie. Et je dis vrai ici, car on se souvient qu'un jour, la duchesse de Berri entendant quelqu'un dire qu'il allait se retirer, courut à la porte du dernier salon, la ferma à double tour, et revint triomphante mettre la clef sous une pendule, disant avec une joie d'enfant: « Sortez donc maintenant.... » Certes c'était bien là une folie parisienne.

Me voilà parvenu au plus haut degré de l'échelle sociale. Sans doute, quand je regarde en arrière, je m'aperçois avec confusion que je suis monté trop vite, et que j'ai enjambé bien des échelons sans les toucher. Mais vraiment je n'ai pas le courage de redescendre pour recommencer ma tâche, et je dois dire aussi qu'il en était quelques-uns de si peu engageants que je les ai passés tout exprès. Ai-je mal fait en cela ? s'il en est ainsi, qu'on me le pardonne; mais je puis protester que j'ai voulu bien faire.

Napoléon D'ABRANTÈS.

PARIS A CHERBOURG.

Je voulais le voir à Cherbourg, au milieu d'un grand port et d'un vaste arsenal naissants, ce Paris qu'en 1830 j'avais rencontré dans un autre port, dans un autre arsenal, à Toulon, au moment de l'expédition d'Alger;

Ce Paris gentleman, riche, fashionable, curieux, désœuvré, qui a besoin d'activité, d'émotions, de spectacles;

Ce Paris qui a le sentiment assez artiste pour échanger, quand il peut, sa vie de château, douce et molle, contre la vie errante des voyages, les fatigues des routes et les privations très-chères du mal-être des auberges;

Ce Paris qu'on trouve, dans la personne de quelques uns de ses représentants les plus élégants et les plus spirituels, à Dieppe, à Londres, à Genève, à Florence, à Pétersbourg, à Naples, en Allemagne, aux eaux de Contraxville ou du Mont-d'Or, au palais du Vatican, sous les arcades de la place Saint-Marc, sur les terrasses embrasées de la Cassauba d'Al-djezaïr, partout enfin.

Je voulais jouir de ses ravissements au milieu des splendeurs pittoresques d'une fête navale, à l'aspect du monument de granit que le dix-huitième siècle nous a légué à peine ébauché, et que nous aurons, j'espère, la sage vanité de vouloir laisser achevé et parfait aux générations maritimes de la fin du dix-neuvième.

Toutefois, cette étude amusante n'était pas la seule que j'eusse à faire. Une mission spéciale me conduisait à Cherbourg. Chef de l'une des sections historiques au ministère de la marine [1],

---

[1] Au ministère de la marine il y a deux sections historiques. M. Parisot, ancien officier de marine et auteur estimé de la partie navale des *Victoires et Conquêtes*, est le chef de la première. Le 1er juillet 1831, M. l'amiral de Rigny m'a fait l'honneur de me confier la seconde. En acceptant cette fonction du ministre, dont la bienveillance pour moi est très-grande, j'ai plus consulté sans doute mon goût passionné pour la marine que mes forces

je devais étudier dans toutes leurs parties le port, la digue, les cales couvertes, les ateliers, les forts : ensemble déja magnifique, qui occupera une si grande place dans l'histoire des établissements de la moderne marine française. Il était aussi dans mes devoirs d'examiner tout ce qui, à bord des bâtiments de guerre, en fait de machines, d'installations nouvelles ou de perfectionnements, a été imaginé depuis trois ans que je n'avais vu la flotte, afin que l'historien des hommes et des faits puisse être aussi l'historien de l'art. Car les choses ne se séparent guère des hommes en marine; l'art doit marcher, dans l'histoire navale, à côté des actions auxquelles il est d'ordinaire très-intimement lié.

Voilà donc pourquoi je me rendais à Cherbourg. Et c'était au moment où le roi s'y trouverait qu'il fallait que j'y fusse, parce qu'alors une division de neuf bâtiments très-bien tenue y serait réunie; parce que, aussi, des questions importantes devaient être discutées, qui intéresseraient l'avenir de notre beau port de la Manche: on allait faire de l'histoire pendant les fêtes.

---

et mon talent. Je sais quelles obligations me sont imposées, quelle tâche j'ai à remplir; ma vie s'y usera, mais non pas ma constance. L'espoir d'être utile à la marine, qui a besoin d'être connue, et au public, qui veut la connaître, me soutiendra dans une entreprise où j'entrevois de loin plus d'un obstacle.

A ces fêtes, je savais que je rencontrerais Paris. Je l'y rencontrai en effet, courant, se multipliant, se culbutant pour arriver ici et là tout à la fois; embarquant dans les canots, se faufilant dans les forts et sur le bateau à vapeur, interrogeant dans les ateliers, piloté par quelques vieux matelots dans les détours qui conduisent du chantier Chantereine au bassin à flot, montant dans les vaisseaux en construction, et émerveillé devant ces masses gigantesques de bois croisés, superposés, taillés en lignes courbes et en lignes droites dont la logique lui échappait, parce qu'il faut, pour la saisir, quelque chose de plus encore que des explications fugitives, données dans une langue spéciale par des ouvriers qui ne savent pas traduire en français leur idiome, pour la facilité des personnes étrangères à la marine et à la construction des navires.

Puisque je suis avec notre Paris à l'une des cales sous la couverture desquelles l'architecte naval élève ces citadelles flottantes qui doivent un jour défendre l'océan français, je dois dire ce qui m'y arriva. J'étais tout occupé à causer avec le gardien du vaisseau *le Friedland*, marin de la vieille roche, grand conteur de ces belles histoires que j'aime tant, ravissant faiseur de cuirs prétentieux qui auraient une fortune au théâtre; j'allais savoir le nom de ce bel-esprit de gaillard-d'avant [1] qui m'avait promené déja de Marseille à Rio de la Plata à travers cent anecdotes et un déluge de jeux de mots goudronnés, plus riches et assurément plus drôles que tous les tropes de Beauzée et de M. Dumarsais, quand un jeune homme, que j'avais aperçu à table d'hôte à Lisieux, me reconnut et me salua. Je lui rendis son salut, et, de politesse en politesse, nous fûmes bientôt bras dessus bras dessous, intimes amis comme deux Robinsons que le hasard a jetés sur la même côte, ou comme deux Français qui ont fait ensemble quelques postes dans une diligence. Mon homme était, quand il me leva son chapeau et me fit signe de venir à lui, sur le granit du plan incliné où glissera *le Friedland*... s'il s'achève jamais. Il regardait l'arrière de ce navigateur colossal qui portera peut-être cent trente canons, mille matelots, et je ne sais quel poids de vivres, de boulets, de poudre, d'eau, d'armes, etc. Son lorgnon à la main, la tête penchée en arrière, le dos plié avec effort en un arc dont la corde serait allée de son occiput à ses talons, il n'avait pas mal l'air gêné d'un bossu examinant les peintures d'un plafond.

« Parbleu, mon cher monsieur, me dit-il, puisque j'ai le bonheur de vous rejoindre ici,

---

[1] Partie du pont du vaisseau où les matelots séjournent pendant la journée. Le gaillard d'arrière est réservé à l'état-major.

soyez donc assez bon pour me faire comprendre ceci. Par où descendra ce vaisseau dans la mer? Combien entrera-t-il dans l'eau quand il sera chargé? Tout ce qui sera sous l'eau ne le gênera-t-il pas beaucoup pour marcher et tourner à la volonté du capitaine? Est-ce qu'il est nécessaire qu'il ait tout cela dans les flots quand il n'y a que ça à l'air? Pourquoi ne fait-on pas les vaisseaux plats comme nos grands bateaux de la Seine, comme les bains Vigier, par exemple, qui sont, ma foi, aussi longs que ce *Friedland?* »

Il pressait tant les questions que j'avais de la peine à le suivre. J'essayai pourtant, et j'en eus pour une heure à répondre à tout. Lorsque j'eus fini, je lui demandai s'il avait compris.

« Très-bien, mon cher; il n'y a que la nécessité de cette immense tranche dans la mer qui ne me paraît pas bien démontrée. Il y a là beaucoup de bois de perdu et je vois qu'on vole ici le gouvernement comme ailleurs. »

Plutôt que de recommencer à lui dire que la stabilité, la solidité, la marche du vaisseau dépendent de la forme et de la grandeur de ces œuvres qui, à partir de la mise à l'eau du navire, restent cachées dans la mer qu'elles déplacent, je le laissai croire qu'en effet le gouvernement était dupe.

« Et depuis combien de temps est-on après ce vaisseau ? reprit le critique ingénieux.

— Depuis plus de vingt ans.

— Vingt ans ! pardieu, cela ne m'étonne pas, avec tout ce qu'on y a fait de superflu. »

Il en revenait à la carène, je ne soufflai plus le mot et je l'entendis qui disait à demi-voix :

« Je suis bien aise d'avoir vu les choses par moi-même. »

Puis il ajouta tout haut :

« J'ai beaucoup de chances pour les prochaines élections ; il n'y a que peu de députés qui puissent parler sur la marine ; je parlerai, moi, et c'est une des raisons qui m'ont fait désirer de venir à Cherbourg. Je ne serai pas facile comme on l'est à la chambre, et nous verrons si le bois est assez bon marché, avec l'état d'amoindrissement progressif de nos forêts, pour qu'on le gâche ainsi ! Car, vous aurez beau dire, tout ce qui est dans l'eau est inutile, se corrompt, je le vois bien. Diable ! on n'est guère économe dans vos ports !...

— Mais, monsieur, ne faut-il pas à une maison des caves ?

— Oui, parce qu'on a des vins fins à y mettre. A bord, il n'y a pas tant de luxe probablement.

— Tout grand édifice n'a-t-il pas des fondations profondes ?

— Belle comparaison! il faut que l'édifice soit bien appuyé, parce qu'il doit rester immobile; tandis que le vaisseau doit courir sur l'eau.

— Et y avoir un pied, comme les oiseaux aquatiques.

— Je vous en demande pardon, mais tout ceci m'a l'air de sophismes faits pour soutenir une cause que vous voyez fortement attaquée.

— Oui, fortement!... repris-je avec un sourire.

— Écoutez; vous avez raison. Il y a chez vous de l'esprit de métier. Vous avez été marin et vous appartenez au ministère de la marine; vous parlez comme vous devez faire. Vous n'êtes pas libre; moi je le suis. Je suis indépendant et j'ai le droit d'attaquer. Au reste, ce n'est pas ici que je veux faire son procès à l'administration, c'est à la tribune. »

Je n'ajoutai pas une syllabe et me tins pour battu, en invoquant tout bas le ciel pour qu'il préservât la chambre d'un membre aussi éclairé. L'intrépidité de mon jeune homme m'effrayait; ce qui m'effrayait encore, c'est qu'il pouvait très-bien persuader à quelque collége électoral de l'intérieur qu'il avait étudié les questions maritimes et qu'il y a de grandes économies à faire sur les carènes des vaisseaux, dans l'intérêt du trésor et des forêts du royaume.

J'avais perdu une heure à faire de la géométrie, de la navigation, du raisonnement, de la démonstration; j'avais quitté le gardien du *Friedland* qui m'amusait autant que m'avait impatienté mon Parisien; j'étais fort en colère. Et cependant ce garçon-là n'était pas un sot; il avait fait de bonnes études; il avait eu autrefois un accessit au prix d'honneur; il savait encore du latin, et n'avait pas manqué de citer, avec un soupir, en voyant la rade agitée, le *robur et œs triplex circa pectus* d'Horace, que les femmes apprennent aussi quand elles vont à Dieppe ou quand elles veulent s'embarquer sur le paquebot de Calais; il n'avait rien d'un fat outré; il paraissait accommodant pour beaucoup de choses; il fallut que j'en trouvasse une où il était intraitable; celle justement où il n'entendait rien, comme il arrive d'ordinaire. Il aimait la marine, c'était pour lui la révélation d'une poésie nouvelle; mais la marine veut des études longues et sérieuses, et sa vanité le trompait là-dessus.

J'eus plus de bonheur avec un autre; il se laissa faire sans résistance au chapitre des carènes, des œuvres vives, des façons et du reste; seulement, quand je lui eus appris l'âge de cet embryon de vaisseau à qui, depuis une vingtaine d'années, on enlève et l'on remet successivement ses membres et ses autres pièces principales, comme à son couteau, toujours le même d'ailleurs, Jeannot changeait la lame et le manche ; quand je lui eus dit que cette carcasse inachevée, qui maintenant a nom *Friedland*, s'était appelée *le Héros*, *le Roi de Rome*, *le Duc de Bordeaux*, et peut-être encore autrement, il me fit une grande déclamation politique sur l'instabilité des trônes ; il compara le vaisseau aux courtisans qui changent de dévouement en même temps que d'habits ; il me récita enfin toutes les jolies choses morales qui couraient déja le théâtre de la Foire et les devises de confiseurs avant 1789. Au moins, ne menaça-t-il pas, lui, de se faire député pour parler de marine à la chambre, où, sauf le respect que je dois à ces messieurs, on en parle parfois si drôlement !

Celui-ci et l'autre étaient, je dois l'avouer, deux exceptions dans le Paris que je trouvai à Cherbourg. Le reste me parut plein de cette intelligence ardente et déliée qui distingue les gens de la bonne compagnie de notre capitale, facile aux impressions profondes que la mer et les navires font sur toutes les imaginations vives ou tendres ; désireux de connaître ; questionneur pour apprendre et non pour discuter ; sentant enfin que la marine veut qu'on l'examine de près, qu'on l'étudie sérieusement, et que c'est un art auquel tous les arts apportent un tribut, qui s'appuie sur toutes les sciences, qui a sa poésie propre comme il a sa langue spéciale, langue riche, colorée, abondante, dont presque tous les mots sont une figure et ont les plus belles origines.

Le vrai type de ce Paris que je viens de dire était un avocat jeune et distingué, M. M... La peinture de Gudin et la lecture de ce que mes amis Édouard Corbière et Eugène Sue ont écrit sur la vie de la mer lui avaient inspiré un goût très-prononcé pour la marine. Il était venu à Cherbourg passer le temps des vacances du palais pour se donner largement, et *de natura*, les jouissances que lui avaient fait éprouver les tableaux de ces artistes habiles.

Je fis sa rencontre sur le quai du port marchand, un matin qu'il ventait très-frais du nordouest, et que des grains de pluie, chassés par cette bise passagère et rapide qui cingle au travers de la figure comme la mêche d'une cravache, et que pour cette raison on appelle un *coup de fouet*, rendaient la place peu tenable. Il était dans toute la ferveur de ses premières joies, heureux des découvertes qu'il avait faites en lui-même à l'aspect de choses merveilleuses et toutes nouvelles dont le spectacle grandiose l'avait frappé. Il ne sentait ni le froid ni la pluie. La mer se brisait avec force sur le musoir [1] de la

[1] L'extrémité d'une jetée. Elle est arrondie. Je ne sais si mu-

jetée qu'elle couvrait d'écume; et il était allé là sans s'inquiéter de l'eau qui jaillissait en nappes le long de la maçonnerie, pour retomber en poussière humide ou en larges filets sur son vêtement léger; il en revenait trempé comme un fleuve, se moquant de nos manteaux bien boutonnés, et des capotes de toile cirée dont s'enveloppent les officiers, qui peuvent bien faire sans enthousiasme des corvées pénibles et ennuyeuses dans leurs canots battus par la mer et le vent. Il parlait de tout ce qu'il avait vu avec admiration, en homme passionné; au surplus, ce qu'il avait vu justifiait assez cette chaleur du langage qui accumulait les superlatifs et même en créait pour le besoin d'un éloge, sans cela trop tiède ou trop incomplet.

Malgré les averses fréquentes, malgré le vent qui le courbait sur son cheval, comme ce voyageur de La Fontaine, que se disputent Borée et Phébus, il était allé au phare de Gatteville, pour mesurer du regard cette colonne géante, cône tronqué de granit, haut à peu près comme le cylindre de bronze de la place Vendôme. Il avait couru les environs de Cherbourg. Il était

---

soir a de l'analogie avec *museau*, et si on a voulu donner à la tête de la jetée le nom que reçoit celle du marsouin; quoi qu'il en soit, le mot est très-usité, bien qu'un dictionnaire fort estimé dise qu'il est *inusité*.

monté au sommet du Roulle pour jouir du panorama de la ville, des deux ports, des promenades, de la rade, de la route de Caen, et du très-joli jardin Despéraux, rose odorante et fraîche, ouverte sur un rocher aride. Il était allé d'ateliers en ateliers, de magasins en magasins, de cale en cale, du *Jupiter* au *Généreux*[1], du *Sphinx* au *Louxor*, toujours s'informant, apprenant, retenant, prenant des notes qu'il doit repasser le soir, pour fixer ses souvenirs.

Mais sa campagne n'eût pas été complète s'il n'avait vu la mer que du rivage ou sur un des bateaux qui mènent, en calme, les curieux à la digue. M. M... voulut la mieux connaître, l'étudier d'un peu plus près, se donner en même temps le plaisir d'une navigation en règle ; il trouva le bon moyen. Pendant que d'autres Parisiens bornaient leurs courses au rempart ou à la jetée, heureux du spectacle que leur donnait la rade légèrement agitée par une faible brise du matin, lui, au courant des nouvelles de l'escadre, avait appris que les bâtiments sous les ordres de M. le contre-amiral baron de Mackau devaient appareiller pour faire quelques évolutions. C'était bien son affaire. Il s'ingénie, et parvient à

---

[1] Vaisseaux de ligne tout neufs et qu'on n'a pas encore mis en armement. Ils sont amarrés dans le bassin à flot.

son but. Il ne connaît ni commandants, ni officiers dans la division navale; n'importe, il est étranger, homme de bonne façon, bien parlant, et se présentant bien; et puis, il est pour la marine un néophyte ardent; qui donc refuserait de l'accueillir? Il sait, d'ailleurs, que les officiers de la marine sont des hôtes aimables et bienveillants, recevant avec une cordiale politesse les visiteurs et les passagers que dame Fortune leur adresse; il va droit à un d'eux, — c'était notre excellent ami, M. Benjamin Letourneur, le capitaine de la corvette *la Naïade*, — lui dit son embarras, son désir, la joie qu'il aurait à se voir sous voiles, à quelques lieues du rivage, décline ses noms et qualités.... C'en était plus qu'il n'en fallait.

« Nous appareillerons probablement demain, au point du jour, si le temps est favorable; une nuit passée à bord vous effraierait-elle?

— Loin de là, commandant, c'est une partie charmante.

— Eh! bien, monsieur, je vous emmènerai tout à l'heure, et vous verrez demain la division à la mer.

— Quel bonheur, et combien je vous suis obligé! »

Le canot du capitaine retourne à bord de *la Naïade*, emportant l'avocat parisien, qui est reçu de la manière la plus affable par l'état-major du bâtiment. Une collation est servie, et M. M. ne regrette qu'une chose, c'est qu'avec les vins de Xerès et de Malaga, avec les fines liqueurs des deux hémisphères, on lui offre des gâteaux au lieu de ce biscuit dont se nourrissent les marins pendant leurs longs voyages. On cause, et la soirée se passe. Un lit, qui n'a que l'inconvénient de ressembler trop aux bonnes couches des sibarites de nos grandes villes, est offert à notre Parisien, désolé qu'on ne lui donne pas, pour l'amariner tout-à-fait, un hamac de matelot ou au moins un cadre[1]. La nuit s'écoule vite à travers des songes riants. Rien n'a dérangé le passager profondément endormi par le doux balancement d'un roulis à peine sensible; et le premier coup de baguette de la diane le surprend rêvant, comme un jeune écolier, au plaisir qu'il se promet pour la journée qui va commencer. Le branle-bas, le nettoyage occupent quelques instants, et trompent l'impatience qu'il a de voir monter à la vergue de

---

[1] Espèce de hamac dont le fond est garni d'un rectangle de bois sur lequel est clouée une toile forte qui porte les matelas. Ce lit est très-commode; on y est à merveille, bien à l'aise, bien étendu, et non ployé comme dans le hamac ordinaire. Le cadre tient à bord plus de place que le hamac; voilà pourquoi les matelots ne peuvent avoir que ces longs sacs qu'ils roulent et placent dans le bastinguage autour du pont supérieur du bâtiment.

la frégate amirale le signal d'appareiller. A la fin, le voilà, ce signal bienheureux!

Jamais les yeux du Parisien ne suffiront à voir tant de choses à la fois. Comment débrouillera-t-il ce chaos où il ne saurait trouver l'ordre qui existe pourtant? Dieu! quel mouvement! quelle activité! quelle stricte obéissance de tous aux ordres d'un seul! Tout marche ensemble; des hommes sont montés sur les vergues pour larguer les voiles qu'on donnera tout à l'heure au vent. Le branle-bas de combat (car on doit simuler une rencontre armée) s'opère sur le pont de la corvette, pendant qu'on file à la mer la chaîne du corps-mort[1], dont le bruit fait un lourd accompagnement de basse aux cris aigus du sifflet des maîtres d'équipage. Le grincement des poulies de drisses, au moyen desquelles on fait monter à la tête des mâts les voiles de hune qu'on vient de déployer, ajoute à ce tapage une voix que vous trouveriez insupportable dans tout autre chœur que celui qui se chante à bord au moment de l'appareillage, mais qui n'est pas ici sans charme et sans effet. Au surplus, peu de voix d'hommes se mêlent à ce concert; quelques conscrits de l'intérieur hasardent bien une parole, mais le silence leur est imposé sur-le-champ par la discipline. Attention, activité et

---

[1] Barbarisme consacré dans la marine.

silence, trois conditions essentielles de l'exécution, qui doit être vive, précise, et jamais raisonneuse. N'ayez pas peur que le commandant lui-même parle trop haut ou crie dans son porte-voix; le temps est passé où l'on se faisait un mérite d'un commandement à tue-tête, et qui avait l'à-plomb d'un coup de poing. On ne pose plus en Jean Bart de comédie par affectation, par genre marin; on ne croit plus que pour être bon officier on ait besoin de beaucop boire, jurer, fumer, chiquer, et crier. La civilisation est entrée à bord des vaisseaux où avaient long-temps régné la brutalité grossière sous le nom de franchise, la sauvagerie sous le nom d'application spéciale aux choses du métier, l'absence du savoir-vivre sous le nom loyal de brusquerie; que sais-je encore? Les officiers de la marine sont aujourd'hui, à peu d'exceptions près, des hommes du monde, remarquables par la politesse, faisant de leur état une chose grave et sérieuse, mais ne se donnant plus l'air d'augures, parlant de la science secrète, et ayant pour le théâtral et le charlatanisme le mépris qu'ils méritent. Cela, comme tout le reste, surprit, je pense, le passager de *la Naïade*, qui, peut-être, en était encore aux marins du Vaudeville et de l'Opéra-Comique.

Ce n'est pas là que devaient finir ses étonnements. Voilà la corvette sous voiles, s'essayant à marcher, préludant, pour ainsi dire, par quelques pas, à la course qu'elle devra fournir bientôt; tous les autres bâtiments ont quitté aussi leurs mouillages; chacun manœuvre pour prendre le poste qui lui est assigné par un signal de l'amiral. Ce moment de pêle-mêle est charmant. Les navires dans toutes les positions, sous des voilures diverses, différents de grandeurs et de formes, frégates, corvettes et bricks; le soleil blanchissant leurs voiles, et brillant à la pointe de chaque petite vague comme au sommet d'une pyramide de cristal; la digue qui fuit; les côtes qui changent de profils et de couleur; la vieille tour du rempart qui s'abaisse et se confond avec l'église gothique de Cherbourg; des bateaux à l'ancre ou à la voile près de la jetée; par-dessus tout cela une belle coupole d'azur, illuminée par les premiers rayons du jour, et, en quelques endroits, tachée de légers nuages blancs, dorés, diaphanes, cotoneux comme ce duvet qu'au temps des moissons le vent enlève au chardon fleuri : c'est un spectacle délicieux. Notre Parisien en jouit tout à son aise; et Dieu sait combien il eut d'envieux sur le quai du rempart! J'y trouvai, vers six heures du matin,—c'était le dimanche 25 août,—un grand nombre de curieux qui contemplaient ce tableau que j'esquisse ici d'un crayon insuffisant, et auquel a manqué Gudin. Gudin n'était pas arrivé encore; il n'arriva qu'avec la suite du roi, et il perdit cette journée calme, si propice à l'étude, qui pouvait nous valoir un de ces tableaux fins, transparents, lumineux, riches de poésie vraie et de coloris sans exagération, que nous tenons de lui seul.

Je venais d'arriver : je descendais d'une diligence lourde de Parisiens qu'elle apportait devant, derrière, à l'intérieur, sur la banquette, sur l'impériale, avec des paquets, des caisses de modes, de robes, de bijoux : toutes choses demandées par les belles dames de la petite ville basse-normande aux ouvrières, aux marchandes, aux artistes pleins de goût de la grande ville européenne. Avec tout cet équipage, nous avions franchi assez lourdement, mais aussi assez joyeusement, les quarante-six postes qui séparent Paris du vieux bourg de César ou de Charles, je ne sais lequel, car Cherbourg ou Cherebourg, comme on l'écrivait au seizième siècle, vient-il de *Cœsarisburgum* ou de *Caroburgum*? Nous avions traversé la belle vallée d'Auge, aux verts pâturages, couverts de bœufs et de chevaux, véritables Paul-Poter vivants; les vallées moins grandes, mais plus jolies, plus pittoresques, plus fraîches, plus verdoyantes de Pacy-sur-Eure et de la Rivière-Thibouville; Lisieux, assis sur une petite rivière dont les bords sont garnis de maisons irrégulières, vieilles, noires, laides pour tout le monde, peut-être, excepté pour le peintre; Caen, l'antique maison de Caïus, *Caji domus*, aujourd'hui un des temples de la fortune et du commerce français; Bayeux aux belles filles et à la belle cathédrale; le bourg si modeste que, par je ne sais quelle antiphrase, on appelle Bretteville-l'Orgueilleuse; Saint-Lô, qui a l'air de glisser sur le pas d'une vis; Valognes, célèbre maintenant par son rôti, *Valhongues*, jadis surnommé *La hongne, à cause du naturel de ses habitants, fort processifs*, dit un vieil auteur, Valognes, ville de noblesse provinciale, espèce de parlement boudeur, qui refuse d'enregistrer les édits de la royauté nouvelle; enfin toute cette si riche, si gracieuse Basse-Normandie; tout ce Constantin, à qui l'on a fait tort de son nom héroïque en le nommant *Cotantin*, comme s'il ne fallait plus se souvenir que les Romains avaient donné à ce pays le nom de *Castra constantia*, pour consacrer la résistance héroïque des Gaulois contre la conquête; tout ce Constantin qui ressemble aux provinces les mieux cultivées de l'Angleterre, par ses champs, ses prairies, et ses jolies maisons rustiques, construites en lattes et en plâtre, environnées de haies vives, et entourées de larges pommiers ou de peupliers pyramidaux. Nous avions joui de plusieurs points de vue charmants, nous aspirions au plus beau, à celui qu'on a du haut de la côte qui domine Cherbourg.

A cinq heures du matin, le soleil étant déja levé depuis quelque temps, ce spectacle nous fut donné. Nous vîmes la mer verdoyante, légèrement ridée par la brise, et portant l'escadre à la voile, s'étendre devant nous à l'horizon. La baie largement ouverte sur la Manche, et encore mal défendue, par une digue inachevée, contre la violence des grosses lames; l'île Pelée qui semble n'être là que pour servir de base au Fort-Royal; le cap Lévi, ce cap où un de nos bons officiers perdit, il y a quelques mois, dans une nuit fatale, la frégate *la Résolue*[1]; les côtes qui fournissent aux travaux de Cherbourg l'admirable granit rose et gris qui leur promet la durée décaséculaire qu'ont atteinte les monuments de la Grèce et de l'Égypte antiques; le fort du Hommet, défense de la passe Ouest de la rade, comme le Fort-Royal est celle de la passe Est : fort qui a conservé le vieux nom de la baronnie des connétables héréditaires de la duché de Normandie, mais qui ne s'est pas élevé sur les ruines de l'ancien château du Hommet, gardien, avec le

---

[1] M. le capitaine de vaisseau Lemaître, traduit devant un conseil de guerre pour y être jugé sur le fait de la perte de sa frégate, a été acquitté *honorablement*.

château de la Rivière, des droits, prérogatives et pouvoirs du seigneur et baron de l'endroit; une des sentinelles avancées de la place maritime, le fort de Querqueville, dont, j'en demande bien pardon aux antiquaires, le nom ne doit point s'écrire *Kerqueville*, parce que Querqueville était la maison du chêne (*villa quercus*), comme le val de Ceré était le vallon de Cérès ou des belles moissons; à notre gauche, les cales de constructions couvertes, sous lesquelles naissent, grandissent, et vieillissent quelquefois les grands vaisseaux de guerre; plus près de nous, la ville et le port maritimes; plus près encore, le rocher du Roulle déjà à demi transporté dans la mer où ses quartiers servent de base à la digue; et le chemin de fer qui transporte, du Roulle au port, où on les embarque, ces fragments destinés au taille-mer de la rade; une avenue d'arbres presque au-dessous de nous; des maisons bordant la route; des fossés de défense; des rochers au premier plan : tels sont les détails du tableau que nous eûmes un demi-quart d'heure devant les yeux. La *Vista* de Marseille, qui montre une mer d'indigo au voyageur, émerveillé de trouver là deux océans d'azur, l'un sur sa tête, l'autre à ses pieds, la *Vista* est un amphithéâtre qui mérite toute l'admiration qu'ont pour lui les Provençaux; mais je lui préfère celui d'où l'on voit Cherbourg. Il y a ici moins de poésie calme et chaude que là-bas, mais il y a plus de mouvement, plus de vie maritime active, plus de cette grandeur que les travaux des hommes savent quelquefois imprimer au paysage quand ils sont bien en harmonie avec le caractère des lignes, et la couleur locale. Je crois que les Parisiens que j'avais vus en extase à la Vista de Marseille conviennent de cela; plusieurs, du moins, me l'ont dit sur cette côte d'où nous regardions la ville et la mer de la Manche. Je ne comparerais à la vue de Cherbourg que celle de Brest, prise du télégraphe; Brest aurait l'avantage, si la courbe de sa rade excellente ne se refermait pas au Goulet, pour faire un grand lac, et limiter l'horizon de la mer.

Brest, Cherbourg, la Vista, ce sont là de beaux sujets de peinture. Oh! combien, cette fois encore, j'ai regretté qu'un instrument aussi ingrat que la plume m'ait été donné au lieu d'un pinceau! Que faire avec quelques épithètes pour colorer des études d'après nature? Quelle triste palette qu'un dictionnaire où l'on trouve l'emphase et point la chaleur, la sécheresse d'un substantif à la place de la largeur d'une ligne ardente de vermillon ou de jaune de chrôme! Faites donc des croquis avec quelques mots, comme le peintre avec quelques coups de crayon noir et blanc! Faites donc avec votre analyse méthodique un panorama que l'œil puisse embrasser tout d'un coup; un portrait de localités où se trouvent la ressemblance, l'effet, la poésie, et auquel quelqu'un qui n'aura pas vu l'original puisse prendre plaisir! Nos instruments à nous sont insuffisants. Nous ne parvenons jamais à tout dire sans fatiguer; le peintre peut accuser tous les détails sans craindre de déplaire ou d'ennuyer; une touche spirituelle en dit plus chez lui que chez nous vingt traits de prose, bien justes, bien exacts, bien ingénieux; et puis, sur la toile, avec le secours d'une couleur matérielle, que l'on sait modifier, tous les objets prennent leur forme réelle, s'harmonisent, se mettent à leur place; sur notre pauvre papier, tout est sur le même plan, nous ne pouvons rien faire détacher. Si nous rendons saillant un objet, c'est à grand'peine, et à condition que nous sacrifierons tout le reste; nous n'avons pas le clair-obscur, la demi-teinte, le reflet, le glacis; nous sommes bien à plaindre! Et j'ai vu des peintres nous porter envie! ingrats qu'ils sont envers leur art!

Nous sommes descendus à Cherbourg. Que dirai-je de cette ville, dont le pavé de silex, large, mais taillé à facettes angulaires, vous coupe les pieds; dont la plupart des maisons, bâties avec une pierre ardoisée grise et verdâtre, ont l'air de sortir de la mer qui, en se retirant, aurait laissé sur leurs murs, humides à l'œil, une couche de varech et de limon; dont quelques rues seront assez belles, quand un peu de goût aura présidé aux reconstructions? Encore si, dans ces vieilles rues, on retrouvait le pittoresque des anciennes villes normandes, du Havre et de Rouen, dans leurs quartiers gothiques! mais non. Quelques masures à toits pointus, une rue où l'on a laissé debout des arcades du seizième siècle, voilà tout. Quant aux traces d'art, deux ou trois tout au plus : une fenêtre ornée, au-dessus du passage Grisbec; et deux petits morceaux de sculpture, aux coins des rues des *Postes* et *de la Vase*, images grossières des guerriers du quatorzième siècle, qu'il faudrait prendre pour des caricatures, si l'on ne connaissait pas l'ignorante naïveté des sculpteurs de cette époque. La seule chose qui ait de l'importance, ce n'est pas la vieille tour, reste des fortifications qui tinrent si long-temps contre Charles VII, et ne redevinrent françaises, en 1455, après la mort de Talbot, que pour être rasées en 1558; c'est l'église de la très-Sainte-Trinité. Plusieurs charmants détails extérieurs la recommandent à l'attention des amateurs, et consolent, par leur bonne conservation, de la beauté toute récente d'une restauration faite au portail; restauration intelligente, hélas! comme celle de l'arc-de-triomphe d'Orange, comme toutes celles que nous faisons aujourd'hui à nos monuments! En dedans, l'église est simple. Ce qui la dut rendre bien curieuse, c'était une longue ligne de bas-reliefs courant au-dessus des colonnes de la nef, et représentant, autant que j'ai pu le voir par des fragments échappés à la rage des marteaux, la ville et le port de Cherbourg. Quel dommage que cette portraiture ait été mutilée! Qui l'a ainsi détruite? Sont-ce les Anglais en se retirant? Est-ce la révolution de 1793? personne n'a pu me le dire. Dans la Trinité, ainsi que dans presque toutes nos églises maintenant, de mauvaises statues, de mauvais tableaux, et un navire pendu à la voûte de la chapelle de la Vierge, un seul, le modèle d'une corvette de l'empire! Une inscription, attachée à la muraille de la chapelle des fonds baptismaux, m'a frappé par son vieux langage et son orthographe; je crois me la bien rappeler:

Cy deuat gitt le corps thas Vaultier
Qui en dmat dun cœur sain et ètier.
Tint le chemyn des decretz et edictz
Du Seigneur Dieu sas aulcus contredicts.
Pour toy subject à naturelle mort
Amy bsat sy pitié te remort
A tout le moins souhaite luy qu'il soit
Avecques Dieu qui les elleux recoit.

Voilà tout ce que j'ai vu de remarquable sous le rapport des arts dans la cité de Cherboug; car la halle moderne, si elle est belle, c'est par sa masse. Et puis, à quoi peut-elle servir? Cherbourg peut-il être un marché de grains? L'administration aurait bien dû appliquer le quart de l'argent de cette construction inutile à celle d'un théâtre.

Le théâtre de Cherbourg! quelle dérision! comment les chastes Muses, les Muses qui sont de bonne compagnie, oseraient-elles y entrer? Oh! c'est tout-à-fait un mauvais lieu que d'honnêtes Muses rougiraient de regarder seulement en passant; aussi se gardent-elles de s'y montrer jamais. On joue là quelquefois, mais toujours sans elles, et malgré elles. C'est un péché dont elles n'ont pas la responsabilité. J'ai vu jadis la salle de spectacle de Vannes, vieille chapelle ruinée, humide, dans laquelle s'élevaient des tréteaux à vaudevilles sur des tonneaux, qui nous jetaient au nez une odeur piquante de lie aigre; j'ai vu la salle de la Ferté-sous-Jouare, située au fond d'une allée, chez un menuisier qu'il faut déranger de son ouvrage pour aller s'asseoir sur les bancs de bois qu'il a faits; j'ai vu le théâtre de Toulon, auquel je préférerais peut-être les deux autres, parce qu'au moins ils sont sans ornements aucuns, sans vanité de parure;

et je croyais qu'il n'était pas possible de trouver quelque chose de plus hideux, de moins propre, de plus grotesque; mais la salle de Cherbourg m'a raccommodé avec elles. Une grange, une étable, une écurie, tout ce que vous pouvez imaginer de laid, de dégoûtant, vaut mieux que ce bouge ignoble, qui sent le tabac de la régie, la marée et l'huile de noix avant toute épuration. Décorations de la scène, décorations de la salle, foyers des acteurs et actrices, c'est à faire horreur, ou plutôt c'est à faire pitié! Comment peut-il y avoir des comédiens assez malheureux pour venir entre ces feuillets déchirés, devant quelques quinquets fumants, sous cette toiture percée à jour, qui donne entrée au vent et à la pluie, chanter des couplets ou des tirades de prose mélodramatique! L'art en est donc là en province? je le savais bien malade à Paris, bien pauvre, privé peut-être de toute espérance d'avenir; mais je ne le croyais pas réduit à cette misère, à ces haillons, à ce dernier effort, à cette lutte d'agonisant contre une mort lente et affreuse. Ce râle de la comédie, cette grimace de gaieté faite par des malheureux qui souffrent m'ont fait mal. Laisserez-vous donc mourir l'art dramatique? n'y a-t-il plus moyen de le sauver? cet art, le plus noble, le plus élevé, celui qui nous donne, par la réunion de tous les autres, l'homme tout entier, vivant, parlant, avec ses vices et ses vertus, ses travers et ses belles qualités; n'avez-vous plus à lui faire la charité de quelque obole? faudra-t-il qu'il meure de la faim et du vaudeville? Soyez humains, aidez-le, tendez-lui la main, donnez-lui du pain et une maison où il puisse se montrer avec quelque décence. Lorsque Cook alla au spectacle à l'une des îles de la Société, il trouva un art protégé par tout le monde, des actrices qui étaient filles de rois, un théâtre vaste qui avait pour dôme le ciel, et la nature pour décorations; il vit jouer des scènes de la vie intime des peuples qu'il visitait, et, de toutes les îles voisines, des pirogues apporter à la représentation une foule de spectateurs; il fut ravi de trouver chez des sauvages ce goût pour le dramatique: s'il pouvait relâcher aujourd'hui à Cherbourg, que dirait-il de voir les comédiens français, le théâtre français, les décorations françaises? lesquels croyez-vous qu'il appellerait sauvages des Français du dix-neuvième siècle ou des sujets des rois Oo-Oroo et O-Ponée?

Nos Parisiens ne prirent pas si à cœur que moi le théâtre et la comédie de Cherbourg; ils trouvaient cela assez divertissant. Cela les sortait un peu des merveilles de l'Opéra et de la propreté aristocratique du Gymnase. Les loges pavoisées, les écussons de papier doré, les fenêtres fermées avec des tentures d'étamine, le vent entrant par raffales dans le théâtre, la loge destinée au roi, tendue, sur le devant, avec le manteau de l'Agamemnon de Caen, et ornée de l'écharpe de Gulnare en baldaquin, les amusèrent beaucoup. Je croyais que je verrais là mon Paris, si difficile quand il siége rue de Richelieu, rire du bout des dents, se boucher le nez, siffler, humilier les pauvres Ragotins, et courir aux danseurs de corde qui avaient fait nos délices avant l'arrivée de la troupe caennaise; point. Il prit son plaisir en patience, rit à gorge déployée comme faisaient les culs-goudronnés des secondes loges et les aspirants du parterre, et se montra tout-à-fait bonhomme. Il fit là, comme aux fêtes de village, où il boit très-gaiement de fort mauvais vin dans de méchants cabarets. C'est tout simple; que lui importe l'art dramatique en province, à lui, Paris égoïste? n'a-t-il pas madame Damoreau, mademoiselle Taglioni, Nourrit, Levasseur, Perrot, la belle Grisi, Rubini, Tamburini, Arnal, Bouffé, Odry, mademoiselle Jenny-Vertpré et mademoiselle Brohan? et quand ils lui manqueront, si la France ne leur en donne pas d'autres, l'Europe n'y pourvoira-t-elle pas? Louis XV disant: « Qu'est-ce que cela me fait? ceci durera « autant que moi! » c'est Paris riant à Cherbourg sur les ruines de l'art dramatique. On a recrépi un théâtre pour Paris, comme un courtisan avait badigeonné une Russie pour Catherine; mais si Catherine avait passé derrière les villages peints, elle aurait probablement réfléchi: Paris a vu le théâtre de province à nu, avec ses plaies, sa phthisie, son asthme, son atrophie, et il a ri! Paris sait rire de tout; il est insouciant, personnel, moqueur; et après lui, la fin du monde!

Une chose qui ne le fit pas rire cependant, c'est le prix auquel il paya l'hospitalité qu'il reçut à Cherbourg. Vauban avait surnommé Cherbourg *l'auberge de la Manche*, belle désignation qui disait assez ce que Louis XIV fondait d'espoir pour l'avenir sur ce port si petit encore; à la fin d'août 1833, l'auberge était pleine et l'aubergiste fort cher. Je ne parle point d'aimables habitants qui eurent la complaisance de se gêner beaucoup pour loger quelques-uns d'entre nous qu'ils ne connaissaient même pas; ceux-là méritent toute notre reconnaissance; ils sont en dehors de la classe des spéculateurs qui se nichèrent dans des trous à rats pendant huit jours, pour louer à des prix ridicules leurs appartemens aux étrangers. Tout ce qui put recevoir un lit dans les hôtels de Cherbourg, et quels hôtels! fut habité, rempli, encombré tant que le roi fut dans la ville et quelques jours auparavant. J'ai vu un coin sous les toits, recevant air et jour par l'huis d'une tuile qu'on avait soulevée, être loué six francs par jour; et des lits payés plus de vingt francs par nuit. Aux tables d'hôtes, mal servies, où il fallait presque s'arracher les plats, comme autrefois, aux Champs-Élysées, on s'arrachait les pâtés municipaux des réjouissances publiques, on payait le droit de s'asseoir pendant deux longues heures inoccupées, de six à dix francs quand on était Français, et beaucoup plus cher quand on était Anglais; distinction, au surplus, qui honore infiniment le patriotisme des hôteliers cherbourgeois. Pendant une semaine ce fut un sens dessus dessous, une presse incroyables. Dès cinq heures du matin, les marchés, envahis par les domestiques des particuliers, les maîtres d'hôtels des bâtiments de guerre, les matelots des yachts, les cuisiniers des hôtels, étaient dégarnis de provisions. Les belles et fines volailles normandes, la viande de boucherie, les légumes apportés de dix lieues à la ronde, l'excellent beurre d'Isigny, qui mériterait seul qu'on fît le voyage de la Normandie pour le manger frais, le poisson de la côte, disparaissaient à peine étalés; il ne restait ensuite sur les paniers des poissonnières, dans la *rue Grande-Rue*, ainsi qu'on l'a écrit sur les murs de cette voie étroite, que l'anguille de mer, poisson des prolétaires, dont nous autres bourgeois de Paris ne faisons pas fi, mais qui là-bas ne saurait aspirer aux tables de la moyenne et de la petite propriété, où se présentent le mulet que César aimait, le surmulet que Brillat-Savarin, moins grand homme que César assurément, mais plus gourmet, je crois, estimait à l'égal du rouget de Marseille. Les seules choses de consommation qui n'avaient pas éprouvé de renchérissement, étaient celles qu'on servait au *Café de Paris*. Mais prenez-y bien garde, n'allez pas vous laisser abuser par le nom! Ce café de Paris-là n'a rien de commun avec celui que vous connaissez sur le boulevard italien ; il pourrait à peine prendre rang parmi les cafés des extrémités de notre banlieue; et c'est le seul à Cherbourg.

Ainsi, Cherbourg n'a ni cafés, ni hôtels garnis passables, ni salle de spectacle. Il a des bains d'eau douce où l'on est fort bien, aussi bien qu'à Paris et que dans le Midi; il a des bains de mer, où l'on ne se baignera peut-être jamais, parce que Dieppe est une ville de plaisir faite pour attirer les baigneurs, tandis que Cherbourg est triste et manque du confortable qu'il faut aux coureurs de bains de mer comme aux habitués des eaux; il a une promenade assez jolie, mais un peu triste, et trop caqueteuse, où tout le monde se salue et médit de qui il a salué. Nous avons su, dans notre passage, toute la chronique amoureuse de la petite ville, qui se débitait le soir au Roulle; commérages menteurs où quelques vanités de jeunes gens étaient engagées; indiscrétions ou inventions, qui d'ailleurs n'avaient point le mérite d'être piquantes! Le Paris petite-ville,— car nous avons un Paris babillard, bonne-femme, aimant les scandales de ruelles, les racontant, les colportant, les grossissant,— ce Paris est gai, spirituel, amusant; Cherbourg cancanier n'est pas amusant du tout.

Mais ce n'est pas cette espèce de plaisir que Paris était allé chercher sur les bords de la Manche. Si tout ce qu'il comptait trouver là n'a pu lui être donné, il a eu du moins de beaux spectacles. Il lui a manqué les manœuvres de l'escadre, le simulacre d'un combat naval, et, le soir, l'illumination des bâtiments sur rade; et c'est dommage, car ce sont vraiment des choses merveilleuses que celles-là! Une escadre illuminée par un temps calme, quand la mer dort comme une large rivière sans courants, et réfléchit dans de longs sillons brillants, qui semblent verticaux, les feux multipliés des fanaux pendus aux vergues des navires, c'est un tableau dont Venise, parée la nuit de guirlandes lumineuses, et se regardant avec coquetterie au miroir des lagunes, offre une image trop imparfaite. Les pyramides étincelantes sortant de la mer, sans que l'œil puisse découvrir quel moyen fantastique les pousse et les retient en l'air, ont bien un autre effet que la diffusion des lampions qui, derrière eux, laissent toujours deviner l'édifice auquel ils sont accrochés. Paris qui a vu nos fêtes impériales, royales et républicaines, le château Saint-Ange illuminé, Venise embrasée par les réjouissances françaises, pendant la conquête, n'a pu voir l'escadre de Cherbourg pavoisée de feux portugais [1], et donnant le bal. Les manœuvres sous voiles auraient eu lieu sans le mauvais temps, mais la tempête qui a soulevé le canal et a laissé après elle tant de deuil et de regrets, a empêché les bâtiments d'appareiller. Quant au simulacre de combat, le salut de la rade, quand le roi y est allé le 2 et le 3 septembre, a pu donner idée d'une affaire à l'ancre.

Le coup d'œil fut magnifique, le 3 surtout. A peine le bateau *le Sphinx*, portant le roi et toute sa suite, sortait du port, que l'escadre, dont chaque bâtiment était décoré des pavillons français, anglais et belge, salua le pavillon royal

[1] Espèce de fanaux nouvellement adoptés dans la marine française. Ils ne sont pas grands; par conséquent pas embarrassants et lourds; leur monture est en cuivre; la lumière y est placée au centre d'un globe de cristal épais. Leur nom indique leur origine.

qui flottait au grand mât du navire à vapeur. Ce bruit, répété par échos, et courant dans les vallées de la mer agitée ; le roulement des coups de canon se pressant, se répondant ; cette fumée grisâtre de l'artillerie se détachant sur un ciel couvert ; le vent de l'équinoxe qui sifflait dans les cordages, et agitait énergiquement l'étamine et la soie craquante des pavillons ; la mer chagrinée par le sud-ouest qui tombait sur elle par raffales, blanchissant, se creusant, se cabrant, se défendant, s'animant avec colère, grondant, battant les flancs des navires ; les nuages volant plus rapides que les goëlands qui jouaient dans le grain autour de nous ; plusieurs petits yachts glissant inclinés sur la lame, et saluant de la voix et du canon quand ils passaient près du *Sphinx*; un bateau à vapeur du Havre promenant une portion du Paris voyageur, dont l'autre était sur *le Sphinx*, et laissant derrière lui la large traînée d'une fumée noire et épaisse qui se mêlait à celle des canons et des caronades ; enfin quelques coups de soleil traversant le ciel d'ardoise, voilà les splendeurs et les décorations de cette fête, toute poétique par son ensemble et ses détails !

Je viens de parler du *Sphinx*, il ne sera peut-être pas sans intérêt de peindre l'intérieur de ce navire pendant ces promenades du 2 et du 3 septembre. J'avais beaucoup entendu causer de la nouvelle cour; on me l'avait faite gommée, précieuse, marchant dans les lisières de l'étiquette, très-jalouse de ses droits, très-fière de ses broderies; on me l'avait dite pédante, bégueule et sotte : je ne l'avais jamais vue de près, et je me sentais gêné en pensant à me trouver au milieu de ce Versailles que la satire démocratique a peuplé de courtisans à la Louis XIV ou à la Napoléon; je ne montai donc qu'en tremblant l'échelle du *Sphinx*. Mais bientôt je fus rassuré. Je trouvai là une famille nombreuse, unie, belle, polie, vive, gaie, bien élevée, libre et respectueuse tout à la fois auprès de ses trois chefs, telle enfin qu'il n'est pas un père qui ne fût heureux d'avoir des enfants qui ressemblassent à ceux de Louis-Philippe; je vis, à côté de la famille, des étrangers ayant la déférence que commandent les positions et qu'on trouve toute simple dans les entours d'un grand manufacturier, d'un grand banquier ou d'un homme qui joue un rôle éminent sur la scène du monde, fût-ce Lafayette ou Jackson. Je n'aperçus pas un Lafeuillade ou un Narbonne. Je rencontrai des généraux que j'avais connus colonels, et je les trouvai toujours les mêmes, pas plus fiers, pas moins bons qu'ils n'étaient il y a dix ans. J'ai écouté des discussions importantes sur les travaux de Cherbourg, et j'ai entendu que toutes les questions y étaient agitées par les ingénieurs, par les ministres de la marine et de la guerre, par des officiers généraux du génie qui étaient présents, avec une liberté et une franchise complètes; j'ai ouï le roi donnant son avis, et je n'ai pas remarqué qu'il imposât royalement son opinion pour la faire triompher. Je dois ajouter une chose : depuis quinze ans que je suis en relation avec une foule d'hommes politiques, j'en ai fui beaucoup dont la supériorité et la morgue étaient écrasantes pour nous autres, pauvres petits citoyens, et dont les salons étaient comme de vraies antichambres où l'on quêtait la faveur d'un coup d'œil ou d'une parole obligeante; ceux-là n'étaient pas rois et détestaient l'aristocratie; sur *le Sphinx*, dans ce qu'on appelle une cour, j'ai vu un roi, une reine, trois princesses, quatre princes, deux ministres, puis je ne sais combien de généraux ou d'officiers, et j'ai été touché des formes de la politesse bienveillante, et sans affectation de tous et de chacun, de ce laisser-aller plein de bon goût dans les causeries, de ces manières aisées qui sentent la bonne éducation, et sont si loin de l'orgueil. Dans le pêle-mêle du bateau à vapeur et du petit Palais-Royal de Cherbourg, bien des gens indiscrets se sont trouvés sur les pas du roi; aucun ne s'est aperçu qu'il a pu gêner, tant le cérémonial avait été banni avec un soin aimable. Était-ce ainsi que voyageaient Louis XIV, Napoléon, et les rois de la restauration? je ne le crois pas. Je ne sais point comment est la cour des Tuileries, mais je puis affirmer que celle de Cherbourg m'a laissé fort à mon aise.

Parmi les choses qui m'ont surpris, et qui auraient pu surprendre tout le monde, je puis citer la résolution de la reine et de sa jeune famille à braver des dangers réels, pour suivre le roi partout où il allait. Il faisait très-mauvais temps quand *le Sphinx* jeta l'ancre au milieu des bâtiments de l'escadre; le roi voulut visiter la frégate *l'Atalante*, où l'amiral de Mackau avait son pavillon, et la reine s'embarqua avec lui. On fit le trajet sous un grain de pluie et de vent qui rendait pénible le battelage, on eut beaucoup de difficulté pour remonter ensuite des canots à bord du bateau à vapeur; eh bien! si quelqu'un montra de la mauvaise humeur, ce sont les marins, et point la reine ni les princesses, qui étaient si mouillées, avaient si froid, et voyaient à leurs côtés des lames menaçantes s'élever comme pour attaquer le canot royal et le renverser. Que le roi fît ces courses, c'était tout simple; il est homme, il a navigué, il s'est familiarisé avec les périls pendant sa vie d'épreuves; il peut aller partout où vont des marins; mais la reine, mais les princesses, mais des enfants de huit et dix ans! Il faut le dire, c'était trop imprudent, une embarcation pouvait chavirer; quelques heures après, le bateau pilote du port n'a-t-il pas sombré, et deux marins ne se sont-ils pas noyés?

De retour au *Sphinx*, la reine fut malade du mal de mer; quelques personnes le furent aussi, et parmi celles-là, le prince de Joinville. Malgré son indisposition, — et l'on sait si le mal de mer ôte la force et la volonté, — le jeune élève de la marine, sur l'ordre du roi, monta aux barres du grand mât du *Sphinx*, vivement, légèrement, hardiment comme un mousse. Mon fils ni le vôtre, peut-être, n'auraient pas osé, et nous aurions craint nous-mêmes de les exposer aux chances du roulis et du tangage, surtout s'ils avaient éprouvé des nausées. Le prince de Joinville a toujours le mal de mer; pendant sa navigation de la Méditerranée, il en fut presque continuellement incommodé. Cependant son ardeur pour un noble métier qu'il aime n'en a point été attiédie; il veut naviguer, et l'année prochaine il fera une longue campagne aux États-Unis, au Brésil, à Rio de la Plata. En attendant, il étudie; un officier distingué de notre jeune marine lui donne les leçons que nous avons prises à l'école navale. Ce n'est point une éducation de gentilhomme qu'il reçoit, mais une éducation sérieuse d'officier de la marine. Le roi veut que son fils passe par tous les grades, et fasse à bord un service réel. L'empereur fit ainsi pour Jérôme, qui devint un bon capitaine de vaisseau. C'est très-sage. Le prince de Joinville a beaucoup d'aptitude pour l'étude de l'art auquel on l'applique; j'avoue que j'ai été étonné des explications que je lui ai entendu donner sur l'avant du *Sphinx*, à son frère de Nemours, pendant qu'on travaillait à lever l'ancre. Je me rappelle qu'il nous fallut plusieurs mois à l'école de la marine pour savoir la nomenclature et quelques unes des manœuvres les plus simples de la navigation, et je ne conçois guère comment en ce peu de temps que le prince de Joinville a navigué, il a pu retenir notre vocabulaire si difficile et si long, et connaître la pratique de tant de mouvements et exercices qu'il indiquait à son frère et à son précepteur. Je ne sais pas si le prince est destiné à devenir grand amiral, comme on l'a dit, mais je le crois appelé à être un bon officier de marine, malgré sa santé délicate. Le mal de mer n'y fait rien; Lucas, le glorieux commandant du *Redoutable* à Trafalgar, était malade toutes les fois qu'il mettait dehors; il y a dix exemples à citer après celui-là.

Ce qu'on vient de lire sur le prince de Joinville et sur la cour à bord du *Sphinx*, aucun sentiment de flatterie ne me l'a dicté. Je rapporte seulement ce que j'ai vu : ceux qui me connaissent savent si je voudrais mentir ici ; quant aux autres, que m'importe ? D'ailleurs, pourquoi flatterais-je ? On flatte par habitude, par ambition, ou par besoin. Je n'ai jamais flatté, mais j'ai toujours fait mon possible pour être équitable envers tout le monde. Je n'ai pas d'ambition ; quelle ambition aurais-je qui ne fût ridicule ? Suis-je de ces hommes supérieurs de vingt-cinq ans, qui sont capables de tout, parce qu'à quinze ils savaient tout, la morale, la science et la politique ? Je n'ai besoin de rien ; aucun poste, si brillant qu'il fût, ne vaudrait pour moi la modeste existence d'artiste que j'ai, et le bonheur qui est attaché à ma vie au milieu des vieux papiers de nos riches archives maritimes. Je n'ai donc aucun intérêt à flatter ; et puis j'y serais trop maladroit. Je sais qu'il est fort peu à la mode aujourd'hui de parler comme je viens de le faire du roi, des princes et de la cour ; mais je n'ai jamais beaucoup suivi la mode, et je suis, par ma conscience, fort au-dessus du petit ridicule qui peut m'en revenir. Le Paris qui était à Cherbourg dira, d'ailleurs, si j'ai flatté.

La veille du jour où le roi alla en rade sur *le Sphinx* pour la première fois, le quai du port marchand offrit un de ces aspects que je ne puis me refuser à peindre, et qui enchanta nos Parisiens. Les navires du commerce et la flottille des yachts anglais étaient pavoisés de pavillons de toutes couleurs; une foule mouvante bourdonnait sur le port, affluant par toutes les rues de la ville; dans cette foule se montraient de très-belles et fraîches Normandes, au cou si bien portant leurs têtes, aux larges et grasses épaules, aux cheveux si bien plantés; là brillaient les grands bonnets auxquels se reconnaît chaque quartier de la province : le bonnet haut juché, avec son petit fond en cimier, attaché au sommet d'un long cône, terminé à sa base inférieure par une large passe qui s'envole derrière la tête, avec son large ruban frontal ou sa coquette mentonnière de velours noir, rehaussant le teint éclatant de la Valognaise ou de la Bayeuquaise; le bonnet plus simple de Saint-Pierre; le bonnet de deuil aux grandes barbes pendantes sur la poitrine de la veuve ou de la fille affligée; le bonnet en cornet qui retient deux doubles barbes retroussées, tradition du moyen âge, que les vieilles femmes ont perpétuée; enfin le bonnet plat de Granville, plié en serviette, qui abrite de si jolis fronts et des yeux si vifs. Celui-là n'est peut-être pas le plus élégant, mais il est le plus original, il sied à merveille. C'est, il faut le dire, qu'en général, elles sont charmantes les Granvillaises ; et puis, ce sont de maîtresses femmes, et on le voit à leur allure ; elles sont bien la moitié d'un ménage ; elles administrent, font les affaires du dehors, vont chez le commissaire de marine à la place de leurs maris, et trouvent encore le temps avec tout cela de faire des enfants. Quand les saints-simoniens ont cherché la femme libre, la femme égale de l'homme, la femme-homme, comment n'ont-ils pas songé à Granville ? Entre tous ces bonnets, le bonnet de coton, coiffure qui nous est interdite par le goût tyrannique des Parisiennes, et qui s'est réfugié en Normandie, où les paysannes l'ont adopté, ne se produisit que timidement sur quelques fronts peu coquets, et assez peu faits, j'en conviens, pour le réhabiliter auprès de nos dames. Le bonnet de coton ne va bien qu'aux très-jolies filles, comme j'en ai distingué deux ou trois à Caen ; mais toutes le portent, il est général ; il n'y a pas jusqu'aux petits enfants, gros comme le poing, qui n'aient leur casque blanc, la véritable *galea* de ce temps-ci, où le morion, la salade et l'armet blesseraient nos faibles têtes.

A côté des bonnets de toutes les formes et de toutes les hauteurs figuraient les schakots à aigrettes des gardes nationaux, les chapeaux à trois cornes des officiers de la marine, les chapeaux ronds des bourgeois et des paysans qui portaient tous la cocarde nationale. On attendait le roi; il faisait chaud; le soleil brillait vivement sur les drapeaux tricolores dont chaque fenêtre était ornée; tout le monde avait l'habit de fête. Le canon de la garde nationale annonça enfin l'arrivée du roi à l'arc-de-triomphe de verdure dressé vers le Roulle; alors nous vîmes arriver les éclaireurs du cortége. C'étaient des fermiers, des cultivateurs normands, tous maires ou officiers municipaux des petites communes voisines de Cherbourg; ils étaient à cheval, portant à la main chacun un drapeau de sa façon, et ceints de l'écharpe municipale. Un escadron de paysans vêtus de leurs grosses vestes de drap bleu, bottés de grandes et dures guêtres de cuir, enrubannés, trottant sur leurs chevaux à la longue crinière, à la queue en balais, au harnois rustique, lesquels n'ont jamais d'autre allure que l'amble ou l'entrepas, était curieux à voir; il n'avait pas l'éclat d'une riche compagnie de mamelucks ou de gendarmes-dauphin, mais ce n'est pas le mérite de la régularité et de la tenue militaire qu'on s'attendait à trouver dans cette troupe pittoresque. Je vous assure que cela était très-beau; un seul de ces cavaliers fit éclater de rire tout le public quand il passa devant nous : un petit bossu, de cinquante à cinquante-cinq ans, le chapeau large sur la tête, les cheveux longs et flottants, l'épine dorsale et le sternum enflés comme ceux de Polichinelle, la ceinture tricolore placée justement sur les deux sommets horizontaux de ses bosses, la veste de chasse de ratine grise; il était sur sa selle aux courts étriers comme un grave Turc, sérieux, saluant et ne répondant aux bordées de gaieté qui l'accueillaient que par des saluts de son drapeau. Assurément c'était le personnage le plus bouffon du monde que ce magistrat laboureur. Deux heures après, j'ai causé avec lui; croyez-moi, la forme ment au fond; c'est un homme fin, et de bon sens, qui vaut mieux que tant de nos hommes si bien faits, si bien mis, si bien à cheval au bois de Boulogne, et si inutiles à Paris. Le petit bossu est probablement très-nécessaire au village qui l'a choisi pour maire.

L'état-major du roi était monté sur des chevaux en tout semblables à ceux que je viens de décrire; ce qui offrait un aspect assez plaisant. Quand le roi parut, des cris, des vivat nombreux et unanimes se firent entendre de toutes parts; des *hourras* se mêlaient aux : *Vive le roi!* Et ce fut alors que nous vîmes la courtoisie anglaise se montrer dans tout son bon goût. Les haubans, les barres de hune, les ponts des yachts étaient chargés d'hommes saluant de la voix et du geste, et rendant à Louis-Philippe les honneurs qu'ils auraient rendus à un roi d'Angleterre. Et là n'étaient pas de simples matelots, avec leurs chemises de laine bleue, sur la poitrine desquelles sont brodés en blanc les noms des navires *The Arow*, *Hariett*, *Falcon*, *Druid*, *Ganymède*, *Mary*, *Water-Wit*, *Louisa*, etc.; il y avait des post-captains, des majors, des colonels, des lieutenants de vaisseaux, des lords, des honorables-men; le lord Durham, le lord Exmouth, le lord Belfast, le lord Yerborourgh, le lord Colville, le lord Clonbrock, sir Francis Collier, sir Jamar Frager, sir C. Oylè; les capitaines de vaisseaux Meynell, Forster, Codrington; messieurs Lambton, Tomkin, Jonhston, Congrève, Moore, Stanley, et tant d'autres; tout ce qu'il y a de distingué dans le club des yachts de l'Ouest, tout ce qu'il y a de grandes fortunes et de grands noms en Angleterre. Ces messieurs n'étaient point en uniformes, mais dans leurs costumes de navigation : veste courte, chemise de couleur, cravate noire, pantalon blanc, chapeau de cuir bouilli, ou casquette de drap galonnée d'or. C'était comme matelots qu'ils figuraient sur leurs bâtiments, et point comme officiers ou gentilshommes; ils saluaient dans le gréement, politesse recherchée, abnégation du rang et de la vanité aristocratique, qui montrent le cas que les Anglais font de la France de juillet et du roi de la révolution. Avant que les deux nations se connussent assez pour s'estimer, le club des yachts, placé sous le haut patronage du duc de Sussex et de la duchesse de Kent, n'aurait point envoyé une députation de son escadre et une adresse à un roi français; de nobles lords n'auraient point dépouillé leurs broderies pour faire honneur au représentant constitutionnel de la France. Les cinq cents paysans du cortége et les gentilshommes matelots m'ont paru fort significatifs dans les fêtes de Cherbourg.

Les yachts dont je viens de parler furent l'objet de la curiosité empressée des Parisiens. Nous en visitâmes plusieurs, et partout nous fûmes reçus avec une grâce parfaite par des hommes très-aimables, ou par de très-jolies femmes. Les yachts sont un luxe dont on n'a pas idée en France; c'est le luxe d'insulaires riches qui aiment à courir le monde, et à être transportés confortablement. Tout homme jouissant d'une grande fortune, et aimant un peu la mer, a un ou plusieurs yachts, comme on a des voitures et des chevaux. La plus jolie construction, la voiture la plus coquette, le gréement le plus fin, l'emménagement le plus recherché, le plus élégant ameublement, voilà ce que veulent les amateurs de yachts; ils dépensent à ces bâtiments de plaisance des sommes considérables. Voyez aussi comme ils en ont soin, comme ils les tiennent, les parent, lui donnent l'air marin au dehors, et au dedans l'air de boudoir! Les ponts sont-ils assez jolis, assez réguliers, assez propres? les mats assez penchés, assez luisants, assez hauts? les cuivres d'ornement et de doublage assez nettoyés? les divans assez larges et assez moelleux? les tables et les chaises, de bois assez rares? les lits couverts de courtepointes assez brodées? les bibliothèques riches d'assez de livres bien reliés et bien choisis? les soutes au vin pleines d'assez bon Bordeaux, de vin d'Espagne fumant, de Champagne, de liqueurs ou de porter? Rien ne manque là. Tout le navire appartient au caprice de la femme qui l'habite, au sibaritisme de gentleman qui va le faire courir. Car le yacht court comme un cheval; il se présente à la *Ragatta* suivé, espalmé, léger, impatient aussi comme l'arabe de New-Market; il lutte avec adresse, avec ruse contre son compétiteur, et il faut que le marin qui le dirige soit encore plus habile que le jockey des courses. Le propriétaire entretient un équipage qui a soin du yacht, comme les palefreniers des nobles bêtes qui doivent disputer le prix. L'amateur de chevaux a les portraits de ses coursiers; l'amateur de yachts fait peindre aussi ses yachts, leurs courses, leurs chances, leurs histoires. Dans un des délicieux cutters qui étaient à Cherbourg, j'ai vu, au milieu des panneaux de la chambre, de petits tableaux représentant des scènes de la *Ragatta;* c'était toute l'histoire du navire, ses joutes et ses succès. C'est un fort ingénieux et fort convenable ornement pour ce petit salon d'un goût très-élégant. *La Jeannette,* qui appartient à M. Wyndham, est, de tous les yachts que nous avons vus là, le plus gracieux, le plus parfait; c'est une goëlette rase sur l'eau, fine, élancée, au corps d'anguille, à la vitesse d'hirondelle; elle faisait l'admiration des marins. Je ne parle pas d'un petit brick, dont je ne me rappelle plus le nom, qui est sur l'eau comme une mouette, et semble construit pour être pendu dans une église, plutôt que pour aller à la mer; il nous faisait trembler quand nous le voyions courir sur la grosse lame. Il a bravement supporté le coup de vent des premiers jours de septembre; on aurait dit à le voir rouler, tanguer, mais tenir bon contre le vent, un pétrel endormi dans la houle de l'océan du Sud.

Un brasseur de Londres, M. Parkins, je crois, a plusieurs yachts, m'a-t-on dit; madame Parkins s'en sert comme de calèches pour aller faire des promenades et des visites. Il n'y a pas longtemps qu'elle vint à Cherbourg sur un de ses yachts; elle venait voir une dame de sa connaissance. Pendant la conversation on parla musique, mélodies irlandaises, romances; madame Parkins promit qu'elle apporterait quelque chose de très-nouveau qui avait beaucoup de succès parmi les ladys mélomanes. Un jour, en effet, on voit arriver le yacht, et madame Parkins une feuille de musique à la main. «Vous dînerez avec moi, dit la dame française à son obligeante amie. — Pas possible, ma chère, je dois partir tout de suite. J'ai promis de faire une visite à la femme du consul de sa majesté britannique à Cadix, et il faut que j'y aille absolument.» Elle sortit, mit à la voile, alla faire sa visite à Cadix, et revint à Londres comme si elle était allée prendre l'air à Richemont. Je ne sais si ce n'est pas madame Parkins que les officiers du *Louxor* ont vue à Alexandrie.

Et à propos du *Louxor*, comment parler de Paris à Cherbourg sans parler de ce navire, tant visité par les Parisiens? Comment ne pas dire un mot de l'obélisque si merveilleusement ravi au sol égyptien par M. Lebas, ingénieur de la marine, si heureusement ramené par M. Verminac de Saint-Maur, capitaine de corvette et chef des Argonautes qui sont allés chercher le monument dont M. le baron Taylor avait fait la conquête? Mais comment en parler? Il faudrait de longues pages pour raconter cette expédition si pénible, si difficile, si brillante, et qui fait tant d'honneur à la marine française; ce n'est pas ici le lieu. Pour dire tous les travaux des marins et de l'ingénieur, pour rendre à chacun la justice qui lui est due, il faut attendre que le dernier chant de cette épopée en action soit terminé, et que M. Lebas ait planté sur la place de la Concorde le monolithe qu'il a tiré du sable de Louxor. Je ne manquerai pas à ce devoir d'historien.

. . . Arrêtons-nous ici. J'aurais bien encore à vous mener au bal offert par la ville de Cherbourg au roi et à sa famille; mais un bal, qu'est-ce qu'un bal au prix des autres tableaux dont j'ai esquissé les principaux traits? Un bal dans un port ou à Paris, c'est la même chose. Ce n'était pas le bal qui avait tenté les Parisiens; aussi presque tous s'abstinrent de ce plaisir de cohue. Mais aucun ne manqua le lendemain matin sur le rempart pour voir la mer furieuse, se redressant en murailles blanches contre le quai de la digue, forçant toutes les embarcations de la rade à relâcher, et ballottant les navires pour briser les câbles et les chaînes qui les retenaient au mouillage. Ce fut le dernier spectacle dont nous jouîmes, pénible, mais grand; triste, mais sublime.

Paris avait vu l'Océan si calme, le ciel si pur et si brillant; il avait eu le vent si chaud, si discret, si favorable; il voyait la tempête, il ressentait le froid du plus rigoureux hiver. Il avait été visiter la digue à la marée basse; il la voyait franchie à tout moment par des cascades d'écume. Il avait admiré les travaux du grand port, les vaisseaux en construction, l'arsenal; il avait vu la rade pavoisée, saluant avec ses canons et avec ses matelots sur les vergues des bâtiments; il avait vu le peuple recevant le roi et l'accompagnant partout de ses *vivat*; il avait passé de bonnes heures à écouter les récits des officiers du *Louxor*, à voir les dessins naïfs et vrais de M. Joannis, l'un d'eux; à regarder la base et la tête rosées de la vieille pyramide de Sésostris, ensevelie dans un linceul de bois; à examiner le modèle du simple et ingénieux appareil que M. Lebas a employé pour abattre l'obélisque... Il ne lui restait plus rien à voir. Il partit, et partit content de sa vie de mouvement et d'antithèses.

J'ai vu Paris à Cherbourg; que ne puis-je voir Cherbourg à Paris, c'est-à-dire à Paris ses deux ports, ses magasins, sa rade, sa digue, ses chantiers et ses forts! alors nous aurions une marine populaire, comme je la rêve, comme Paris seul peut-être peut la faire. Paris ne connaît pas la marine, et c'est notre malheur; qu'il aille donc la voir où elle est, puisqu'elle ne peut venir ici, puisque la Seine n'est pas la Tamise; qu'il l'étudie, qu'il la comprenne; qu'il apprécie les marins ce qu'ils valent!...

Mais Paris va à Dieppe, à Toulon, à Cherbourg, et quand il en est revenu, il n'y pense plus. Il y a quinze jours qu'il est de retour du port de la Manche, Ivanoff a chanté aux Italiens, et Cherbourg est oublié. C'est sans doute une admirable voix que celle d'Ivanoff, c'est une chose merveilleuse qu'un Russe chanteur; mais la mer, mais le vent, mais les vaisseaux, mais ces travaux dont un autre Russe disait que pour les faire il n'avait pas fallu moins que les ongles d'acier de l'aigle de Napoléon, n'est-ce pas merveilleux aussi? Allez entendre Ivanoff le soir, mais le matin rappelez-vous Cherbourg et pensez à la marine! Si la marine pouvait devenir à la mode à Paris, nous aurions une marine comme nous devrions l'avoir, bien dotée par les chambres; c'est triste à penser, mais c'est vrai. Hélas! que ne suis-je assez *bon genre* pour imposer la mode!...

A. JAL.

TABLE.

VOYAGE A BUSCHTIÉRAD,
  par M. A.-V. DE LA ROCHEFOUCAULD. Page 1
UN PARISIEN A SAINTE-HÉLÈNE,
  par M. FRÉDÉRIC FAYOT et le capitaine D***. 35
LA PETITE PROVENCE, par M. GUSTAVE D'OUTREPONT. 63
DE LA POLITESSE EN 1832, par M. J.-E. DELÉCLUZE. 91
LES PETITS THÉATRES DU BOULEVART,
  par M. S. MACAIRE. 129
LA RUE SAINT-JACQUES, par M. CORDELIER
  DELANOUE. 151
LES SOIRÉES DANSANTES, par M. JACQ. RAPHAEL. 179
LE PARISIEN A PÉKIN, par lord WIGMORE. 199
L'OBÉLISQUE DE LOUQSOR, par M. PÉTRUS BOREL. 225
DE L'INFLUENCE LITTÉRAIRE DES FEMMES,
  par L'AUTEUR d'*Élisa Rivers* et des *Scènes du grand
  monde*. 239
LA SALLE DES PAS PERDUS, par M. CH REYBAUD. 257
LA NOUVELLE CHRONIQUE DE SAINT-SÉVERIN,
  par M. ANTOINE DELATOUR. 275
UN PARISIEN A QUINZE CENTS PIEDS SOUS TERRE,
  par M. ONÉSIME LEROY. 301
PÉLERINAGE AU MONT SAINT-MICHEL,
  par M. RELLIER. 319
LES FEMMES A PARIS, par M. NAPOLÉON D'ABRANTÈS. 337
PARIS A CHERBOURG, par M. A. JAL. 361

FIN DE LA TABLE DU TOME TREIZIÈME.

www.ingramcontent.com/pod-product-compliance
Lightning Source LLC
Chambersburg PA
CBHW051833230426
43671CB00008B/934